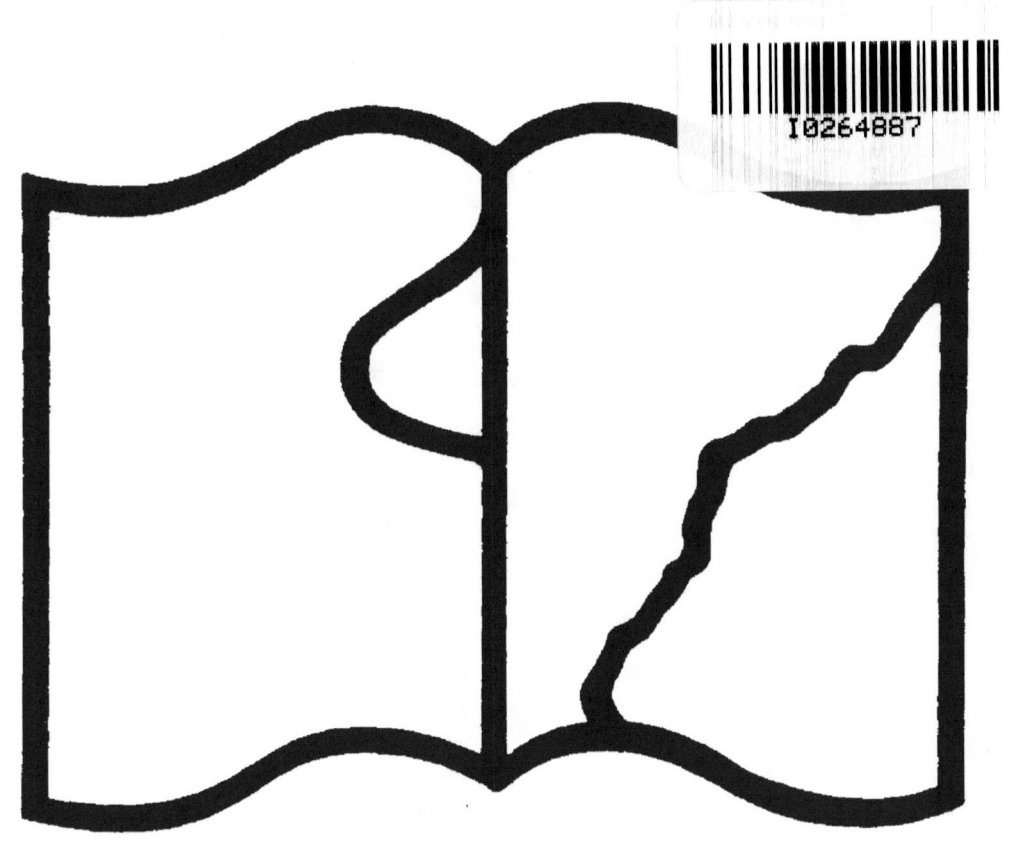

Texte détérioré — reliure défectueuse

NF Z 43-120-11

Reliure serrée

24,-4

QUESTIONS

SUR

L'ENCYCLOPÉDIE,

PAR

DES AMATEURS.

NEUVIEME PARTIE.

M. DCC. LXXII.

QUESTIONS
SUR
L'ENCYCLOPEDIE.

SUPERSTITION.

SECTION TROISIÉME.

Nouvel exemple de la superstition la plus horrible.

Ls avaient communié à l'autel de la Ste. Vierge, ils avaient juré à la Ste. Vierge de massacrer leur roi, ces trente conjurés qui se jettèrent sur le roi de Pologne, la nuit du 3 Novembre de la présente année 1771.

Apparemment quelqu'un des conjurés n'é-
Neuvième partie. A

tait pas entiérement en état de grace quand il reçut dans son estomac le corps du propre fils de la Ste. Vierge avec son sang sous les apparences du pain, & qu'il fit serment de tuer son roi ayant son DIEU dans sa bouche ; car il n'y eut que deux domestiques du roi de tués. Les fusils & les pistolets tirés contre sa majesté le manquèrent ; il ne reçut qu'un léger coup de feu au visage, & plusieurs coups de sabre qui ne furent pas mortels.

C'en était fait de sa vie, si l'humanité n'avait pas enfin combattu la superstition dans le cœur d'un des assassins nommé *Kosinski*. Quel moment quand ce malheureux dit à ce prince tout sanglant, *vous êtes pourtant mon roi*. *Oui*, lui répondit Stanislas-Auguste, *& votre bon roi qui ne vous ai jamais fait de mal*. *Cela est vrai*, dit l'autre, *mais j'ai fait serment de vous tuer*.

Voici la formule de ce beau serment.
„ Nous, qui excités par un zèle saint &
„ religieux, avons résolu de venger la Divi-
„ nité, la religion & la patrie outragées par
„ *Stanislas-Auguste*, contempteur des loix
„ divines & humaines, fauteur des athées
„ & des hérétiques &c. jurons & promettons
„ devant l'image sacrée & miraculeuse de la
„ mère de DIEU, d'extirper de la terre celui
„ qui la deshonore en foulant aux pieds la
„ religion &c. DIEU nous soit en aide.

En effet, les affassins s'étaient cachés dans Varsovie pendant trois jours chez les révérends pères dominicains; & quand on a demandé à ces moines complices pourquoi ils avaient gardé chez eux trente hommes armés sans en avertir le gouvernement, ils ont répondu que ces hommes étaient venus pour faire leurs dévotions & pour accomplir un vœu.

O tems des *Jean Châtel*, des *Guignard*, des *Ricodovis*, des *Poltrot*, des *Ravaillac*, des *Damiens*, des *Malagrida*, vous revenez donc encore ! Ste. Vierge, & vous son digne fils, empêchez qu'on n'abuse de vos sacrés noms pour commettre le même crime !

Mr. *Jean-George Le Franc*, évêque du Puy en Velay, dit, dans son immense pastorale aux habitans du Puy, pages 258 & 259, que ce sont les philosophes qui sont des séditieux. Et qui accuse-t-il de sédition ? lecteurs, vous serez étonnés, c'est Locke, le sage Locke lui-même, il le rend *complice des pernicieux desseins du comte de Shaftersburi, l'un des héros du parti philosophiste.*

Ah ! Mr. *Jean-George*, combien de méprises en peu de mots ! premièrement vous prenez le petit-fils pour le grand-père. Le comte Shaftersburi l'auteur des *Caractéristiques* & des *Recherches sur la vertu*, ce héros du parti philosophiste, mort en 1713, cultiva toute sa vie les lettres dans la plus profonde retraite.

Secondement, le grand chancelier *Shaftersburi* son grand-père, à qui vous attribuez des forfaits, passe en Angleterre pour avoir été un véritable patriote. Troisiémement, *Locke* est révéré dans toute l'Europe comme un sage.

Je vous défie de me montrer un seul philosophe depuis *Zoroastre* jusqu'à *Locke* qui ait jamais excité une sédition, qui ait trempé dans un attentat contre la vie des rois, qui ait troublé la société ; & malheureusement je vous trouverai mille superstitieux depuis *Aod* jusqu'à *Kosinsky*, teints du sang des rois & de celui des peuples. La superstition met le monde entier en flammes ; la philosophie les éteint.

Peut-être ces pauvres philosophes ne sont-ils pas assez dévots à la Ste. Vierge ; mais ils le sont à Dieu, à la raison, à l'humanité.

Polonais, si vous n'êtes pas philosophes, du moins ne vous égorgez pas. Français & Welches, réjouissez-vous ; & ne vous querellez plus.

Espagnols, que les noms d'*Inquisition* & de *Sainte Hermandad* ne soient plus prononcés parmi vous. Turcs qui avez asservi la Grèce ; moines qui l'avez abrutie, disparaissez de la terre.

SYMBOLE ou CRÉDO.

Nous ne ressemblons point à Mlle. *Duclos* cette célèbre comédienne, à qui on disait, Je parie, Mlle., que vous ne savez pas votre crédo. Ah, ah, dit-elle, je ne sais pas mon crédo ! je vais vous le réciter. *Pater noster qui*. Aidez-moi, je ne me souviens plus du reste. Pour moi je récite mon pater & mon crédo tous les matins, je ne suis point comme *Broussin* dont *Réminiac* disait :

> Broussin dès l'âge le plus tendre,
> Posséda la sauce Robert,
> Sans que son précepteur lui pût jamais apprendre
> Ni son crédo ni son pater.

Le Symbole ou la *collation*, vient du mot *Symbolein*, & l'église latine adopte ce mot comme elle a tout pris de l'église grecque. Les théologiens un peu instruits savent que ce symbole qu'on nomme *des apôtres*, n'est point du tout des apôtres.

On appellait *symbole* chez les Grecs, les paroles, les signes auxquels les initiés aux mystères de *Cérès*, de *Cibèle*, de *Mithra* se reconnaissaient ; *a*) les chrétiens avec le tems

---

a) *Arnobe* liv. 5. *Simbola quæ rogata sacrorum &c.* Voyez aussi Clément d'Alexandrie dans son sermon protreptique, ou *cohortatio ad gentes*.

eurent leur symbole. S'il avait existé du tems des apôtres, il est à croire que *St. Luc* en aurait parlé.

On attribue à *St. Augustin* une histoire du symbole dans son sermon 115; on lui fait dire dans ce sermon que Pierre avait commencé le symbole en disant, *Je crois en Dieu père tout-puissant*; Jean ajouta *créateur du ciel & de la terre*; Jacques ajouta, *Je crois en Jésus-Christ son fils unique notre Seigneur*; & ainsi du reste. On a retranché cette fable dans la dernière édition d'Augustin. Je m'en rapporte aux révérends pères bénédictins, pour savoir au juste s'il falait retrancher ou non ce petit morceau qui est curieux.

Le fait est que personne n'entendit parler de ce Crédo pendant plus de quatre cent années. Le peuple dit que Paris n'a pas été bâti en un jour; le peuple a souvent raison dans ses proverbes. Les apôtres eurent notre symbole dans le cœur, mais ils ne le mirent point par écrit. On en forma un du tems de *St. Irénée*, qui ne ressemble point à celui que nous récitons. Notre symbole tel qu'il est aujourd'hui, est constamment du cinquiéme siécle. Il est postérieur à celui de Nicée. L'article qui dit que Jesus descendit aux enfers, celui qui parle de la communion des saints, ne se trouvent dans aucun des symboles qui précédérent le nôtre.

Et en effet, ni les Evangiles, ni les Actes des apôtres ne disent que Jesus descendit dans l'enfer. Mais c'était une opinion établie dès le troisiéme siécle que Jesus était descendu dans l'Hadès, dans le Tartare, mots que nous traduisons par celui d'enfer. L'enfer en ce sens n'est pas le mot hébreu *Scheol*, qui veut dire le souterrain, la fosse. Et c'est pourquoi *St. Athanase* nous apprit depuis comment notre Sauveur était descendu dans les enfers. *Son humanité*, dit-il, *ne fut ni toute entière dans le sépulcre, ni toute entière dans l'enfer. Elle fut dans le sépulcre selon la chair, & dans l'enfer selon l'ame.*

St. Thomas assure que les saints qui ressuscitèrent à la mort de Jesus-Christ, moururent de nouveau pour ressusciter ensuite avec lui; c'est le sentiment le plus suivi. Toutes ces opinions sont absolument étrangères à la morale; il faut être homme de bien soit que les saints soient ressuscités deux fois, soit que Dieu ne les ait ressuscités qu'une. Notre symbole a été fait tard, je l'avoue, mais la vertu est de toute éternité.

S'il est permis de citer des modernes dans une matière si grave, je rapporterai ici le Crédo de l'abbé de *St. Pierre*, tel qu'il est écrit de sa main dans son livre sur la pureté de la religion, lequel n'a point été imprimé, & que j'ai copié fidélement.

„ Je crois en un seul Dieu & je l'aime. Je
„ crois qu'il illumine toute ame venant au
„ monde ainsi que le dit *St. Jean.* J'entends
„ par-là toute ame qui le cherche de bonne foi.

„ Je crois en un seul Dieu, parce qu'il ne
„ peut y avoir qu'une seule ame du grand tout ;
„ un seul être vivifiant ; un formateur unique.

„ Je crois en Dieu le père puissant, par-
„ ce qu'il est père commun de la nature,
„ & de tous les hommes qui sont également
„ ses enfans. Je crois que celui qui les fait
„ tous naître également, qui arrangea les
„ ressorts de notre vie de la même manière,
„ qui leur a donné les mêmes principes de
„ morale, apperçue par eux dès qu'ils réflé-
„ chissent, n'a mis aucune différence entre ses
„ enfans que celle du crime & de la vertu.

„ Je crois que le Chinois juste & bien-
„ fesant est plus précieux devant lui qu'un
„ docteur d'Europe pointilleux & arrogant.

„ Je crois que Dieu étant notre père com-
„ mun, nous sommes tenus de regarder tous
„ les hommes comme nos frères.

„ Je crois que le persécuteur est abomina-
„ ble, & qu'il marche immédiatement après
„ l'empoisonneur & le parricide.

„ Je crois que les disputes théologiques
„ sont à la fois la farce la plus ridicule & le
„ fléau le plus affreux de la terre, immédiate-
„ ment après la guerre, la peste, la famine &
„ la vérole.

„ Je crois que les ecclésiastiques doivent
„ être payés, & bien payés, comme serviteurs
„ du public, précepteurs de morale, teneurs
„ des régistres des enfans & des morts ; mais
„ qu'on ne doit leur donner ni les richesses
„ des fermiers-généraux, ni le rang des prin-
„ ces, parce que l'un & l'autre corrompent
„ l'ame ; & que rien n'est plus révoltant que
„ de voir des hommes si riches & si fiers,
„ faire prêcher l'humilité, & l'amour de la
„ pauvreté par leurs commis qui n'ont que
„ cent écus de gages.

„ Je crois que tous les prêtres qui desser-
„ vent une paroisse, pouraient être mariés com-
„ me dans l'église grecque ; non-seulement
„ pour avoir une femme honnête qui prenne
„ soin de leur ménage, mais pour être meil-
„ leurs citoyens, donner de bons sujets à
„ l'état, & pour avoir beaucoup d'enfans
„ bien élevés.

„ Je crois qu'il faut absolument rendre plu-
„ sieurs moines à la société, que c'est servir
„ la patrie & eux-mêmes. On dit que ce sont
„ des hommes que *Circé* a changé en pour-
„ ceaux, le sage *Ulysse* doit leur rendre la for-
„ me humaine.

Paradis aux bienfesans !

Nous rapportons historiquement ce symbole
de l'abbé de *St. Pierre*, sans l'approuver. Nous
ne le regardons que comme une singularité

curieufe; & nous nous en tenons, avec la foi la plus refpectueufe, au véritable fymbole de l'églife.

TESTICULES.

SECTION PREMIÈRE.

CE mot eft fcientifique & obfcène, il fignifie *petit témoin*. Voyez dans le grand Dictionnaire encyclopédique les conditions d'un bon tefticule, fes maladies, fes traitemens. *Sixte-Quint* cordelier devenu pape, déclara en 1587 par fa lettre du 25 Juin à fon nonce en Efpagne, qu'il falait démarier tous ceux qui n'avaient pas de tefticules. Il femble par cet ordre, lequel fut exécuté par *Philippe II*, qu'il y avait en Efpagne plufieurs maris privés de ces deux organes. Mais comment un homme qui avait été cordelier, pouvait-il ignorer que fouvent des hommes ont leurs tefticules cachés dans le *fcrotum*, & n'en font que plus propres à l'action conjugale ? Nous avons vu en France trois frères de la plus grande naiffance, dont l'un en poffédait trois, l'autre n'en avait qu'un feul, & le troifiéme n'en avait point d'apparens ; ce dernier était le plus vigoureux des frères.

4. Dift.
34. queft.

Le docteur angelique qui n'était que jacobin, décide que deux tefticules font *de ef-*

sentia matrimonii, de l'essence du mariage ; en quoi il est suivi par *Richardus, Scotus, Durandus & Sylvius*.

Si vous ne pouvez parvenir à voir le plaidoyer de l'avocat *Sebastien Rouillard* en 1600 pour les testicules de sa partie enfoncés dans son épigastre, consultez du moins le dictionnaire de Bayle à l'article *Quellenec* ; vous y verrez que la méchante femme du client de *Sébastien Rouillard*, voulait faire déclarer son mariage nul, sur ce que la partie ne montrait point de testicules. La partie disait avoir fait parfaitement son devoir. Il articulait intromission & éjaculation ; il offrait de recommencer en présence des chambres assemblées. La coquine répondait que cette épreuve allarmait trop sa fierté pudique, que cette tentative était superflue, puisque les testicules manquaient évidemment à l'intimé, & que Messieurs savaient très bien que les testicules sont nécessaires pour éjaculer.

J'ignore quel fut l'événement du procès ; j'oserais soupçonner que le mari fut débouté de sa requête & qu'il perdit sa cause, quoi qu'avec de très bonnes piéces, pour n'avoir pu les montrer toutes.

Ce qui me fait pancher à le croire, c'est que le même parlement de Paris, le 8 Janvier 1665, rendit arrêt sur la nécessité de deux testicules apparens, & déclara que sans eux on ne pouvait contracter mariage. Cela fait voir qu'alors il n'y avait aucun membre de ce corps qui eût fes deux témoins dans le ventre, ou qui fût réduit à un témoin : il aurait montré à la compagnie qu'elle jugeait fans connaiffance de caufe.

Vous pouvez confulter *Pontas* fur les tefticules comme fur bien d'autres objets ; c'était un fous-pénitentier qui décidait de tous les cas : il approche quelquefois de *Sanchez.*

SECTION SECONDE.

Il s'eft gliffé depuis longtems un préjugé dans l'églife latine, qu'il n'eft pas permis de dire la meffe fans tefticules, & qu'il faut au moins les avoir dans fa poche. Cette ancienne idée était fondée fur le concile de Nicée *a*), qui défend qu'on ordonne ceux qui fe font fait mutiler eux-mêmes. L'exemple d'*Origène* & de quelques autres enthoufiaftes, attira cette défenfe. Elle fut confirmée au fecond concile d'Arles.

L'églife grecque n'exclut jamais de l'autel ceux à qui on avait fait l'opération d'*Origène* fans leur confentement.

Les patriarches de Conftantinople, *Nicetas, Ignace, Photius, Méthodius* étaient eunuques. Aujourd'hui ce point de difcipline a femblé demeurer indécis dans l'églife latine. Cepen-

a) Canon IV.

dant l'opinion la plus commune est que si un eunuque reconnu se présentait pour être ordonné prêtre, il aurait besoin d'une dispense.

Le bannissement des eunuques du service des autels, paraît contraire à l'esprit même de pureté & de chasteté que ce service exige. Il semble surtout que des eunuques, qui confesseraient de beaux garçons & de belles filles, seraient moins exposés aux tentations : mais d'autres raisons de convenance & de bienséance ont déterminé ceux qui ont fait les loix.

Dans le Lévitique on exclut de l'autel tous les défauts corporels, les aveugles, les bossus, les manchots, les boiteux, les borgnes, les galeux, les teigneux, les nez trop longs, les nez camus. Il n'est point parlé des eunuques; il n'y en avait point chez les juifs. Ceux qui servirent d'eunuques dans les serrails de leurs rois, étaient des étrangers.

THÉOCRATIE.

Gouvernement de Dieu ou des Dieux.

IL m'arrive tous les jours de me tromper; mais je soupçonne que les peuples qui ont cultivé les arts ont été tous sous une théocratie. J'excepte toûjours les Chinois, qui paraissent sages dès qu'ils forment une nation,

Ils font fans fuperftition fi-tôt que la Chine eft un royaume. C'eft bien dommage qu'ayant été d'abord élevés fi haut, ils foient demeurés au degré où ils font depuis fi longtems dans les fciences. Il femble qu'ils ayent reçu de la nature une grande mefure de bon fens, & une affez petite d'induftrie. Mais auffi leur induftrie s'eft déployée bien plutôt que la nôtre.

Les Japonois leurs voifins, dont on ne connaît point du tout l'origine (car quelle origine connait-on?) furent inconteftablement gouvernés par une théocratie. Leurs premiers fouverains bien reconnus étaient les dairis, les grands-prêtres de leurs Dieux; cette théocratie eft très avérée. Ces prêtres régnèrent defpotiquement environ dix-huit cent ans. Il arriva au milieu de notre douziéme fiécle qu'un capitaine, un imperator, un feogon partagea leur autorité; & dans notre feiziéme fiécle les capitaines la prirent toute entière, & l'ont confervée. Les dairis font reftés les chefs de la religion; ils étaient rois, ils ne font plus que faints; ils règlent les fêtes, ils confèrent des titres facrés, mais ils ne peuvent donner une compagnie d'infanterie.

Les bracmanes dans l'Inde ont eu longtems le pouvoir théocratique; c'eft-à-dire qu'ils ont eu le pouvoir fouverain au nom de *Brama* fils de DIEU: & dans l'abaiffement où ils font aujourd'hui, ils croyent encor ce caractère indélébile. Voilà les deux grandes théocraties les plus certaines.

Les prêtres de Caldée, de Perse, de Syrie, de Phénicie, d'Egypte, étaient si puissans, avaient une si grande part au gouvernement, fesaient prévaloir si hautement l'encensoir sur le sceptre, qu'on peut dire que l'empire chez tous ces peuples était partagé entre la théocratie & la royauté.

Le gouvernement de *Numa Pompilius* fut visiblement théocratique. Quand on dit, je vous donne des loix de la part des Dieux, ce n'est pas moi, c'est un DIEU qui vous parle; alors c'est DIEU qui est roi; celui qui parle ainsi est son lieutenant général.

Chez tous les Celtes qui n'avaient que des chefs éligibles & point de rois, les druides & leurs sorcières gouvernaient tout. Mais je n'ose appeller du nom de *Théocratie* l'anarchie de ces sauvages.

La petite nation juive ne mérite ici d'être considérée politiquement, que par la prodigieuse révolution arrivée dans le monde, dont elle fut la cause très obscure & très ignorante.

Ne considérons que l'historique de cet étrange peuple. Il a un conducteur qui doit le guider au nom de son DIEU dans la Phénicie qu'il appelle *le Canaan*. Le chemin était droit & uni depuis le pays de Gossen jusqu'à Tyr, sud & nord; & il n'y avait aucun danger pour six cent trente mille combattans, ayant à leur tête un général tel que *Moïse*, qui, selon *Flavian Joseph*, avait déja vaincu une armée d'Ethiopiens, & même une armée de serpens.

<small>Joseph. liv. 2. ch. 5.</small>

Au-lieu de prendre ce chemin aisé & court, il les conduit de Ramesses à Baal-Sephon tout à l'opposite, tout au milieu de l'Egypte en tirant droit au sud. Il passe la mer, il marche pendant quarante ans dans des solitudes affreuses, où il n'y a pas une fontaine d'eau, pas un arbre, pas un champ cultivé; ce ne sont que des sables & des rochers affreux. Il est évident qu'un DIEU seul pouvait faire prendre aux Juifs cette route par miracle, & les y soutenir par des miracles continuels.

Le gouvernement juif fut donc alors une véritable théocratie. Cependant *Moïse* n'était point pontife, & *Aaron* qui l'était ne fut point chef & législateur.

Depuis ce tems on ne voit aucun pontife régner. *Josué*, *Jephté*, *Samson* & les autres chefs du peuple ne furent point prêtres. La république juive réduite si souvent en servitude, était anarchique bien plutôt que théocratique.

Sous les rois de Juda & d'Israel, ce ne fut qu'une longue suite d'assassinats & de guerres civiles. Ces horreurs ne furent interrompues que par l'extinction entière de deux tribus, ensuite par l'esclavage de dix autres,

&

& par la ruine de la ville, au milieu de la famine & de la peſte. Ce n'était pas là un gouvernement divin.

Quand les eſclaves juifs revinrent à Jéruſalem, ils furent ſoumis aux rois de Perſe, au conquérant *Alexandre* & à ſes ſucceſſeurs. Il paraît qu'alors DIEU ne régnait pas immédiatement ſur ce peuple, puiſqu'un peu avant l'invaſion d'*Alexandre*, le pontife *Jean* aſſaſſina le prêtre *Jeſu* ſon frère dans le temple de Jéruſalem, comme *Salomon* avait aſſaſſiné ſon frère *Adonias* ſur l'autel.

L'adminiſtration était encor moins théocratique quand *Antiochus Epiphane* roi de Syrie ſe ſervit de pluſieurs juifs pour punir ceux qu'il regardait comme rebelles. Il leur défendit à tous de circoncire leurs enfans ſous peine de mort ; il fit ſacrifier des porcs dans leur temple, brûler les portes, détruire l'autel ; & les épines remplirent toute l'enceinte.

Liv. VII.

Liv. XI.

Matatias ſe mit contre lui à la tête de quelques citoyens, mais il ne fut pas roi. Son fils Judas Machabée traité de *Meſſie*, périt après des efforts glorieux.

A ces guerres ſanglantes ſuccédèrent des guerres civiles. Les Jeroſolimites détruiſirent Samarie, que les Romains rebâtirent enſuite ſous le nom de *Sebaſte*.

Dans ce chaos de révolutions, *Ariſtobule* de la race des Machabées, fils d'un grand-prêtre, ſe fit roi, plus de cinq cent ans

Neuviéme partie. B

après la ruine de Jérufalem. Il fignala fon règne comme quelques fultans Turcs, en égorgeant fon frère, & en fefant périr fa mère. Ses fucceffeurs l'imitèrent jufqu'au tems où les Romains punirent tous ces barbares. Rien de tout cela n'eft théocratique.

Si quelque chofe donne une idée de la théocratie, il faut convenir que c'eft le pontificat de Rome *a*); il ne s'explique jamais qu'au nom de Dieu, & fes fujets vivent en paix. Depuis longtems le Thibet jouit des mêmes avantages fous le grand Lama; mais c'eft l'erreur groffière qui cherche à imiter la vérité fublime.

Les premiers incas, en fe difant defcendans en droite ligne du foleil, établirent une théocratie; tout fe fefait au nom du foleil.

La théocratie devrait être partout; car tout homme ou prince, ou batelier, doit obéir aux loix naturelles & éternelles que Dieu lui a données.

a) Rome encor aujourd'hui confacrant fes maximes,
Joint le trône à l'autel par des nœuds légitimes.

Jean-George Le Franc, évêque du Puy en Velay, prétend que c'eft mal raifonner; il eft vrai qu'on pourait nier *les nœuds légitimes*. Mais il pourait bien raifonner lui-même fort mal. Il ne voit pas que le pape ne devint fouverain qu'en abufant de fon titre de *pafteur*, qu'en changeant fa houlette en fceptre; ou plutôt il ne veut pas le voir. A l'égard de la paix des Romains modernes, c'eft la tranquillité de l'apoplexie.

TOLÉRANCE.

MEs amis, quand nous avons prêché la tolérance en profe, en vers, dans quelques chaires, & dans toutes nos fociétés; quand nous avons fait retentir ces véritables voix humaines *a*) dans les orgues de nos églifes; nous avons fervi la nature, nous avons rétabli l'humanité dans fes droits; & il n'y a pas aujourd'hui un ex-jéfuite, ou un ex-janféniste qui ofe dire, je fuis intolérant.

Il y aura toûjours des barbares & des fourbes qui fomenteront l'intolérance; mais ils ne l'avoueront pas; & c'eft avoir gagné beaucoup.

Souvenons-nous toûjours, mes amis, répétons, (car il faut répéter de peur qu'on n'oublie) répétons les paroles de l'évêque de Soiffons, non pas *Languet*, mais *Fitzjames-Stuard*, dans fon mandement de 1757, *Nous devons regarder les Turcs comme nos frères.*

Songeons que dans toute l'Amérique angloife, ce qui fait à-peu-près le quart du monde connu, la liberté entière de confcience eft établie; & pourvu qu'on y croye un DIEU, toute

---

a) Il y a un jeu d'orgues qu'on appelle *voix humaines*, quoiqu'il ne reffemble qu'à des flûtes.

B ij

religion est bien reçue, moyennant quoi le commerce fleurit, & la population augmente.

Réfléchissons toûjours que la première loi de l'empire de Russie, plus grand que l'empire Romain, est la tolérance de toute secte.

L'empire Turc & le Persan usèrent toûjours de la même indulgence. *Mahomet II* en prenant Constantinople, ne força point les Grecs à quitter leur religion, quoiqu'il les regardât comme des idolâtres. Chaque père de famille Grec en fut quitte pour cinq ou six écus par an. On leur conserva plusieurs prébendes & plusieurs évèchés ; & même encor aujourd'hui le sultan Turc fait des chanoines & des évèques, sans que le pape ait jamais fait un iman ou un mollah.

Mes amis, il n'y a que quelques moines & quelques protestans aussi sots & aussi barbares que ces moines, qui soient encor intolérans.

Nous avons été si infectés de cette fureur, que dans nos voyages de long cours, nous l'avons portée à la Chine, au Tunquin, au Japon. Nous avons empesté ces beaux climats. Les plus indulgens des hommes ont appris de nous à être les plus inflexibles. Nous leur avons dit d'abord pour prix de leur bon accueil, Sachez que nous sommes sur la terre les seuls qui ayent raison, & que nous devons être partout les maîtres. Alors on nous a chassés pour jamais ; il en a coûté des flots de sang : cette leçon a dû nous corriger.

SECTION SECONDE.

L'auteur de l'article précédent est un bon homme qui voulait souper avec un quaker, un anabatiste, un socinien, un musulman, &c. Je veux pousser plus loin l'honnêteté, je dirai à mon frère le Turc, Mangeons ensemble une bonne poule au ris en invoquant *Allah* ; ta religion me parait très respectable, tu n'adores qu'un DIEU, tu es obligé de donner en aumônes tous les ans le denier quarante de ton revenu, & de te réconcilier avec tes ennemis le jour du Baïram. Nos bigots qui calomnient la terre, ont dit mille fois, que ta religion n'a réussi que parce qu'elle est toute sensuelle. Ils en ont menti les pauvres gens, ta religion est très austère ; elle ordonne la prière cinq fois par jour, elle impose le jeûne le plus rigoureux, elle te défend le vin & les liqueurs que nos directeurs savourent ; & si elle ne permet que quatre femmes à ceux qui peuvent les nourrir (ce qui est bien rare), elle condamne par cette contrainte l'incontinence juive qui permettait dix-huit femmes à l'homicide *David*, & sept cent à *Salomon*, l'assassin de son frère, sans compter les concubines.

Je dirai à mon frère le Chinois, Soupons ensemble sans cérémonies, car je n'aime pas les simagrées, mais j'aime ta loi, la plus sage de toutes, & peut-être la plus ancienne. J'en dirai à-peu-près autant à mon frère l'Indien.

Mais que dirai-je à mon frère le Juif? lui donnerai-je à souper? oui, pourvu que pendant le repas l'âne de *Balaam* ne s'avise pas de braire, qu'*Ezéchiel* ne mêle pas son déjeuner avec notre souper, qu'un poisson ne vienne pas avaler quelqu'un des convives, & le garder trois jours dans son ventre; qu'un serpent ne se mêle pas de la conversation pour séduire ma femme; qu'un prophète ne s'avise pas de coucher avec elle après souper, comme fit le bon-homme *Osée* pour quinze francs & un boisseau d'orge; surtout qu'aucun Juif ne fasse le tour de ma maison en sonnant de la trompette, ne fasse tomber les murs & ne m'égorge, moi, mon père, ma mère, ma femme, mes enfans, mon chat & mon chien, selon l'ancien usage des Juifs. Allons, mes amis, la paix; disons notre bénédicite.

TONNERRE.

Vidi & crudeles dantem Salmonea pœnas
Dum flammas Jovis & sonitus imitatur Olimpi. &c.
VIRGILE Enéide 6.

A d'éternels tourmens je te vis condamnée
Superbe impiété du tyran Salmonée.
Rival de Jupiter il crut lui reſſembler,
Il imita la foudre & ne put l'égaler ;
De la foudre des Dieux il fut frappé lui-même. &c.

Ceux qui ont inventé & perfectionné l'artillerie ſont bien d'autres *Salmonées*. Un canon de vingt-quatre livres de balle, peut faire, & a fait ſouvent plus de ravage que cent coups de tonnerre. Cependant aucun canonnier n'a été juſqu'à préſent foudroyé par *Jupiter* pour avoir voulu imiter ce qui ſe paſſe dans l'atmoſphère.

Nous avons vu que *Poliphême* dans une piéce d'*Euripide*, ſe vante de faire plus de bruit que le tonnerre de *Jupiter* quand il a bien ſoupé.

Boileau plus honnête que *Poliphême*, dit dans ſa première ſatyre ;

Pour moi qu'en ſanté même un autre monde étonne,
Qui croit l'ame immortelle & que c'eſt Dieu qui tonne.

Je ne ſais pourquoi il eſt ſi étonné de l'autre monde, puiſque toute l'antiquité y avait cru. *Etonne* n'était pas le mot propre, c'était *allarme*. Il croit que c'eſt Dieu qui tonne ; mais il tonne comme il grêle, comme il envoye la pluie & le beau tems, comme il opère tout, comme il fait tout ; ce n'eſt point parce qu'il eſt fâché qu'il envoye le tonnerre & la pluie. Les anciens peignaient *Jupiter* prenant le tonnerre compoſé de trois flêches brûlantes dans la patte de ſon aigle, & le lançant ſur ceux à qui il en voulait. La ſaine raiſon n'eſt pas d'accord avec ces idées poétiques.

Le tonnerre eſt comme tout le reſte, l'effet néceſſaire des loix de la nature, preſcrites par ſon auteur. Il ſe forme des exhalaiſons de la terre ; *Franklin* l'électriſe, il tombe ſur le profeſſeur *Richman* comme ſur les rochers & ſur les égliſes. Et s'il foudroya *Ajax Oïlée*, ce n'eſt pas aſſurément parce que *Minerve* était irritée contre lui.

S'il était tombé ſur *Cartouche* ou ſur l'abbé *Desfontaines*, on n'aurait pas manqué de dire, Voila comme DIEU punit les voleurs & les ſodomites. Mais c'eſt un préjugé utile de faire craindre le ciel aux pervers.

Auſſi tous nos poètes tragiques, quand ils veulent rimer à *poudre*, ou à *réſoudre*, ſe ſervent-ils immanquablement de la *foudre*, & font gronder le *tonnerre*, s'il s'agit de rimer à *terre*.

Théſée dans *Phèdre* dit à ſon fils:

Monſtre qu'a trop longtems épargné le tonnerre,
Reſte impur des brigands dont j'ai puni la terre.

Sévère dans *Polyeucte*, ſans même avoir befoin de rimer, dès qu'il apprend que fa maîtreſſe eſt mariée, dit à ſon ami *Fabian*,

Soutien-moi, Fabian, ce coup de foudre eſt grand.

Pour diminuer l'horrible idée d'un coup de tonnerre qui n'a nulle reſſemblance à une nouvelle mariée, il ajoute que ce coup de tonnerre

Le frappe d'autant plus que plus il le ſurprend.

Il dit ailleurs au même *Fabian*,

Qu'eſt ceci, Fabian, quel nouveau coup de foudre
Tombe ſur mon eſpoir & le réduit en poudre.

Un *eſpoir réduit en poudre* devait étonner le parterre.

Luſignan dans *Zaïre* prie DIEU

Que la foudre en éclats ne tombe que ſur lui.

Agenor, en parlant de ſa ſœur, commence par dire,

Que pour lui livrer la guerre
Sa vertu lui ſuffit au défaut du tonnerre.

L'*Atrée* du même auteur dit, en parlant de ſon frère,

Mon cœur qui ſans pitié lui déclare la guerre,
Ne cherche à le punir qu'au défaut du tonnerre.

Si *Thieſte* fait un ſonge, il vous dit,

Que ce ſonge a fini par un coup de tonnerre.

Si *Tidée* consulte les Dieux dans l'antre d'un temple, l'antre ne lui répond qu'à grands coups de tonnerre.

Enfin j'ai vu partout le tonnerre & la foudre
Mettre les vers en cendre & les rimes en poudre.

Il faudrait tâcher de tonner moins souvent.

Je n'ai jamais bien compris la fable de *Jupiter* & des tonnerres dans *la Fontaine*.

> Vulcain remplit ses fourneaux
> De deux sortes de carreaux,
> L'un jamais ne se fourvoye
> Et c'est celui que toûjours
> L'olimpe en corps nous envoye.
> L'autre s'écarte en son cours,
> Ce n'est qu'aux monts qu'il en coute,
> Bien souvent même il se perd,
> Et ce dernier en sa route
> Nous vient seul de Jupiter.

Avait-on donné à *la Fontaine* le sujet de cette mauvaise fable qu'il mit en mauvais vers si éloignés de son genre ? voulait-on dire que les ministres de *Louïs XIV* étaient inflexibles, & que le roi pardonnait ?

Crebillon dans ses discours académiques en vers étranges, dit que le cardinal de *Fleuri* est un sage dépositaire

Usant en citoyen du pouvoir arbitraire,
Aigle de Jupiter, mais ami de la paix,
Il gouverne la foudre & ne tonne jamais.

Il dit que le maréchal de *Villars*
Fit voir qu'à Malplaquet il n'avait survécu
Que pour rendre à Denain sa valeur plus célèbre,
Et qu'un foudre, du moins Eugène était vaincu.

Ainsi l'aigle *Fleuri* gouvernait le tonnerre sans tonner, & *Eugène* le tonnerre était vaincu; voilà bien des tonnerres.

SECTION SECONDE.

Horace, tantôt le débauché & tantôt le moral a dit,

Cœlum ipsum petimus stultitiâ.
Nous portons jusqu'au ciel notre folie.

On peut dire aujourd'hui : nous portons jusqu'au ciel notre sagesse, si pourtant il est permis d'appeller *ciel* cet amas bleu & blanc d'exhalaisons qui forme les vents, la pluie, la neige, la grêle & le tonnerre. Nous avons décomposé la foudre, comme *Newton* a détissu la lumière. Nous avons reconnu que ces foudres, portés autrefois par l'aigle de *Jupiter*, ne sont en effet que du feu sulphureux & très électrique; qu'enfin on peut électriser le tonnerre, le conduire, le diviser, s'en rendre le maître, comme nous fefons paffer les rayons de lumière par un prifme, comme nous donnons cours aux eaux qui tombent du ciel, c'eft-à-dire de la hauteur d'une demi-lieue de notre atmofphère. On plante un haut fapin ébranché, dont la cime eft revêtue d'un cône de fer. Les nuées fulphureufes, qui forment le tonnerre, font peut-être les plus électriques de tous les corps; leur foufre fe communique à ce cône : & un fil d'archal, qui lui eft attaché, conduit la matière du tonnerre où l'on veut. Un phyficien ingénieux appelle cette expérience *l'inoculation du tonnerre*.

Il eft vrai que l'inoculation de la petite vérole, qui a confervé tant de mortels, en a fait périr quelques-uns auxquels on avait donné la petite vérole inconfidérément. De même l'inoculation du tonnerre mal faite ferait dangereufe. Il y a des grands feigneurs dont il ne faut approcher qu'avec d'extrêmes précautions. Le tonnerre eft de ce nombre On fait que le profeffeur de mathématique *Richman* fut tué à Petersbourg en 1753 de la foudre électrifée qu'il avait attirée dans fa chambre, *arte fua periit*. Comme il était philofophe, un profeffeur théologien ne manqua pas d'imprimer qu'il avait été foudroyé comme *Salmonée* pour avoir ufurpé les droits de Dieu, & pour avoir voulu lancer le tonnerre.

Mais fi le phyficien avait dirigé le fil d'archal hors de la maifon & non pas dans fa chambre bien fermée, il n'aurait point eu le sort de *Salmonée*, d'*Ajax Oïlée*, de l'empereur *Carus*, du fils d'un ministre d'état en France, & de plusieurs moines dans les Pyrénées.

Placez votre *conducteur* à quelque distance de la maison, jamais dans votre chambre, & vous n'avez rien à craindre.

Mais dans une ville les maisons se touchent; choisissez les places, les carrefours, les jardins, les parvis des églises, les cimetières, supposé que vous ayez conservé l'abominable usage d'avoir des charniers dans vos villes.

VAPEURS, EXHALAISONS.

JE suis comme certains hérétiques; ils commencent par proposer modestement quelques difficultés; ils finissent par nier hardiment de grands dogmes.

J'ai d'abord, à l'article *Air*, rapporté avec candeur, les scrupules de ceux qui doutent que l'air existe. Je m'enhardis aujourd'hui; j'ose regarder l'existence de l'air comme une chose peu probable.

1°. Depuis que je rendis compte de l'opinion qui n'admet que des vapeurs, j'ai fait ce que j'ai pu pour voir de l'air; & je n'ai jamais vu que des vapeurs grises blanchâtres, bleues, noirâtres, qui couvrent tout mon horison,

Jamais on ne m'a montré d'air pur. J'ai toûjours demandé pourquoi on admettait une matière invisible, impalpable dont on n'avait aucune connaissance ?

2°. On m'a toûjours répondu que l'air est élastique. Mais qu'est-ce que l'élasticité ? c'est la propriété d'un corps fibreux de se remettre dans l'état dont vous l'avez tiré avec force. Vous avez courbé cette branche d'arbre, elle se relève ; ce ressort d'acier que vous avez roulé se détend de lui-même ; propriété aussi commune que l'attraction & la direction de l'aimant, & aussi inconnue. Mais votre élément de l'air est élastique, selon vous, d'une toute autre façon. Il occupe un espace prodigieusement plus grand que celui dans lequel vous l'enfermiez, dont il s'échappe. Des physiciens ont prétendu que l'air peut se dilater dans la proportion d'un à quatre mille ; d'autres ont voulu qu'une bulle d'air peut s'étendre quarante-six milliards de fois.

<small>Voyez Mushembroek chapitre de l'*Air*.</small>

Je demanderais alors ce qu'il deviendrait ? à quoi il serait bon ? quelle force aurait cette particule d'air au milieu des milliards de particules de vapeurs qui s'exhalent de la terre, & des milliards d'intervalles qui les séparent ?

3°. S'il existe de l'air, il faut qu'il nage dans la mer immense de vapeurs qui nous environne, & que nous touchons au doigt & à l'œil. Or les parties d'un air ainsi interceptées, ainsi plongées & errantes dans cette atmosphère, pouraient-elles avoir le moindre effet, le moindre usage?

4°. Vous entendez une musique dans un sallon éclairé de cent bougies; il n'y a pas un point de cet espace qui ne soit rempli de ces atomes de cire, de lumière & de fumée legère. Brûlez-y des parfums, il n'y aura pas encor un point de cet espace où les atomes de ces parfums ne pénètrent. Les exhalaisons continuelles du corps des spectateurs & des musiciens, & du parquet, & des fenêtres, & des platfonds, occupent encor ce sallon. Que restera-t-il pour votre prétendu élément de l'air?

5°. Comment cet air prétendu, dispersé dans ce sallon, poura-t-il vous faire entendre & distinguer à la fois les différens sons? faudra-t-il que la tierce, la quinte, l'octave &c. aillent frapper des parties d'air qui soient elles-mêmes à la tierce, à la quinte, à l'octave? chaque note exprimée par les voix & par les instrumens trouve-t-elle des parties d'air notées qui les renvoyent à votre oreille? C'est la seule manière d'expliquer la mécanique de l'ouïe par le moyen de l'air. Mais quelle supposition! de bonne foi doit-on croire que l'air contienne une infinité d'ut, re, mi, fa, sol, la, si, ut, & nous les envoye sans se tromper? en ce cas ne faudrait-il pas que chaque particule d'air frappée à la fois par tous les sons, ne fût propre qu'à répéter un seul son, & à le renvoyer à l'oreille? Mais où renverrait-elle tous les autres qui l'auraient également frappée?

Il n'y a donc pas moyen d'attribuer à l'air la mécanique qui opère les sons. Il faut donc chercher quelque autre cause, & on peut parier qu'on ne la trouvera jamais.

6°. A quoi fut réduit Newton ? il supposa à la fin de son optique, *que les particules d'une substance, dense, compacte & fixe, adhérentes par attraction, raréfiées difficilement par une extrême chaleur, se transforment en un air élastique.*

De telles hypothèses qu'il semblait se permettre pour se délasser, ne valaient pas ses calculs & ses expériences. Comment des substances dures se changent-elles en un élément ? comment du fer est-il changé en air ? avouons notre ignorance sur les principes des choses.

7°. De toutes les preuves qu'on apporte en faveur de l'air, c'est que si on vous l'ôte, vous mourrez. Mais cette preuve n'est autre chose qu'une supposition de ce qui est en question. Vous dites qu'on meurt quand on est privé d'air, & nous disons qu'on meurt par la privation des vapeurs salutaires de la terre & des eaux. Vous calculez la pesanteur de l'air, & nous la pesanteur des vapeurs. Vous donnez de l'élasticité à un être que vous ne voyez pas, & nous à des vapeurs que nous voyons distinctement dans la pompe à feu. Vous rafraichissez vos poumons avec de l'air, & nous avec des exhalaisons des corps qui nous environnent, &c. &c.

Permettez-nous donc de croire aux vapeurs; nous trouvons fort bon que vous soyez du parti de l'air, & nous ne demandons que la tolérance.

QUE L'AIR, OU LA RÉGION DES VAPEURS N'APPORTE POINT LA PESTE.

J'ajouterai encor une petite réflexion ; c'est que ni l'air, s'il y en a, ni les vapeurs, ne sont le véhicule de la peste. Nos vapeurs, nos exhalaisons nous donnent assez de maladies. Le gouvernement s'occupe peu du dessechement des marais ; il y perd plus qu'il ne pense : cette négligence répand la mort sur des cantons considérables. Mais pour la peste proprement dite, la peste native d'Egypte, la peste à charbon, la peste qui fit périr à Marseille & dans les environs soixante & dix mille hommes en 1720, cette véritable peste n'est jamais apportée par les vapeurs, ou par ce qu'on nomme *air* : cela est si vrai, qu'on l'arrête avec un seul fossé : on lui trace par des lignes une limite qu'elle ne franchit jamais.

Si les airs ou les exhalaisons la transmettaient, un vent du sud-est l'aurait bien vite fait voler de Marseille à Paris. C'est dans les habits, dans les meubles que la peste se conserve ; c'est de là qu'elle attaque les hommes. C'est dans une balle de coton qu'elle fut apportée de Seide l'ancienne Sidon à Marseille. Le con-

Neuviéme partie. C

seil d'état défendit aux Marseillois de sortir de l'enceinte qu'on leur traça sous peine de mort, & la peste ne se communiqua point au dehors. *Non procedes amplius.*

Les autres maladies contagieuses produites par les vapeurs, sont innombrables. Vous en êtes les victimes, malheureux Welches habitans de Paris. Je parle au pauvre peuple qui loge auprès des cimetières. Les exhalaisons des morts remplissent continuellement l'Hôtel-Dieu, & cet Hôtel-Dieu devenu l'hôtel de la mort, infecte le bras de la rivière sur lequel il est situé. O Welches ! vous n'y faites nulle attention ; & la dixiéme partie du petit peuple est sacrifiée chaque année ; & cette barbarie subsiste dans la ville des jansénistes, des financiers, des spectacles, des bals, des brochures & des filles de joie.

DE LA PUISSANCE DES VAPEURS.

Ce sont ces vapeurs qui font les éruptions des volcans, les tremblemens de terre, qui élèvent le Monte-nuovo, qui font sortir l'île de Santorin du fond de la mer Egée, qui nourrissent nos plantes & qui les détruisent. Terres, mers, fleuves, montagnes, animaux, tout est percé à jour ; ce globe est le tonneau des Danaides, à travers lequel tout entre, tout passe & tout sort sans interruption.

On nous parle d'un éther, d'un fluide secret,

mais je n'en ai que faire ; je ne l'ai vu ni manié ; je n'en ai jamais senti, je le renvoye à la matière subtile de *René*, & à l'esprit recteur de *Paracelse*.

Mon esprit recteur est le doute : & je suis de l'avis de *St. Thomas Dydime*, qui voulait mettre le doigt dessus & dedans.

VÉNALITÉ.

CE faussaire dont nous avons tant parlé, qui fit le testament du cardinal de Richelieu, dit au chapitre IV, *qu'il vaut mieux laisser la vénalité & le droit annuel, que d'abolir ces deux établissemens difficiles à changer tout-d'un-coup sans ébranler l'état.*

Toute la France répétait & croyait répéter après le cardinal de *Richelieu*, que la vénalité des offices de judicature était très avantageuse.

L'abbé de *St. Pierre* fut le premier qui croyant encor que le prétendu testament était du cardinal, osa dire dans ses observations sur le ch. IV. *Le cardinal s'est engagé dans un mauvais pas, en soutenant que quant-à-présent, la vénalité des charges peut être avantageuse à l'état. Il est vrai qu'il n'est pas possible de rembourser toutes les charges.*

Ainsi non-seulement cet abus paraissait à tout le monde irréformable, mais utile ; on

C ij

était si accoutumé à cet opprobre, qu'on ne le sentait pas ; il semblait éternel ; un seul homme en peu de mois l'a su anéantir.

Répétons donc qu'on peut tout faire, tout corriger ; que le grand défaut de presque tous ceux qui gouvernent, est de n'avoir que des demi-volontés & des demi-moyens. Si *Pierre le grand* n'avait pas voulu fortement, deux mille lieues de pays seraient encor barbares.

Comment donner de l'eau dans Paris à trente mille maisons qui en manquent ? comment payer les dettes de l'état, comment se soustraire à la tyrannie révérée d'une puissance étrangère qui n'est pas une puissance, & à laquelle on paye en tribut les premiers fruits? Osez-le vouloir, & vous en viendrez à bout plus aisément que vous n'avez extirpé les jésuites, & purgé le théatre de petits maitres.

VENISE,

ET PAR OCCASION DE LA LIBERTÉ.

Nulle puissance ne peut reprocher aux Vénitiens d'avoir acquis leur liberté par la révolte; nulle ne peut leur dire, Je vous ai affranchis, voilà le diplôme de votre manumission.

Ils n'ont point usurpé leurs droits comme les *Césars* usurpèrent l'empire, comme tant d'évêques, à commencer par celui de Rome, ont usurpé les droits régaliens; ils sont seigneurs de Venise (si l'on ose se servir de cette audacieuse comparaison) comme DIEU est seigneur de la terre, parce qu'il l'a fondée.

Attila, qui ne prit jamais le titre de *fléau de Dieu*, va ravageant l'Italie. Il en avait autant de droit qu'en eurent depuis *Charlemagne* l'Austrasien & *Arnould le bâtard* Carinthien, & *Gui* duc de Spolète, & *Bérenger* marquis de Frioul, & les évêques qui voulaient se faire souverains.

Dans ce tems de brigandages militaires & ecclésiastiques, *Attila* passe comme un vautour, & les Vénitiens se sauvent dans la mer comme des *Alcions*. Nul ne les protège qu'euxmêmes; ils font leur nid au milieu des eaux; ils l'agrandissent; ils le peuplent, ils le défendent, ils l'enrichissent. Je demande s'il est possible d'imaginer une possession plus juste? Notre père *Adam* qu'on suppose avoir vécu dans le beau pays de la Mésopotamie, n'était pas à plus juste titre seigneur & jardinier du paradis terrestre.

J'ai lu le *Squittinio della liberta di Venezia*, & j'en ai été indigné.

Quoi! Venise ne serait pas originairement libre, parce que les empereurs Grecs superstitieux & méchans, & faibles, & barbares disent, Cette nouvelle ville a été bâtie sur notre ancien territoire; & parce que des Allemands ayant le titre d'*Empereurs d'Occident* difent, Cette ville étant dans l'occident, eſt de notre domaine ?

Il me ſemble voir un poiſſon volant, pour-ſuivi à la fois par un faucon & par un requin, & qui échappe à l'un & à l'autre.

Sannazar avait bien raiſon de dire, en com-parant Rome & Veniſe,

Illam homines dicas hanc poſuiſſe Deos.

Rome perdit par *Céſar*, au bout de cinq cent ans, ſa liberté acquiſe par *Brutus*. Ve-niſe a conſervé la ſienne pendant onze ſiécles, & je me flatte qu'elle la conſervera toûjours.

Gènes, pourquoi fais-tu gloire de montrer un diplôme d'un *Bérenger* qui te donna des privilèges en l'an 958 ? Vous ſavez bien que des conceſſions de privilèges ne ſont que des titres de ſervitude. Et puis voilà un beau titre qu'une charte d'un tyran paſſager qui ne fut jamais bien reconnu en Italie, & qui fut chaſſé deux ans après la date de cette charte !

La véritable charte de la liberté eſt l'indé-pendance ſoutenue par la force. C'eſt avec la pointe de l'épée qu'on ſigne les diplômes qui aſſurent cette prérogative naturelle. Tu perdis plus d'une fois ton privilège & ton coffre-fort. Garde l'un & l'autre depuis 1748.

Heureuſe Helvétie, à quelle pancarte dois-tu ta liberté ? à ton courage, à ta fermeté, à tes montagnes. — Mais je ſuis ton empereur — mais je ne veux plus que tu le fois — mais tes pères ont été esclaves de mon père — c'est pour cela même que leurs enfans ne veulent point te servir — mais j'avais le droit attaché à ma dignité — & nous nous avons le droit de la nature.

Quand les sept Provinces-Unies eurent-elles ce droit incontestable ? au moment même où elles furent unies ; & dès-lors ce fut *Philippe II* qui fut le rebelle. Quel grand-homme que ce *Guillaume* prince d'Orange ! il trouva des esclaves, & il en fit des hommes libres.

Pourquoi la liberté est-elle si rare ?

Parce qu'elle est le premier des biens.

VENTRES PARESSEUX.

SAint Paul a dit que les Crétois sont toûjours *menteurs, de méchantes bêtes & des ventres paresseux*. Le médecin *Hequet* entendait par *ventres paresseux*, que les Crétois allaient rarement à la selle, & qu'ainsi la matière fécale refluant dans leur sang, les rendait de mauvaise humeur & en fesait de méchantes bêtes. Il est très vrai qu'un homme qui n'a pu venir à bout de pousser sa selle, sera plus sujet à la colère qu'un autre ; sa bile ne coule pas, elle est recuite, son sang est adulte.

Quand vous avez le matin une grace à

demander à un ministre ou à un premier commis de ministre, informez-vous adroitement s'il a le ventre libre. Il faut toûjours prendre *mollia fandi tempora*.

Personne n'ignore que notre caractère & notre tour d'esprit ne dépende absolument de la garderobe. Le cardinal de *Richelieu* n'était sanguinaire que parce qu'il avait des hémorroïdes internes qui occupaient son intestin rectum, & qui durcissaient ses matières. La reine *Anne d'Autriche* l'appellait toûjours *Cu pourri*. Ce sobriquet redoubla l'aigreur de sa bile, & coûta probablement la vie au maréchal de *Marillac*, & la liberté au maréchal de *Bassompierre*. Mais je ne vois pas pourquoi les gens constipés seraient plus menteurs que d'autres; il n'y a nulle analogie entre le sphincter de l'anus & le mensonge, comme il y en a une très sensible entre les intestins, nos passions, notre maniere de penser, notre conduite.

Je suis donc bien fondé à croire que St. Paul entendait par *ventres paresseux*, des gens voluptueux, des espèces de prieurs, de chanoines, d'abbés commendataires, de prélats fort riches qui restaient au lit tout le matin pour se refaire des débauches de la veille, comme dit *Marot*,

 Un gras prieur son petit-fils baisait
 Et mignardait au matin dans sa couche,
 Tandis rôtir la perdrix on fesait. &c. &c.

Mais on peut fort bien paſſer le matin au lit, & n'être ni menteur, ni méchante bête. Au contraire, les voluptueux indolens ſont pour la plûpart très doux dans la ſociété, & du meilleur commerce du monde.

Quoi qu'il en ſoit, je ſuis très fâché que *St. Paul* injurie toute une nation : il n'y a dans ce paſſage ni politeſſe, ni habileté, ni vérité. On ne gagne point les hommes en leur diſant qu'ils ſont de méchantes bêtes ; & ſûrement il aurait trouvé en Crète des hommes de mérite. Pourquoi outrager ainſi la patrie de *Minos*, dont l'archevêque *Fénelon* (bien plus poli que *St. Paul*) fait un ſi pompeux éloge dans ſon *Télémaque*.

St. Paul n'était-il pas difficile à vivre ? d'une humeur bruſque, d'un eſprit fier, d'un caractère dur & impérieux ? Si j'avais été l'un des apôtres, ou ſeulement diſciple, je me ſerais infailliblement brouillé avec lui. Il me ſemble que tout le tort était de ſon côté dans ſa querelle avec *Pierre Simon Barjone*. Il avait la fureur de la domination ; il ſe vante toûjours d'être apôtre, & d'être plus apôtre que ſes confrères, lui qui avait ſervi à lapider *St. Etienne !* lui qui avait été un valet perſécuteur ſous *Gamaliel*, & qui aurait dû pleurer ces crimes, bien plus longtems que *St. Pierre* ne pleura ſa faibleſſe.

Il ſe vante d'être citoyen Romain né à Tarſis ; & *St. Jérôme* prétend qu'il était un pauvre juif de province né à Giscale dans la Galilée. *a)* Dans ses lettres au petit troupeau de ses frères, il parle toûjours en maître très dur. *Je viendrai,* écrit-il à quelques Corinthiens, *je viendrai à vous, je jugerai tout par deux ou trois témoins ; je ne pardonnerai ni à ceux qui ont péché, ni aux autres.* Ce *ni aux autres*, est un peu dur.

Bien des gens prendraient aujourd'hui le parti de *St. Pierre* contre *St. Paul*, n'était l'épisode d'*Ananie* & de *Saphire*, qui a intimidé les ames enclines à faire l'aumône.

Je reviens à mon texte des Crétois menteurs, méchantes bêtes, ventres paresseux ; & je conseille à tous les missionnaires de ne jamais débuter avec aucun peuple par lui dire des injures.

Ce n'est pas que je regarde les Crétois comme les plus justes & les plus respectables des hommes, ainsi que le dit la fabuleuse Grèce ; je ne prétends point concilier leur prétendue vertu avec leur prétendu taureau dont la belle *Pasiphaë* fut si amoureuse, ni avec l'art dont le fondeur *Dedale* fit une vache d'airain, dans laquelle *Pasiphaë* se posta si habilement, que son tendre amant lui fit un minautaure, auquel le pieux & équitable *Minos* sacrifiait tous les ans (& non pas tous les neuf ans) sept

a) Nous l'avons déja dit ailleurs, & nous le répétons ici. Pourquoi? parce que les jeunes Welches, pour l'édification de qui nous écrivons, lisent en courant & oublient tout ce qu'ils lisent.

grands garçons & sept grandes filles d'Athènes.

Ce n'est pas que je croye aux cent grandes villes de Crète ; passe pour cent mauvais villages établis sur ce rocher long & étroit avec deux ou trois villes. On est toûjours fâché que *Rollin*, dans sa compilation élégante de l'histoire ancienne, ait répété tant d'anciennes fables sur l'île de Crète & sur *Minos* comme sur le reste.

A l'égard des pauvres Grecs & des pauvres Juifs qui habitent aujourd'hui les montagnes escarpées de cette île sous le gouvernement d'un pacha, il se peut qu'ils soient des menteurs & de méchantes bêtes. J'ignore s'ils ont le ventre paresseux, & je souhaite qu'ils ayent à manger.

VERGE,
BAGUETTE DIVINATOIRE.

Les theurgites, les anciens sages avaient tous une verge avec laquelle ils opéraient.

Mercure passe pour le premier dont la verge ait fait des prodiges. On tient que *Zoroastre* avait sa verge. La verge de l'antique *Bacchus* était son tyrse, avec lequel il sépara les eaux de l'Oronte, de l'Hydaspe & de la mer Rouge. La verge d'*Hercule* était son bâton, sa massue. *Pythagore* fut toûjours représenté avec sa verge.

On dit qu'elle était d'or ; il n'eſt pas étonnant qu'ayant une cuiſſe d'or, il eût une verge du même métal.

Abaris, prêtre d'*Apollon* hyperboréen, qu'on prétend avoir été contemporain de *Pythagore*, fut bien plus fameux par ſa verge ; elle n'était que de bois ; mais il traverſait les airs à califourchon ſur elle. *Porphyre* & *Jamblique* affirment que ces deux grands theurgites, *Abaris* & *Pythagore*, ſe montrèrent amicalement leur verge.

La verge fut en tout tems l'inſtrument des ſages, & le ſigne de leur ſuperiorité. Les conſeillers ſorciers de Pharaon firent d'abord autant de preſtiges avec leur verge que Moïſe fit de prodiges avec la ſienne. Le judicieux Calmet nous apprend dans ſa diſſertation ſur l'Exode, *que les opérations de ces mages n'étaient pas des miracles proprement dits, mais une métamorphoſe fort ſingulière & fort difficile, qui néanmoins n'eſt ni contre, ni au-deſſus des loix de la nature.* La verge de Moïſe eut la ſupériorité qu'elle devait avoir ſur celles de ces chotim d'Egypte.

Non-ſeulement la verge d'*Aaron* partagea l'honneur des prodiges de ſon frère Moïſe ; mais elle en fit en ſon particulier de très admirables. Perſonne n'ignore comment de treize verges celle d'Aaron fut la ſeule qui fleurit, qui pouſſa des boutons, des fleurs, & des amandes.

VERGE.

Le diable, qui, comme on fait, est un mauvais singe des œuvres des saints, voulut avoir aussi sa verge, sa baguette, dont il gratifia tous les sorciers. Médée & Circé furent toûjours armées de cet instrument mystérieux. De là vient que jamais magicienne ne paraît à l'opéra sans cette verge, & qu'on appelle ces rôles *des rôles à baguette*.

Aucun joueur de gobelets ne fait ses tours de passe-passe sans sa verge, sans sa baguette.

On trouve les sources d'eau, les trésors, au moyen d'une verge, d'une baguette de coudrier, qui ne manque pas de forcer un peu la main à un imbécille qui la serre trop, & qui tourne aisément dans celle d'un fripon. Mr. *Formey* secrétaire de l'académie de Berlin, explique ce phénomène par celui de l'aimant dans le grand Dictionnaire encyclopédique. Tous les sorciers du siécle passé croyaient aller au sabat sur une verge magique, ou sur un manche à balai qui en tenait lieu; & les juges, qui n'étaient pas sorciers, les brûlaient.

Les verges de boulot sont une poignée de scions dont on frappe les malfaiteurs sur le dos. Il est honteux & abominable qu'on inflige un pareil châtiment sur les fesses à des jeunes garçons & à de jeunes filles. C'était autrefois le supplice des esclaves. J'ai vu dans des collèges, des barbares, qui fesaient dépouiller des enfans presqu'entiérement; une espece de bourreau souvent yvre les déchirait avec de longues verges, qui mettaient en sang leurs aînes & les fesaient enfler démesurément. D'autres les fesaient frapper avec douceur, & il en naissait un autre inconvénient. Les deux nerfs, qui vont du sphincter au pubis étant irrités, causaient des pollutions; c'est ce qui est arrivé souvent à de jeunes fillles.

Par une police incompréhensible, les jésuites du Paraguai fouettaient les pères & les mères de famille sur leurs fesses nues *a*). Quand il n'y aurait eu que cette raison pour chasser les jésuites, elle aurait suffi.

a) Voyez le voyage de Mr. le colonel de *Bougainville*, & les *Lettres sur le Paraguai*.

VÉRITÉ.

„ Pilate lui dit alors, vous êtes donc roi?
„ Jesus lui répondit, vous dites que je
„ suis roi, c'est pour cela que je suis né &
„ que je suis venu au monde, afin de rendre
„ témoignage à la vérité; tout homme qui est
„ de vérité écoute ma voix.
„ Pilate lui dit, qu'est-ce que vérité? &
„ ayant dit cela il sortit. &c. (Jean chap. 18.)

Il est triste pour le genre-humain que Pilate sortit sans attendre la réponse; nous saurions ce que c'est que la vérité. Pilate était bien peu curieux. L'accusé amené devant lui dit qu'il eſt roi, qu'il eſt né pour être roi ; & il ne s'informe pas comment cela peut être. Il eſt juge ſuprème au nom de *Céſar* ; il a la puiſſance du glaive ; ſon devoir était d'approfondir le ſens de ces paroles. Il devait dire, Apprenez-moi ce que vous entendez par être roi ? comment êtes vous né pour être roi & pour rendre témoignage à la vérité ? on prétend qu'elle ne parvient que difficilement à l'oreille des rois. Moi qui ſuis juge, j'ai toûjours eu une peine extrême à la découvrir. Inſtruiſez-moi pendant que vos ennemis crient là dehors contre vous ; vous me rendrez le plus grand ſervice qu'on ait jamais rendu à un juge ; & j'aime bien mieux apprendre à connaître le vrai que de condeſcendre à la demande tumultueuſe des Juifs qui veulent que je vous faſſe pendre.

Nous n'oſerons pas ſans doute rechercher ce que l'auteur de toute vérité aurait pu dire à Pilate.

Aurait-il dit, la *vérité eſt un mot abſtrait que la plûpart des hommes employent indifféremment dans leurs livres & dans leurs jugemens pour erreur & menſonge ?* Cette définition aurait merveilleuſement convenu à tous les feſeurs de ſyſtèmes. Ainſi le mot *ſageſſe* eſt pris ſouvent pour folie, & *eſprit* pour ſotiſe.

Humainement parlant, définiſſons la vérité en attendant mieux, *ce qui eſt énoncé tel qu'il eſt*.

Je ſuppoſe qu'on eût mis ſeulement ſix

mois à enseigner à Pilate les vérités de la logique, il eût fait sans doute ce syllogisme concluant; on ne doit point ôter la vie à un homme qui n'a prêché qu'une bonne morale. Or celui qu'on m'a déféré a, de l'avis de ses ennemis même, prêché souvent une morale excellente; donc, on ne doit point le punir de mort.

Il aurait pu encor tirer cet autre argument: Mon devoir est de dissiper les attroupemens d'un peuple séditieux qui demande la mort d'un homme, sans raison & sans forme juridique. Or, tels sont les Juifs dans cette occasion; donc je dois les renvoyer & rompre leur assemblée.

Nous supposons que Pilate savait l'arithmétique, ainsi nous ne parlerons pas de ces espèces de vérités.

Pour les vérités mathématiques, je crois qu'il aurait fallu trois ans pour le moins, avant qu'il pût être au fait de la géométrie trenscendante. Les vérités de la physique combinées avec celles de la géométrie, auraient exigé plus de quatre ans. Nous en consumons six, d'ordinaire, à étudier la théologie; j'en demande douze pour Pilate, attendu qu'il était payen, & que six ans n'auraient pas été trop pour déraciner toutes ses vieilles erreurs, & six autres années pour le mettre en état de recevoir le bonnet de docteur.

Si Pilate avait eu une tête bien organisée, je

je n'aurais demandé que deux ans pour lui apprendre les vérités métaphysiques ; & comme ces vérités font nécessairement liées avec celles de la morale, je me flatte qu'en moins de neuf ans Pilate ferait devenu un vrai savant & parfaitement honnête-homme.

VÉRITÉS HISTORIQUES.

J'aurais dit enfuite à Pilate ; Les vérités historiques ne font que des probabilités. Si vous avez combattu à la bataille de Philippes, c'est pour vous une vérité que vous connaissez par intuition, par fentiment. Mais pour nous qui habitons tout auprès du défert de Syrie, ce n'est qu'une chofe très probable, que nous connaissons par oui-dire. Combien faut-il de oui-dire pour former une perfuafion égale à celle d'un homme, qui ayant vu la chofe, peut fe vanter d'avoir une efpèce de certitude ?

Celui qui a entendu dire la chofe à douze mille témoins oculaires, n'a que douze mille probabilités égales à une forte probabilité, laquelle n'est pas égale à la certitude.

Si vous ne tenez la chofe que d'un feul des témoins, vous ne favez rien ; vous devez douter. Si le témoin est mort, vous devez douter encor plus, car vous ne pouvez plus vous éclaircir. Si de plufieurs témoins morts ; vous êtes dans le même cas.

Si de ceux à qui les témoins ont parlé ; le doute doit encor augmenter.

De génération en génération le doute augmente, & la probabilité diminue ; & bientôt la probabilité eſt réduite à zéro.

Des dégrés de vérité suivant lesquels on juge les accusés.

On peut être traduit en juſtice ou pour des faits, ou pour des paroles.

Si pour des faits, il faut qu'ils ſoient auſſi certains que le ſera le ſupplice auquel vous condamnerez le coupable. Car ſi vous n'avez, par exemple, que vingt probabilités contre lui, ces vingt probabilités ne peuvent équivaloir à la certitude de ſa mort. Si vous voulez avoir autant de probabilités qu'il vous en faut pour être ſûr que vous ne répandez point le ſang innocent, il faut qu'elles naiſſent de témoignages unanimes de dépoſans qui n'ayent aucun intérêt à dépoſer. De ce concours de probabilités, il ſe formera une opinion très forte qui poura ſervir à excuſer votre jugement. Mais comme vous n'aurez jamais de certitude entière, vous ne pourez vous flatter de connaître parfaitement la vérité. Par conſéquent vous devez toûjours pancher vers la clémence plus que vers la rigueur.

S'il ne s'agit que de faits dont il n'ait réſulté ni mort d'homme, ni mutilation, il eſt évident que vous ne devez faire mourir ni mutiler l'accufé.

S'il n'eſt queſtion que de paroles, il eſt encor plus évident que vous ne devez point faire pendre un de vos ſemblables pour la manière dont il a remué la langue ; car toutes les paroles du monde n'étant que de l'air battu, à moins que ces paroles n'ayent excité au meurtre, il eſt ridicule de condamner un homme à mourir pour avoir battu l'air. Mettez dans une balance toutes les paroles oiſeuſes qu'on ait jamais dites, & dans l'autre balance le ſang d'un homme, ce ſang l'emportera. Or celui qu'on a traduit devant vous n'étant accuſé que de quelques paroles que ſes ennemis ont priſes en un certain ſens, tout ce que vous pouriez faire ferait auſſi de lui dire des paroles qu'il prendra dans le ſens qu'il voudra : mais livrer un innocent au plus cruel & au plus ignominieux ſupplice, pour des mots que ſes ennemis ne comprennent pas, cela eſt trop barbare. Vous ne faites pas plus de cas de la vie d'un homme que de celle d'un lézard, & trop de juges vous reſſemblent.

VERTU.

ON dit de Marcus Brutus, qu'avant de se tuer il prononça ces paroles, O vertu, j'ai cru que tu étais quelque chose! mais tu n'es qu'un vain fantôme!

Tu avais raison, Brutus, si tu mettais la vertu à être chef de parti & l'assassin de ton bienfaicteur, de ton père Jules-César; mais si tu avais fait consister la vertu à ne faire que du bien à ceux qui dépendaient de toi, tu ne l'aurais pas appellée *fantôme*, & tu ne te serais pas tué de désespoir.

Je suis très vertueux, dit cet excrément de théologie, car j'ai les quatre vertus cardinales, & les trois théologales. Un honnête homme lui demande, qu'est-ce que vertu cardinale? l'autre répond, c'est force, prudence, tempérance & justice.

L'HONNÊTE HOMME.

Si tu es juste, tu as tout dit; ta force, ta prudence, ta tempérance sont des qualités utiles. Si tu les as, tant mieux pour toi; mais si tu es juste, tant mieux pour les autres. Ce n'est pas encor assez d'être juste, il faut être bienfaisant; voilà ce qui est véritablement cardinal. Et tes théologales, qui sont-elles?

VERTU.

L'EXCRÉMENT.

Foi, espérance, charité.

L'HONNÊTE HOMME.

Est-ce vertu de croire? ou ce que tu crois te semble vrai, & en ce cas il n'y a nul mérite à le croire; ou il te semble faux, & alors il est impossible que tu le croyes.

L'espérance ne saurait être plus vertu que la crainte; on craint & on espère selon qu'on nous promet ou qu'on nous menace. Pour la charité, n'est-ce pas ce que les Grecs & les Romains entendaient par humanité, amour du prochain? cet amour n'est rien s'il n'est agissant; la bienfaisance est donc la seule vraie vertu.

L'EXCRÉMENT.

Quelque sot! vraiment oui, j'irai me donner bien du tourment pour servir les hommes, & il ne m'en reviendrait rien! chaque peine mérite salaire. Je ne prétends pas faire la moindre action honnête, à moins que je ne sois sûr du paradis.

Quis enim virtutem amplectitur ipsam
Præmia si tollas ?

Qui poura suivre la vertu
Si vous ôtez la récompense?

L'HONNÊTE HOMME.

Ah! maître, c'est-à-dire que si vous n'espériez pas le paradis, & si vous ne redoutiez pas l'enfer, vous ne feriez jamais aucune bonne œuvre. Vous me citez des vers de Juvenal pour me prouver que vous n'avez que votre intérêt en vue. En voici de Racine qui pouront vous faire voir au moins qu'on peut trouver dès ce monde sa récompense en attendant mieux.

Quel plaisir de penser & de dire en vous-même,
Partout en ce moment on me bénit, on m'aime!
On ne voit point le peuple à mon nom s'allarmer;
Le ciel dans leurs chagrins ne m'entend point nommer.
Leur sombre inimitié ne fait point mon visage,
Je vois voler partout les cœurs à mon passage.
Tels étaient vos plaisirs.

Croyez-moi, maître, il y a deux choses qui méritent d'être aimées pour elles-mêmes, Dieu, & la vertu.

L'EXCRÉMENT.

Ah! monsieur, vous êtes fénéloniste.

L'HONNÊTE HOMME.

Oui, maître.

L'EXCRÉMENT.

J'irai vous dénoncer à l'official de Meaux,

VERTU.

L'HONNÊTE HOMME.

Va, dénonce.

VIE.

ON trouve ces paroles dans *le Système de la nature* page 84 édition de Londres. *Il faudrait définir la vie avant de raisonner de l'ame ; mais c'est ce que j'estime impossible.*

C'est ce que j'ose estimer très possible. La vie est organisation avec capacité de sentir. Ainsi on dit que tous les animaux sont en vie. On ne le dit des plantes que par extension, par une espèce de métaphore ou de catacrèse. Elles sont organisées ; elles végètent ; mais n'étant point capables de sentiment, elles n'ont point proprement la vie.

On peut-être en vie sans avoir un sentiment actuel ; car on ne sent rien dans une apoplexie complette, dans une létargie, dans un sommeil plein & sans rêves, mais on a encor le pouvoir de sentir. Plusieurs personnes, comme on ne le fait que trop, ont été enterrées vives comme des vestales, & c'est ce qui arrive dans tous les champs de bataille, surtout dans les pays froids ; un soldat est sans mouvement & sans haleine ; s'il était secouru, il les reprendrait ; mais pour avoir plutôt fait, on l'enterre.

Qu'eſt-ce que cette capacité de ſenſation? autrefois vie & ame c'était même choſe, & l'une n'eſt pas plus connue que l'autre; le fond en eſt-il mieux connu aujourd'hui?

Dans les livres ſacrés juifs, ame eſt toûjours employée pour vie.

Genèſe ch. 20. *Dixit etiam Deus producant aquæ reptile animæ viventis.* Et Dieu dit, que les eaux produiſent des reptiles d'ame vivante.

Creavit Deus cete grandia & omnem animam viventem, atque motabilem quam produxerant aquæ.

Il créa auſſi de grands dragons (tannitim) tout animal ayant vie & mouvement que les eaux avaient produit.

Il eſt difficile d'expliquer comment Dieu créa ces dragons produits déja par les eaux; mais la choſe eſt ainſi, & c'eſt à nous de nous ſoumettre.

Ch. 24. *Producat terra animam viventem in genere ſuo jumenta & reptilia.*

Que la terre produiſe ame vivante en ſon genre des behemoths & des reptiles.

Ch. 30. *Et in quibus eſt anima vivens, ad veſcendum.*
Et à toute ame vivante pour ſe nourrir.

Et inſpiravit in faciem ejus ſpiraculum vitæ; & factus eſt homo in animam viventem.

Ch. 2. v. 7. Et il ſouffla dans ſes narines ſouffle de vie; & l'homme eut ſouffle de vie (ſelon l'hébreu).

Sanguinem enim animarum veſtrarum requi

ram de manu cunctarum bestiarum, & de manu hominis &c.

Je redemanderai vos ames aux mains des bêtes & des hommes. *Ames* signifie ici *vies* évidemment. Le texte sacré ne peut entendre que les bêtes auront avalé l'ame des hommes, mais leur sang qui est leur vie. Quant aux mains que ce texte donne aux bêtes, il entend leurs griffes.

En un mot, il y a plus de deux cent passages où l'ame est prise pour la vie des bêtes ou des hommes ; mais il n'en est aucun qui vous dise ce que c'est que la vie & l'ame.

Si c'est la faculté de la sensation, d'où vient cette faculté ? à cette question tous les docteurs répondent par des systèmes, & ces systèmes sont détruits les uns par les autres. Mais pourquoi voulez-vous savoir d'où vient la sensation ? Il est aussi difficile de concevoir la cause qui fait tendre tous les corps à leur commun centre, que de concevoir la cause qui rend l'animal sensible. La direction de l'aimant vers le pôle arctique, les routes des comètes, mille autres phénomènes sont tout aussi incompréhensibles.

Il y a des propriétés évidentes de la matière, dont le principe ne sera jamais connu de nous. Celui de la sensation, sans laquelle il n'y a point de vie, est & sera ignoré comme tant d'autres.

Peut-on vivre sans éprouver des sensations ?

non ; fuppofez un enfant qui meurt après avoit été toûjours en létargie ; il a exifté, mais il n'a point vécu.

Mais fuppofez un imbécille qui n'ait jamais eu d'idées complexes & qui ait eu du fentiment ; certainement il a vécu fans penfer ; il n'a eu que les idées fimples de fes fenfations.

La penfée eft-elle néceffaire à la vie ? non, puifque cet imbécille n'a point penfé & a vécu.

De là, quelques penfeurs penfent que la penfée n'eft point l'effence de l'homme ; ils difent qu'il y a beaucoup d'idiots non-penfans qui font hommes, & fi bien hommes qu'ils font des hommes fans pouvoir jamais faire un raifonnement.

Les docteurs qui croyent penfer, répondent que ces idiots ont des idées fournies par leurs fenfations.

Les hardis penfeurs leur répliquent, qu'un chien de chaffe qui a bien appris fon métier, a des idées beaucoup plus fuivies, & qu'il eft fort fupérieur à ces idiots. De là naît une grande difpute fur l'ame. Nous n'en parlerons pas ; nous n'en avons que trop parlé à l'article *Ame*.

VOYAGE DE St. PIERRE A ROME.

LA fameuſe diſpute ſi Pierre fit le voyage de Rome, n'eſt-elle pas au fond auſſi frivole que la plûpart des autres grandes diſputes ? Les revenus de l'abbaye St. Denis en France ne dépendent ni de la vérité du voyage de St. Denis l'aréopagite d'Athènes au milieu des Gaules, ni de ſon martyre à Montmartre, ni de l'autre voyage qu'il fit après ſa mort de Montmartre à St. Denis en portant ſa tète entre ſes bras, & en la baiſant à chaque pauſe.

Les chartreux ont de très grands biens, ſans qu'il y ait la moindre vérité dans l'hiſtoire du chanoine du Magdebourg qui ſe leva de ſa bierre à trois jours conſécutifs, pour apprendre aux aſſiſtans qu'il était damné.

De mème, il eſt bien ſûr que les revenus & les droits du pontife Romain peuvent ſubſiſter, ſoit que Simon Barjone ſurnommé Céphas ait été à Rome, ſoit qu'il n'y ait pas été. Tous les droits des métropolitains de Rome & de Conſtantinople furent établis au concile de Calcédoine en 451 de notre ère vulgaire, & il ne fut queſtion dans ce concile d'aucun voyage fait par un apôtre à Bizance ou à Rome.

Les patriarches d'Alexandrie, de Conſtantinople ſuivirent le fort de leurs provinces. Les chefs eccléſiaſtiques des deux villes impériales & de l'opulente Egypte, devaient avoir naturellement plus de privilèges, d'autorité, de richeſſes que les évêques des petites villes.

Si la réſidence d'un apôtre dans une ville avait décidé de tant de droits, l'évêque de Jéruſalem aurait ſans contredit été le premier évêque de la chrétienté. Il était évidemment le ſucceſſeur de St. Jaques frère de JESUS-CHRIST, reconnu pour fondateur de cette égliſe, & appellé depuis le premier de tous les évèques. Nous ajouterions que par le même raiſonnement, tous les patriarches de Jéruſalem devaient être circoncis, puiſque les quinze premiers évêques de Jéruſalem, berceau du chriſtianiſme & tombeau de JESUS-CHRIST, avaient tous reçu la circonciſion a).

Il eſt indubitable que les premieres largeſſes faites à l'égliſe de Rome par Conſtantin, n'ont pas le moindre rapport au voyage de St. Pierre.

1°. La première égliſe élevée à Rome, fut celle de St. Jean : elle en eſt encor la véritable

---

a) *Il falut que quinze évêques de Jéruſalem fuſſent circoncis, & que tout le monde penſât comme eux, & coopérât avec eux.* St. Epiphane Hereſ. 70.

J'ai appris par les monumens des anciens, que juſqu'au ſiège de Jéruſalem par Adrien, il y eut quinze évêques de ſuite natifs de cette ville. Euſèbe liv. 4.

cathédrale. Il est sûr qu'elle aurait été dédiée à St. Pierre s'il en avait été le premier évêque; c'est la plus forte de toutes les présomptions; elle seule aurait pu finir la dispute.

2°. A cette puissante conjecture se joignent des preuves négatives convaincantes. Si Pierre avait été à Rome avec Paul, les Actes des apôtres en auraient parlé, & ils n'en disent pas un mot.

3°. Si St. Pierre était allé prêcher l'Evangile à Rome, St. Paul n'aurait pas dit dans son épitre aux Galates, *Quand ils virent que l'évangile du prépuce m'avait été confié, & à Pierre celui de la circoncision, ils me donnèrent les mains à moi & à Barnabé; ils consentirent que nous allassions chez les gentils, & Pierre chez les circoncis.*

4°. Dans les lettres que Paul écrit de Rome, il ne parle jamais de Pierre; donc il est évident que Pierre n'y était pas.

5°. Dans les lettres que Paul écrit à ses frères de Rome, pas le moindre compliment à Pierre, pas la moindre mention de lui; donc Pierre ne fit un voyage à Rome ni quand Paul était en prison dans cette capitale, ni quand il en était dehors.

6°. On n'a jamais connu aucune lettre de St. Pierre datée de Rome.

7°. Quelques-uns, comme Paul-Orose Espagnol du cinquième siécle, veulent qu'il ait été à Rome les premières années de Claude; & les

Actes des apôtres difent qu'il était alors à Jérufalem, & les épîtres de Paul difent qu'il était à Antioche.

8°. Je ne prétends point apporter en preuve, qu'à parler humainement, & felon les règles de la critique profane, Pierre ne pouvait guères aller de Jérufalem à Rome, ne fachant ni la langue latine, ni même la langue grecque, laquelle St. Paul parlait, quoiqu'affez mal. Il eft dit que les apôtres parlaient toutes les langues de l'univers, ainfi je me tais.

9°. Enfin, la première notion qu'on ait jamais eue du voyage de St. Pierre à Rome, vient d'un nommé Papias qui vivait environ cent ans après St. Pierre. Ce Papias était Phrygien; il écrivait dans la Phrygie, & il prétendit que St. Pierre était allé à Rome, fur ce que dans une de fes lettres il parle de Babilone. Nous avons en effet une lettre attribuée à St. Pierre écrite en ces tems ténébreux, dans laquelle il eft dit, *L'églife qui eft à Babilone, ma femme & mon fils Marc vous faluent.* Il a plu à quelques tranflateurs de traduire le mot qui veut dire ma femme, par la conchoifie, Babilone la conchoifie; c'eft traduire avec un grand fens.

Papias qui était (il faut l'avouer) un des grands vifionnaires de ces fiécles, s'imagina que Babilone voulait dire Rome. Il était pourtant tout naturel que Pierre fût parti d'Antioche pour aller visiter les frères de Babilone. Il y eut toûjours des Juifs à Babilone, ils y firent continuellement le métier de courtiers & de porte-bales ; il est bien à croire que plusieurs disciples s'y réfugièrent, & que Pierre alla les encourager. Il n'y a pas plus de raison à imaginer que Babilone signifie Rome, qu'à supposer que Rome signifie Babilone. Quelle idée extravagante de supposer que Pierre écrivait une exhortation à ses camarades, comme on écrit aujourd'hui en chiffre ? craignait-il qu'on ouvrît sa lettre à la poste ? pourquoi Pierre aurait-il craint qu'on eût connaissance de ses lettres juives, si inutiles selon le monde, & auxquelles il eût été impossible que les Romains eussent fait la moindre attention ? qui l'engageait à mentir si vainement ? dans quel rêve a-t-on pu songer que lorsqu'on écrivait *Babilone* cela signifiait *Rome* ?

C'est d'après ces preuves assez concluantes que le judicieux Calmet conclut, que le voyage de St. Pierre à Rome est prouvé par St. Pierre lui-même, qui marque expressément qu'il a écrit sa lettre de Babilone, c'est-à-dire de Rome, comme nous l'expliquons avec les anciens. Encor une fois c'est puissamment raisonner ; il a probablement appris cette logique chez les vampires.

Le savant archevêque de Paris Marca, Dupin, Blondel, Spanheim, ne sont pas de cet avis ; mais enfin c'était celui de Papias qui raisonnait comme Calmet, & qui fut suivi d'une foule d'écrivains si attachés à la sublimité de leurs principes, qu'ils négligèrent quelquefois la saine critique & la raison.

C'est une très mauvaise défaite des partisans du voyage, de dire que les Actes des apôtres sont destinés à l'histoire de Paul & non pas de Pierre, & que s'ils passent sous silence le séjour de Simon Barjone à Rome, c'est que *les faits & gestes* de Paul étaient l'unique objet de l'écrivain.

Les Actes parlent beaucoup de Simon Barjone surnommé Pierre ; c'est lui qui propose de donner un successeur à Judas. On le voit frapper de mort subite Ananie & sa femme qui lui avaient donné leur bien, mais qui malheureusement n'avaient pas tout donné. On le voit ressusciter sa couturière Dorcas chez le corroyeur Simon à Joppé. Il a une querelle dans Samarie avec Simon surnommé le magicien ; il va à Lippa, à Césarée, à Jérusalem, que coûtait-il de le faire aller à Rome ?

Il est bien difficile que Pierre soit allé à Rome soit sous Tibère, soit sous Caligula ou sous Claude, ou sous Néron. Le voyage du tems de Tibère n'est fondé que sur de prétendus fastes de Sicile apocryphes.

Voyez Spanheim *sacra antiq. lib. 3.*

Un autre apocryphe intitulé *Catalogues d'évêques*, fait au plus vite Pierre évêque de Rome, immédiatement après la mort de son maître.

Je

Je ne fais quel conte arabe l'envoye à Rome fous Caligula. Eufèbe, trois cent ans après le fait conduire à Rome fous Claude par une main divine, fans dire en quelle année.

Lactance qui écrivait du tems de Conftantin, eft le premier auteur bien avéré, qui ait dit que Pierre alla à Rome fous Néron, & qu'il y fut crucifié.

On avouera que fi dans un procès une partie ne produifait que de pareils titres, elle ne gagnerait pas fa caufe; on lui confeillerait de s'en tenir à la prefcription, *à l'uti poffidetis*; & c'eft le parti que Rome a pris.

Mais, dit on, avant Eufèbe, avant Lactance l'exact Papias avait déja conté l'avanture de Pierre & de Simon vertu de Dieu, qui fe paffa en préfence de Néron, le parent de Néron à moitié reffufcité par Simon vertu-Dieu, & entiérement reffufcité par Pierre, les complimens de leurs chiens, le pain donné par Pierre aux chiens de Simon, le magicien qui vole dans les airs, le chrétien qui le fait tomber par un figne de croix, & qui lui caffe les jambes; Néron qui fait couper la tête à Pierre pour payer les jambes de fon magicien &c. &c. Le grave Marcel répète cette hiftoire autentique, & le grave Hégéfippe la répète encor, & d'autres la répètent après eux; & moi je vous répète que fi jamais vous plaidez pour un pré, fût-ce devant le juge de Vaugirard, vous ne gagnerez jamais votre procès sur de pareilles piéces.

Je ne doute pas que le fauteuil épiscopal de St. Pierre ne soit encor à Rome dans sa belle église. Je ne doute pas que St. Pierre n'ait joui de l'évêché de Rome vingt-cinq ans, un mois & neuf jours, comme on le rapporte. Mais j'ose dire que cela n'est pas prouvé démonstrativement, & j'ajoute qu'il est à croire que les évêques Romains d'aujourd'hui sont plus à leur aise que ceux de ces tems passés, tems un peu obscurs qu'il est fort difficile de bien débrouiller.

VOLONTÉ.

DEs Grecs fort subtils consultaient autrefois le pape Honorius I, pour savoir si Jesus, lorsqu'il était au monde, avait eu une volonté ou deux volontés lorsqu'il se déterminait à quelque action; par exemple, lorsqu'il voulait dormir ou veiller, manger ou aller à la garderobe, marcher ou s'asseoir.

Que vous importe? leur répondait le très sage évêque de Rome, Honorius. Il a certainement aujourd'hui la volonté que vous soyez gens de bien; cela vous doit suffire; il n'a nulle volonté que vous soyez des sophistes babillards, qui vous battez continuellement pour la chappe à l'évêque, & pour l'ombre de l'âne. Je vous conseille de vivre en paix, & de ne point perdre en disputes inutiles un tems que vous pouriez employer en bonnes œuvres.

St. Père, vous avez beau dire ; c'est ici la plus importante affaire du monde. Nous avons déjà mis l'Europe, l'Asie & l'Afrique en feu pour savoir si Jesus avait deux personnes & une nature, ou une nature & deux personnes, ou bien deux personnes & deux natures, ou bien une personne & une nature.

Mes chers frères, vous avez très mal fait : il falait donner du bouillon aux malades, du pain aux pauvres.

Il s'agit bien de secourir les pauvres ! voilà-t-il pas le patriarche Sergius qui vient de faire décider dans un concile à Constantinople, que Jesus avait deux natures & une volonté ! & l'empereur qui n'y entend rien, est de cet avis.

Eh bien, soyez-en aussi ; & surtout défendez-vous mieux contre les mahométans qui vous donnent tous les jours sur les oreilles, & qui ont une très mauvaise volonté contre vous.

C'est bien dit ; mais voilà les évêques de Tunis, de Tripoli, d'Alger, de Maroc, qui tiennent fermement pour les deux volontés. Il faut avoir une opinion ; quelle est la vôtre ?

Je suis pour l'empereur & le concile, jusqu'à-ce que vous ayez pour vous un autre concile & un autre empereur.

Ce n'est pas nous satisfaire. Croyez-vous deux volontés ou une?

Ecoutez; si ces deux volontés sont semblables, c'est comme s'il n'y en avait qu'une seule; si elles sont contraires, celui qui aura deux volontés à la fois, fera deux choses contraires à la fois, ce qui est absurde; par conséquent je suis pour une seule volonté.

Ah! St. Père, vous êtes monothélite. A l'héréfie, à l'héréfie! au diable! à l'excommunication, à la dépofition; un concile, vite un autre concile! un autre empereur, un autre évêque de Rome, un autre patriarche.

Mon Dieu que ces pauvres Grecs sont fous avec toutes leurs vaines & interminables disputes, & que mes successeurs feront bien de songer à être puissans & riches!

A peine Honorius avait proféré ces paroles, qu'il apprit que l'empereur Héraclius était mort après avoir été bien battu par les mahométans. Sa veuve Martine empoisonna son beau fils; le sénat fit couper la langue à Martine & le nez à un autre fils de l'empereur. Tout l'empire Grec nagea dans le sang.

N'eût-il pas mieux valu ne point disputer sur les deux volontés! Et ce pape Honorius contre lequel les jansénistes ont tant écrit, n'était-il pas un homme très sensé?

XÉNOPHANES.

BAyle a pris le prétexte de l'article Xénophanes pour faire le panégyrique du diable, comme autrefois Simonide, à l'occasion d'un lutteur qui avait remporté le prix à coups de poing aux jeux olympiques, chanta dans une belle ode les louanges de Castor & de Pollux. Mais au fonds, que nous importent les rêveries de Xénophanes ? Que saurons-nous en apprenant qu'il regardait la nature comme un être infini, immobile, composé d'une infinité de petits corpuscules, de petites monades douces, d'une force motrice, de petits molécules organiques ; qu'il pensait d'ailleurs à-peu-près comme pensa depuis Spinosa, ou que plutôt il cherchait à penser & qu'il se contredit plusieurs fois, ce qui était le propre des anciens philosophes ?

Si Anaximène enseigna que l'atmosphère était DIEU ; si Thalès attribua à l'eau la formation de toutes choses, parce que l'Egypte était fécondée par ses inondations ; si Phérécide & Héraclite donnèrent au feu tout ce que Thalès donnait à l'eau, quel bien nous revient-il de toutes ces imaginations chimériques ?

Je veux que Pythagore ait exprimé, par des nombres, des rapports très mal connus,

& qu'il ait cru que la nature avait bâti le monde par des règles d'arithmétique. Je confens qu'Ocellus Lucanus & Empédocle ayent tout arrangé par des forces motrices antagoniftes, quel fruit en recueillerai-je? quelle notion claire fera entrée dans mon faible efprit?

Venez, divin Platon, avec vos idées archetypes, vos androgines & votre verbe; établiffez ces belles connaiffances en profe poétique dans votre République nouvelle, où je ne prétends pas plus avoir une maifon que dans la Salente du Télémaque : mais au-lieu d'être un de vos citoyens, je vous enverrai, pour bâtir votre ville, toute la matière fubtile de Defcartes, toute fa matière globuleufe & toute fa rameufe que je vous ferai porter par *Cyrano de Bergerac.* a)

Bayle a pourtant exercé toute la fagacité de fa dialectique fur vos antiques billevefées; mais c'eft qu'il en tirait toûjours parti pour rire des fottifes qui leur fuccédèrent.

O philofophes! les expériences de phyfique bien conftatées, les arts & métiers, voilà la vraie philofophie. Mon fage eft le conducteur de mon moulin, lequel pince bien le vent, ramaffe mon fac de bled, le verfe dans la trémie, le moult également, & fournit à moi & aux miens une nourriture aifée. Mon fage eft celui qui, avec la navette, couvre

a) Plaifant affez mauvais & un peu fou.

mes murs de tableaux de laine ou de foye, brillans des plus riches couleurs ; ou bien celui qui met dans ma poche la mefure du tems en cuivre & en or. Mon fage eft l'inveftigateur de l'Hiftoire naturelle ; on apprend plus dans les feules expériences de l'abbé Nollet, que dans tous les livres de l'antiquité.

XENOPHON,
ET LA RETRAITE DES DIX MILLE.

Quand Xénophon n'aurait eu d'autre mérite que d'être l'ami du martyr Socrate, il ferait un homme recommandable ; mais il était guerrier, philofophe, poëte, hiftorien, agriculteur, aimable dans la fociété : & il y eut beaucoup de Grecs qui réunirent tous ces mérites.

Mais pourquoi cet homme libre eut-il une compagnie grecque à la folde du jeune *Cofrou*, nommé *Cyrus* par les Grecs ? Ce Cyrus était frère puifné & fujet de l'empereur de Perfe Artaxerxe Mnemon, dont on a dit qu'il n'avait jamais rien oublié que fes injures. Cyrus avait déja voulu affaffiner fon frère dans le temple même où l'on fefait la cérémonie de fon facre (car les rois de Perfe furent les

E iiij

premiers qui furent facrés), non-feulement Artaxerxe eut la clémence de pardonner à ce fcélérat, mais il eut la faibleffe de lui laiffer le gouvernement abfolu d'une grande partie de l'Afie mineure qu'il tenait de leur père, & dont il méritait au moins d'être dépouillé.

Pour prix d'une fi étonnante clémence, dès qu'il put fe foulever dans fa fatrapie contre fon frère, il ajouta ce fecond crime au premier. Il déclara par un manifefte, *qu'il était plus digne du trône de Perfe que fon frère, parce qu'il était meilleur magicien, & qu'il buvait plus de vin que lui.*

Je ne crois pas que ce fuffent ces raifons qui lui donnèrent pour alliés les Grecs. Il en prit à fa folde treize mille, parmi lefquels fe trouva le jeune Xénophon, qui n'était alors qu'un avanturier. Chaque foldat eut d'abord une darique de paye par mois. La darique valait environ une guinée, ou un louis d'or de notre tems, comme le dit très bien Mr. le chevalier de Jaucourt, & non pas dix francs, comme le dit Rollin.

Quand Cyrus leur propofa de fe mettre en marche avec fes autres troupes pour aller combattre fon frère vers l'Euphrate, ils demandèrent une darique & demie, & il falut bien la leur accorder. C'était trente-fix livres par mois, & par conféquent la plus forte paye qu'on ait jamais donnée. Les foldats de Céfar & de Pompée n'eurent que vingt fous par jour dans la guerre civile. Outre cette folde exorbitante, dont ils se firent payer quatre mois d'avance, Cyrus leur fourniſſait quatre cent chariots chargés de farine & de vin.

Les Grecs étaient donc précisément ce que ſont aujourd'hui les Helvétiens, qui louent leur ſervice & leur courage aux princes leurs voiſins, mais pour une ſomme trois fois plus modique que n'était la ſolde des Grecs.

Il eſt évident, quoi qu'on en diſe, qu'ils ne s'informaient pas ſi la cauſe pour laquelle ils combattaient était juſte; il ſuffiſait que Cyrus payât bien.

Les Lacédémoniens compoſaient la plus grande partie de ces troupes. Ils violaient en cela leurs traités ſolemnels avec le roi de Perſe.

Qu'était devenue l'ancienne averſion de Sparte pour l'or & pour l'argent? où était la bonne foi dans les traités? où était leur vertu altière & incorruptible? C'était Cléarque, un Spartiate, qui commandait le corps principal de ces braves mercenaires.

Je n'entends rien aux manœuvres de guerre d'Artaxerxes & de Cyrus; je ne vois pas pourquoi cet Artaxerxes qui venait à ſon ennemi avec douze cent mille combattans, commence par faire tirer des lignes de douze lieues d'étendue entre Cyrus & lui; & je ne comprends rien à l'ordre de bataille. J'entends encor moins comment Cyrus, ſuivi de ſix cent chevaux feulement, attaque dans la mêlée les fix mille gardes à cheval de l'empereur, fuivi d'ailleurs d'une armée innombrable. Enfin, il eft tué de la main d'Artaxerxes, qui apparemment ayant bu moins de vin que le rebelle ingrat, fe battit avec plus de fang-froid & d'adreffe que cet yvrogne. Il eft clair qu'il gagna complettement la bataille malgré la valeur & la réfiftance des treize mille Grecs, puifque la vanité grecque eft obligée d'avouer qu'Artaxerxes leur fit dire de mettre bas les armes. Ils répondent qu'ils n'en feront rien ; mais que fi l'empereur veut les payer, ils fe mettront à fon fervice. Il leur était donc très indifférent pour qui ils combattiffent, pourvu qu'on les payât. Ils n'étaient donc que des meurtriers à louer.

Il y a, outre la Suiffe, des provinces d'Allemagne qui en ufent ainfi. Il n'importe à ces bons chrétiens de tuer pour de l'argent, des Anglais, ou des Français, ou des Hollandais, ou d'être tués par eux. Vous les voyez réciter leurs prières & aller au carnage comme des ouvriers vont à leur attelier. Pour moi, j'avoue que j'aime mieux ceux qui s'en vont en Penfilvanie cultiver la terre avec les fimples & équitables quakers, & former des colonies dans le féjour de la paix & de l'induftrie. Il n'y a pas un grand favoir faire à tuer & à être tué pour fix fous par jour ; mais il y en a beaucoup à faire fleurir la république des Dunkards, ces thérapeutes nouveaux, sur la frontière du pays le plus sauvage.

Artaxerxes ne regarda ces Grecs que comme des complices de la révolte de son frère; & franchement c'est tout ce qu'ils étaient. Il se croyait trahi par eux, & il les trahit, à ce que prétend Xénophon. Car après qu'un de ses capitaines eut juré en son nom de leur laisser une retraite libre, & de leur fournir des vivres; après que Cléarque & cinq autres commandans des Grecs se furent mis entre ses mains pour régler la marche, il leur fit trancher la tête, & on égorgea tous les Grecs qui les avaient accompagnés dans cette entrevue, s'il faut s'en rapporter à Xénophon.

Cet acte royal nous fait voir que le machiavelisme n'est pas nouveau. Mais aussi est-il bien vrai qu'Artaxerxes eût promis de ne pas faire un exemple des chefs mercenaires qui s'étaient vendus à son frère? ne lui était-il pas permis de punir ceux qu'il croyait si coupables?

C'est ici que commence la fameuse retraite des dix mille. Si je n'ai rien compris à la bataille, je ne comprends pas plus à la retraite.

L'empereur, avant de faire couper la tête aux six généraux Grecs & à leur suite, avait juré de laisser retourner en Grèce cette petite armée réduite à dix mille hommes. La bataille s'était donnée sur le chemin de l'Euphrate; il eût donc falu faire retourner les Grecs par la Méſopotamie occidentale, par la Syrie, par l'Aſie mineure, par l'Ionie. Point du tout; on les feſait paſſer à l'orient, on les obligeait de traverſer le Tigre ſur des barques qu'on leur fourniſſait; ils remontaient enſuite par le chemin de l'Arménie lorſque leurs commandans furent ſuppliciés. Si quelqu'un comprend cette marche, dans laquelle on tournait le dos à la Grèce, il me fera plaiſir de me l'expliquer.

De deux choſes l'une; ou les Grecs avaient choiſi eux mêmes leur route, & en ce cas, ils ne ſavaient ni où ils allaient, ni ce qu'ils voulaient ; ou Artaxerxes les feſait marcher malgré eux; (ce qui eſt bien plus probable) & en ce cas pourquoi ne les exterminait-il point ?

On ne peut ſe tirer de ces difficultés qu'en ſuppoſant que l'empereur Perſan ne ſe vengea qu'à demi ; qu'il ſe contenta d'avoir puni les principaux chefs mercenaires qui avaient vendu les troupes Grecques à Cyrus; qu'ayant fait un traité avec ces troupes fugitives, il ne voulait pas deſcendre à la honte de le violer ; qu'étant ſûr que de ces Grecs errans il en périrait un tiers dans la route, il abandonnait ces malheureux à leur mauvais ſort. Je ne vois pas d'autre jour pour éclairer l'eſprit du lecteur ſur les obſcurités de cette marche.

On s'eſt étonné de la retraite des dix mille; mais on devait s'étonner bien davantage qu'Artaxerxes vainqueur à la tête de douze cent mille combattans, (du moins à ce qu'on dit) laiſſât voyager dans le nord de ſes vaſtes états dix mille fugitifs qu'il pouvait écraſer à chaque village, à chaque paſſage de rivière, à chaque défilé, ou qu'on pouvait faire périr de faim & de miſère.

Cependant on leur fournit, comme nous l'avons vu, vingt-ſept grands bateaux vers la ville d'Itace pour leur faire paſſer le Tigre, comme ſi on voulait les conduire aux Indes. De là on les eſcorte en tirant vers le nord, pendant pluſieurs jours, dans le déſert où eſt aujourd'hui Bagdat. Ils paſſent encor la rivière de Zabate, & c'eſt là que viennent les ordres de l'empereur de punir les chefs. Il eſt clair qu'on pouvait exterminer l'armée auſſi facilement qu'on avait fait juſtice des commandans. Il eſt donc très vraiſemblable qu'on ne le voulut pas.

On ne doit donc plus regarder les Grecs perdus dans ces pays ſauvages, que comme des voyageurs égarés, à qui la bonté de l'empereur laiſſait achever leur route comme ils pouvaient.

Il y a une autre obſervation à faire, qui ne paraît pas honorable pour le gouvernement Perſan. Il était impoſſible que les Grecs n'euſſent pas des querelles continuelles pour les vivres avec tous les peuples chez leſquels ils devaient paſſer. Les pillages, les déſolations, les meurtres étaient la fuite inévitable de ces désordres ; & cela est si vrai, que dans une route de six cent lieues, pendant laquelle les Grecs marchèrent toûjours au hazard, ces Grecs n'étant ni escortés, ni poursuivis par aucun grand corps de troupes Persannes, perdirent quatre mille hommes, ou assommés par les paysans, ou morts de maladie. Comment donc Artaxerxes ne les fit-il pas escorter depuis leur passage de la rivière de Zabate, comme il l'avait fait depuis le champ de bataille. jusqu'à cette rivière ?

Comment un souverain si sage & si bon commit-il une faute si essentielle ? Peut-être ordonna t-il l'escorte ; peut-être Xénophon, d'ailleurs un peu déclamateur, la passe-t-il sous silence pour ne pas diminuer le merveilleux de la retraite des dix mille ; peut-être l'escorte fut toûjours obligée de marcher très loin de la troupe Grecque par la difficulté des vivres. Quoi qu'il en soit, il paraît certain qu'Artaxerxes usa d'une extrême indulgence, & que les Grecs lui durent la vie, puisqu'ils ne furent pas exterminés.

Il est dit dans le Dictionnaire encyclopédique, à l'article *Retraite*, que celle des dix mille se fit sous le commandement de Xénophon. On se trompe ; il ne commanda jamais ; il fut seulement sur la fin de la marche à la tête d'une division de quatorze cent hommes.

Je vois que ces héros, à peine arrivés après

tant de fatigues fur le rivage du Pont-Euxin, pillent indifféremment amis & ennemis pour fe refaire. Xénophon embarque à Héraclée fa petite troupe, & va faire un nouveau marché avec un roi de Thrace qu'il ne connaiffait pas. Cet Athénien, au-lieu d'aller fecourir fa patrie accablée alors par les Spartiates, fe vend donc encor une fois à un petit defpote étranger. Il fut mal payé ; je l'avoue ; & c'eft une raifon de plus pour conclure qu'il eût mieux fait d'aller fecourir fa patrie.

Il réfulte de tout ce que nous avons remarqué, que l'Athénien Xénophon n'étant qu'un jeune volontaire, s'enrôla fous un capitaine Lacédémonien, l'un des tyrans d'Athènes, au fervice d'un rebelle & d'un affaffin ; & qu'étant devenu chef de quatorze cent hommes, il fe mit aux gages d'un barbare.

Ce qu'il y a de pis, c'eft que la néceffité ne le contraignait pas à cette fervitude. Il dit lui-même qu'il avait laiffé en dépôt, dans le temple de la fameufe Diane d'Ephèfe, une grande partie de l'or gagné au fervice de Cyrus.

Remarquons qu'en recevant la paye d'un roi, il s'expofait à être condamné au fupplice, fi cet étranger n'était pas content de lui. Voyez ce qui eft arrivé au major-général Doxat, homme né libre. Il fe vendit à l'empereur Charles VI, qui lui fit couper le cou pour avoir rendu aux Turcs une place qu'il ne pouvait défendre.

Rollin, en parlant de la retraite des dix mille, dit *que cet heureux succès remplit de mépris pour Artaxerxes les peuples de la Grèce, en leur fefant voir, que l'or, l'argent, les délices, le luxe, un nombreux ferrail fefaient tout le mérite du grand roi, &c.*

Rollin pouvait confidérer que les Grecs ne devaient pas méprifer un fouverain qui avait gagné une bataille complette ; qui ayant pardonné en frère avait vaincu en héros ; qui maître d'exterminer dix mille Grecs, les avait laiffé vivre & retourner chez eux ; & qui pouvant les avoir à fa folde, avait dédaigné de s'en fervir. Ajoutez que ce prince vainquit depuis les Lacédémoniens & leurs alliés, & leur impofa des loix humiliantes ; ajoutez que dans une guerre contre des Scythes nommés Cadufiens, vers la mer Cafpienne, il fupporta comme le moindre foldat toutes les fatigues & tous les dangers. Il vécut & mourut plein de gloire ; il eft vrai qu'il eut un ferrail, mais fon courage n'en fut que plus eftimable. Gardons-nous des déclamations de collège.

Si j'ofais attaquer le préjugé, j'oferais préférer la retraite du maréchal de Belle-Ifle à celle des dix mille. Il eft bloqué dans Prague par foixante mille hommes, il n'en a pas treize mille. Il prend fes mefures avec tant d'habileté, qu'il fort de Prague dans le froid le plus rigoureux avec fon armée, fes vivres, fon bagage

bagage, & trente piéces de canon, sans que les assiégeans s'en doutent. Il a déja gagné deux marches avant qu'ils s'en soient apperçus. Une armée de trente mille combattans le poursuit sans relâche l'espace de trente lieues. Il fait face partout, il n'est jamais entamé ; il brave, tout malade qu'il est, les saisons, la disette & les ennemis. Il ne perd que les soldats qui ne peuvent résister à la rigueur extrême de la saison. Que lui a-t-il manqué ? une plus longue course, & des éloges exagérés à la grecque.

ZOROASTRE.

SI c'est Zoroastre qui le premier annonça aux hommes cette belle maxime, *Dans le doute si une action est bonne ou mauvaise, abstienstoi*, Zoroastre était le premier des hommes après Confucius.

Si cette belle leçon de morale ne se trouve que dans les cent portes du Sadder, longtems après Zoroastre, bénissons l'auteur du Sadder. On peut avoir des dogmes & des rites très ridicules avec une morale excellente.

Qui était ce Zoroastre ? ce nom a quelque chose de Grec, & on dit qu'il était Mède. Les Parsis d'aujourd'hui l'appellent Zerdust, ou Zerdast, ou Zaradast, ou Zarathrust. Il ne passe pas pour avoir été le premier du nom.

Neuviéme partie. E

On nous parle de deux autres Zoroaftres, dont le premier a neuf mille ans d'antiquité : c'eft beaucoup poúr nous, quoique ce foit très peu pour le monde.

Nous ne connaiffons que le dernier Zoroaftre. Les voyageurs Français, Chardin & Tavernier, nous ont appris quelque chofe de ce grand prophète, par le moyen des Guèbres ou Parfis qui font encor répandus dans l'Inde & dans la Perfe, & qui font exceffivement ignorans. Le docteur Hyde, profeffeur en arabe dans Oxford, nous en a appris cent fois davantage fans fortir de chez lui. Il a falu que dans l'oueft de l'Angleterre il ait deviné la langue que parlaient les Perfes du tems de Cyrus, & qu'il l'ait confrontée avec la langue moderne des adorateurs du feu.

C'eft à lui furtout que nous devons ces cent portes du Sadder qui contiennent tous les principaux préceptes des pieux ignicoles.

Pour moi, j'avoue que je n'ai rien trouvé fur leurs anciens rites de plus curieux que ces deux vers perfans de Sadi, rapportés par Hyde.

Qu'un Perfe ait confervé le feu facré cent ans,
Le pauvre homme eft brûlé quand il tombe dedans.

Les favantes recherches de Hyde, allumèrent, il y a peu d'années, dans le cœur d'un jeune Français, le défir de s'inftruire par lui-même des dogmes des Guèbres.

Il fit le voyage des grandes Indes pour apprendre dans Surate, chez les pauvres Parsis modernes, la langue des anciens Perses, & pour lire dans cette langue les livres de ce Zoroastre si fameux, supposé qu'en effet il ait écrit.

Les Pythagores, les Platons, les Apolonius de Thyane allèrent chercher autrefois en Orient la sagesse qui n'était pas là. Mais nul n'a couru après cette divinité cachée à travers plus de peines & de périls que le nouveau traducteur français des livres attribués à Zoroastre. Ni les maladies, ni la guerre, ni les obstacles renaissans à chaque pas, ni la pauvreté même, le premier & le plus grand des obstacles, rien n'a rebuté son courage.

Il est glorieux pour Zoroastre qu'un Anglais ait écrit sa vie au bout de tant de siècles, & qu'ensuite un Français l'ait écrite d'une manière toute différente. Mais ce qui est encor plus beau, c'est que nous avons parmi les biographes anciens du prophète deux principaux auteurs Arabes qui précédemment écrivirent chacun son histoire; & ces quatre histoires se contredisent merveilleusement toutes les quatre. *Cela ne s'est pas fait de concert ;* & rien n'est plus capable de faire connaître la vérité.

Le premier historien Arabe Abu-Mohammed Moustapha avoue que le père de Zoroastre s'appellait *Espintaman*; mais il dit aussi qu'Espintaman n'était pas son père, mais son trisayeul. Pour sa mère il n'y a pas deux opinions, elle s'appellait Dogdu, ou Dodo, ou Dodu; c'était une très belle poule d'Inde; elle est fort bien dessinée chez le docteur Hyde.

Bundari le second historien conte que Zoroastre était juif & qu'il avait été valet de Jérémie; qu'il mentit à son maître, que Jérémie pour le punir lui donna la lèpre; que le valet pour se décrasser alla prêcher une nouvelle religion en Perse, & fit adorer le soleil au lieu des étoiles.

Voici ce que le troisiéme historien raconte, & ce que l'Anglais Hyde a rapporté assez au long.

Le prophète Zoroastre étant venu du paradis prêcher sa religion chez le roi de Perse Gustaph, le roi dit au prophète, donnez-moi un signe. Aussi-tôt le prophète fit croître devant la porte du palais un cèdre si gros, si haut, que nulle corde ne pouvait ni l'entourer ni atteindre sa cime. Il mit au haut du cèdre un beau cabinet où nul homme ne pouvait monter. Frappé de ce miracle, Gustaph crut à Zoroastre.

Quatre mages ou quatre sages (c'est la même chose), gens jaloux & méchans, empruntèrent du portier royal la clef de la chambre du prophète pendant son absence, & jettèrent parmi ses livres des os de chiens & de chats, des ongles & des cheveux de morts, toutes drogues, comme on fait, avec lesquelles les magiciens ont opéré de tout tems. Puis ils allèrent accuser le prophète d'être un forcier, & un empoisonneur. Le roi se fit ouvrir la chambre par son portier. On y trouva les maléfices, & voilà l'envoyé du ciel condamné à être pendu.

Comme on allait pendre Zoroastre, le plus beau cheval du roi tombe malade, ses quatre jambes rentrent dans son corps, tellement qu'on n'en voit plus. Zoroastre l'apprend, il promet qu'il guérira le cheval pourvu qu'on ne le pende pas. L'accord étant fait, il fait sortir une jambe du ventre, & il dit, Sire, je ne vous rendrai pas la seconde jambe que vous n'ayez embrassé ma religion. Soit, dit le monarque. Le prophète après avoir fait paraître la seconde jambe, voulut que les fils du roi se fissent zoroastriens ; & ils le furent. Les autres jambes firent des prosélites de toute la cour. On pendit les quatre malins sages au lieu du prophète, & toute la Perse reçut la foi.

Le voyageur Français raconte à-peu-près les mêmes miracles, mais soutenus & embellis par plusieurs autres. Par exemple, l'enfance de Zoroastre ne pouvait pas manquer d'être miraculeuse ; Zoroastre se mit à rire dès qu'il fut né, du moins à ce que disent Pline & Solin. Il y avait alors, comme tout le monde le sait, un grand nombre de magiciens très puissans ;

& ils favaient bien qu'un jour Zoroaftre en faurait plus qu'eux, & qu'il triompherait de leur magie. Le prince des magiciens fe fit amener l'enfant & voulut le couper en deux, mais fa main fe fecha fur le champ. On le jetta dans le feu, qui fe convertit pour lui en bain d'eau-rofe. On voulut le faire brifer fous les pieds des taureaux fauvages, mais un taureau plus puiffant prit fa défenfe. On le jetta parmi les loups; ces loups allèrent incontinent chercher deux brebis qui lui donnèrent à teter toute la nuit. Enfin, il fut rendu à fa mère Dogdo, ou Dodo, ou Dodu, femme excellente entre toutes les femmes, ou fille admirable entre toutes les filles.

Telles ont été dans toute la terre toutes les hiftoires des anciens tems. C'eft la preuve de ce que nous avons dit fouvent, que la fable eft la fœur aînée de l'hiftoire.

Je voudrais que pour notre plaifir & pour notre inftruction, tous ces grands prophètes de l'antiquité, les Zoroaftres, les Mercures Trifmegiftes, les Abaris, les Numa même &c. &c. &c. revinffent aujourd'hui fur la terre, & qu'ils converfaffent avec Locke, Newton, Bacon, Shaftsburi, Pafcal, Arnaud, Bayle, que dis-je, avec les philofophes les moins favans de nos jours qui ne font pas les moins fenfés.

J'en demande pardon à l'antiquité, mais je crois qu'ils feraient une trifte figure.

Hélas, les pauvres charlatans ! ils ne vendraient pas leurs drogues fur le pont-neuf. Cependant encor une fois, leur morale eſt bonne. C'eſt que la morale n'eſt pas de la drogue. Comment ſe pourait-il que Zoroaſtre eût joint tant d'énormes fadaiſes à ce beau précepte de s'abſtenir dans le doute ſi on fera bien ou mal ? c'eſt que les hommes ſont toûjours pêtris de contradictions.

On ajoute que Zoroaſtre ayant affermi ſa religion, devint perſécuteur. Hélas ! il n'y a pas de ſacriſtain ni de balaieur d'égliſe qui ne perſécutât s'il le pouvait.

On ne peut lire deux pages de l'abominable fatras attribué à ce Zoroaſtre, ſans avoir pitié de la nature humaine. Noſtradamus & le médecin des urines ſont des gens raiſonnables en comparaiſon de cet énergumène. Et cependant on parle de lui, & on en parlera encore.

Ce qui parait ſingulier, c'eſt qu'il y avait du tems de ce Zoroaſtre que nous connaiſſons, & probablement avant lui, des formules de prières publiques & particulières inſtituées. Nous avons au voyageur Français l'obligation de nous les avoir traduites. Il y avait de telles formules dans l'Inde ; nous n'en connaiſſons point de pareilles dans le Pentateuque.

Ce qui eſt bien plus fort, c'eſt que les mages, ainſi que les brames admirent un paradis, un enfer, une réfurrection, un diable a). Il eſt démontré que la loi des Juifs ne connut rien de tout cela. Ils ont été tardifs en tout. C'eſt une vérité dont on eſt convaincu, pour peu qu'on avance dans les connaiſſances orientales.

a) Le diable chez Zoroaſtre eſt Hariman, ou ſi vous voulez Arimane, il avait été créé. C'était tout comme chez nous originairement; il n'était point principe; il n'obtint cette dignité de mauvais principe qu'avec le tems. Ce diable chez Zoroaſtre eſt un ſerpent qui produiſit quarante-cinq mille envies. Le nombre s'en eſt accru depuis; & c'eſt depuis ce tems-là qu'à Rome, à Paris, chez les courtiſans, dans les armées & chez les moines, nous voyons tant d'envieux.

SUPPLEMENT

AUX QUESTIONS

SUR

L'ENCYCLOPEDIE,

PAR DES AMATEURS,

QUI SONT;

MR. DE V. G. O. D. R. MR. CR, AVOCAT EN PARLEMENT ; MR. BT, CONSEILLER DU ROI DE P... MR. PDB. MR. DE P, CAPITAINE DE CAVALERIE, ET PLUSIEURS AUTRES GENS DE LETTRES.

SUPPLEMENT
AUX QUESTIONS
SUR
L'ENCYCLOPÉDIE.

A G A R.

Quand on renvoye son amie, sa concubine, sa maîtresse, il faut lui faire un sort au moins tolérable, ou bien l'on passe parmi nous pour un mal-honnête homme.

On nous dit qu'Abraham était fort riche dans le désert de Guerar, quoiqu'il n'eût pas un pouce de terre en propre. Nous savons de science certaine qu'il défit les armées de quatre grands rois avec trois cent dix-huit gardeurs de moutons.

Il devait donc au moins donner un petit troupeau à sa maîtresse Agar quand il la renvoya dans le désert. Je parle ici seulement selon le monde ; & je révère toûjours les voies incompréhensibles qui ne sont pas nos voies.

J'aurais donc donné quelques moutons, quelques chèvres, un beau bouc à mon ancienne amie Agar, quelques paires d'habits pour elle & pour notre fils Ismael, une bonne ânesse pour la mère, un joli ânon pour l'enfant, un chameau pour porter leurs hardes, & au moins deux domestiques pour les accompagner, & pour les empêcher d'être mangés des loups.

Mais le père des croyans ne donna qu'une cruche d'eau & un pain à sa pauvre maîtresse & à son enfant, quand il les exposa dans le désert.

Quelques impies ont prétendu qu'Abraham n'était pas un père fort tendre, qu'il voulut faire mourir son bâtard de faim, & couper le cou à son fils légitime.

Mais encor un coup, ces voies ne sont pas nos voies; il est dit que la pauvre Agar s'en alla dans le désert de Bersabé. Il n'y avait point de désert de Bersabé. Ce nom ne fut connu que longtems après, mais c'est une bagatelle, le fond de l'histoire n'en est pas moins autentique.

Il est vrai que la postérité d'Ismael fils d'Agar se vengea bien de la postérité d'Isaac fils de Sara, en faveur duquel il fut chassé. Les Sarasins descendans en droite ligne d'Ismael se sont emparés de Jérusalem appartenante par droit de conquête à la postérité d'Isaac. J'aurais voulu qu'on eût fait descendre les Sarasins de

Sara, l'étymologie aurait été plus nette. C'était une généalogie à mettre dans notre Moréri. On prétend que le mot Sarasin vient de *Sarac*, voleur. Je ne crois pas qu'aucun peuple se soit jamais appellé voleur. Ils l'ont presque tous été, mais on prend cette qualité rarement. Sarasin descendant de Sara me paraît plus doux à l'oreille.

ANTROPOMORPHITES.

C'Est, dit-on, une petite secte du quatriéme siécle de notre ère vulgaire, mais c'est plutôt la secte de tous les peuples qui eurent des peintres & des sculpteurs. Dès qu'on sut un peu dessiner ou tailler une figure, on fit l'image de la Divinité.

Si les Egyptiens consacraient des chats & des boucs, ils sculptaient Isis & Osiris ; on sculpta Bel à Babilone, Hercule à Tyr, Brama dans l'Inde.

Les musulmans ne peignirent point DIEU en homme. Les Guèbres n'eurent point d'image du grand-Etre. Les Arabes Sabéens ne donnèrent point la figure humaine aux étoiles ; les Juifs ne la donnèrent point à DIEU dans leur temple. Aucun de ces peuples ne cultivait l'art du dessein ; & si Salomon mit des figures d'animaux dans son temple, il est vraisemblable qu'il les fit sculpter à Tyr : mais tous les Juifs ont parlé d'un Dieu comme d'un homme.

Dans l'Alcoran même, D<small>IEU</small> est toûjours regardé comme un roi. On lui donne au chapitre 12, un trône qui est au-dessus des eaux. Il a fait écrire ce Koran par un secrétaire, comme les rois font écrire leurs ordres. Il a envoyé ce Koran à Mahomet par l'ange Gabriel, comme les rois signifient leurs ordres par les grands-officiers de la couronne. En un mot, quoique D<small>IEU</small> soit déclaré dans l'Alcoran, *non-engendreur & non-engendré*, il y a toûjours un petit coin d'antropomorphisme.

Les Juifs, quoiqu'ils n'eussent point de simulacres, semblèrent faire de D<small>IEU</small> un homme dans toutes les occasions. Il descend dans le jardin, il s'y promène tous les jours à midi, il parle à ses créatures, il parle au serpent, il se fait entendre à Moïse dans le buisson, il ne se fait voir à lui que par derrière sur la montagne; il lui parle pourtant face à face comme un ami à un ami.

On l'a toûjours peint avec une grande barbe dans l'église grecque & dans la latine.

Voyez à l'article *Emblême* les vers d'Orphée & de Xénophanes.

ANTROPOPHAGES.

EH bien, voilà deux Anglais qui ont fait le voyage du monde. Ils ont découvert que la nouvelle Zélande est une île plus grande que l'Europe, & que les hommes s'y mangent encor les uns les autres. D'où provient cette race ? supposé qu'elle existe. Descend-elle des anciens Egyptiens, des anciens peuples de l'Ethiopie, des Africains, des Indiens, ou des vautours ou des loups ? Quelle distance des Marc-Aurèle, des Epictètes aux antropophages de la nouvelle Zélande ! cependant, ce sont les mêmes organes, les mêmes hommes ! J'ai déja parlé de cette propriété de la race humaine; il est bon d'en dire encor un mot.

Voici les propres paroles de St. Jérôme dans une de ses lettres, *quid loquar de cæteris nationibus cum ipse adolescentulus in Gallia viderim scotos gentem Britannicam humanis vesci carnibus & cum per sylvas porcorum greges pecudumque reperiant, tamen pastorum nates, & fœminarum papillas solere abscindere, & has solas ciborum delicias arbitrari.*

Que vous dirai-je des autres nations ! puisque moi-même étant encor jeune, j'ai vu des Écossais dans les Gaules qui, pouvant se nourrir de porcs & d'autres animaux dans les forêts, aimaient mieux couper les fesses des jeunes garçons, & les tetons des jeunes filles. C'étaient pour eux les mets les plus friands.

Peloutier qui a recherché tout ce qui pouvait faire le plus d'honneur aux Celtes, n'a pas manqué de contredire St. Jérôme, & de lui soutenir qu'on s'était moqué de lui. Mais Jérôme parle très sérieusement; il dit qu'il a vu. On peut disputer avec respect contre un père de l'église sur ce qu'il a entendu dire, mais sur ce qu'il a vu de ses yeux, cela est bien fort. Quoi qu'il en soit, le plus sûr est de se défier de tout, & de ce qu'on a vu soi-même.

ARTS, BEAUX-ARTS.

Article dédié au roi de Prusse.

SIRE,

LA petite société d'amateurs dont une partie travaille à ces rapsodies au mont Krapac, ne parlera point à votre majesté de l'art de la guerre. C'est un art héroïque, ou si l'on veut, abominable. S'il avait de la beauté, nous vous dirions sans être contredits que vous êtes le plus bel homme de l'Europe.

Nous entendons par beaux-arts l'éloquence dans laquelle vous vous êtes signalé en étant l'historien de votre patrie, & le seul historien

Bran-

Brandebourgeois qu'on ait jamais lu ; la poësie qui a fait vos amusemens & votre gloire quand vous avez bien voulu composer des vers français ; la musique, où vous avez réussi au point que nous doutons fort que Ptolomée Auletes eût jamais osé jouer de la flûte après vous, ni Achille de la lyre.

Ensuite viennent les arts, où l'esprit & la main sont presque également nécessaires, comme la sculpture, la peinture, tous les ouvrages dépendans du dessein, & surtout l'horlogerie, que nous regardons comme un bel art depuis que nous en avons établi des manufactures au mont Krapac.

Vous connaissez, Sire, les quatre siécles des arts ; presque tout naquit en France & se perfectionna sous Louis XIV ; ensuite plusieurs de ces mêmes arts exilés de France allerent embellir & enrichir le reste de l'Europe au tems fatal de la destruction du célèbre édit de Henri IV, énoncé *irrévocable*, & si facilement révoqué. Ainsi le plus grand mal que Louis XIV put faire à lui-même, fit le bien des autres princes contre son intention ; & ce que vous en avez dit dans votre histoire du Brandebourg, en est une preuve.

Si ce monarque n'avait été connu que par le bannissement de six à sept cent mille citoyens utiles, par son irruption dans la Hollande dont il fut bientôt obligé de sortir, *par sa grandeur qui l'attachait au rivage*, tandis que Boileau, Passage du Rhin.

ses troupes passaient le Rhin à la nage, si on n'avait pour monumens de sa gloire que les prologues de ses opera suivis de la bataille d'Hochstet, sa personne & son règne figureraient mal dans la postérité. Mais tous les beaux-arts en foule encouragés par son goût & par sa munificence, ses bienfaits répandus avec profusion sur tant de gens de lettres étrangers, le commerce naissant à sa voix dans son royaume, cent manufactures établies, cent belles citadelles bâties, des ports admirables construits, les deux mers unies par des travaux immenses &c., forcent encor l'Europe à regarder avec respect Louis XIV & son siécle.

Ce sont surtout ces grands-hommes uniques en tout genre, que la nature produisit alors à la fois, qui rendirent ces tems éternellement mémorables. Le siécle fut plus grand que Louis XIV, mais la gloire en rejaillit sur lui.

L'émulation des arts a changé la face de la terre du pied des Pyrénées aux glaces d'Arcangel. Il n'est presque point de prince en Allemagne qui n'ait fait des établissemens utiles & glorieux.

Qu'ont fait les Turcs pour la gloire ? rien. Ils ont dévasté trois empires & vingt royaumes. Mais une seule ville de l'ancienne Grèce aura toûjours plus de réputation que tous les Ottomans ensemble.

Voyez ce qui s'est fait depuis peu d'années

dans Petersbourg, que j'ai vu un marais au commencement du siécle où nous sommes. Tous les arts y ont accouru, tandis qu'ils sont anéantis dans la patrie d'Orphée, de Linus & d'Homère.

La statue que l'impératrice de Russie élève à Pierre le grand, parle du bord de la Néva à toutes les nations ; elle dit, j'attends celle de Catherine; mais il la faudra placer vis-à-vis de la vôtre, &c.

Que la nouveauté des arts ne prouve point la nouveauté du globe.

Tous les philosophes crurent la matière éternelle ; mais les arts paraissent nouveaux. Il n'y a pas jusqu'à l'art de faire du pain qui ne soit récent. Les premiers Romains mangeaient de la bouillie ; & ces vainqueurs de tant de nations ne connurent jamais ni les moulins à vent, ni les moulins à eau. Cette vérité semble d'abord contredire l'antiquité du globe tel qu'il est, ou suppose de terribles révolutions dans ce globe. Des inondations de barbares ne peuvent guères anéantir des arts devenus nécessaires. Je suppose qu'une armée de nègres vienne chez nous comme des sauterelles des montagnes de Cobonas, par le Monomotapa, par le Monœmugi, les Nosseguais, les Maracates, qu'ils ayent traversé l'Abissinie, la Nubie, l'Égypte, la Syrie, l'Asie mineure, toute notre Europe, qu'ils ayent tout renversé, tout saccagé, il restera toûjours quelques boulangers, quelques cordonniers, quelques tailleurs, quelques charpentiers ; les arts nécessaires subsisteront ; il n'y aura que le luxe d'anéanti. C'est ce qu'on vit à la chûte de l'empire Romain ; l'art de l'écriture même devint très rare ; presque tous ceux qui contribuent à l'agrément de la vie ne renaquirent que longtems après. Nous en inventons tous les jours de nouveaux.

De tout cela on ne peut rien conclure au fond contre l'antiquité du globe. Car supposons même qu'une inondation de barbares nous eût fait perdre entiérement jusqu'à l'art d'écrire & de faire du pain, supposons encor plus, que nous n'avons que depuis dix ans du pain, des plumes, de l'encre & du papier ; qui peut vivre dix ans sans manger de pain & sans écrire ses pensées, peut durer un siécle, & cent mille siécles sans ces secours.

Il est très clair que l'homme & les autres animaux peuvent tres bien subsister sans boulangers, sans romanciers & sans théologiens, témoin toute l'Amérique, témoins les trois quarts de notre continent.

La nouveauté des arts parmi nous, ne prouve donc point la nouveauté du globe, comme le prétendait Epicure l'un de nos prédécesseurs en rêveries, qui supposait que par hazard les atomes éternels en déclinant avaient formé un jour notre terre. Pomponace difait, *Se il mondo non è eterno, per tutti fanti è molto vecchio.*

Des petits inconvéniens attachés aux arts.

Ceux qui manient le plomb & le mercure font fujets à des coliques dangereufes, & à des tremblemens de nerfs tres facheux. Ceux qui fe fervent de plumes & d'encre, font attaqués d'une vermine qu'il faut continuellement fecouer : cette vermine eft celle de quelques ex-jéfuites qui font des libelles. Vous ne connaiffez pas, Sire, cette race d'animaux; elle eft chaffée de vos états, auffi-bien que de ceux de l'impératrice de Ruffie & du roi de Suède, & du roi de Dannemarck mes autres protecteurs. L'ex-jéfuite Paulian, & l'ex-jéfuite Nonotte qui cultivent, comme moi, les beaux-arts, ne ceffent de me perfécuter jufqu'au mont Krapac; ils m'accablent fous le poids de leur crédit, & fous celui de leur génie, qui eft encor plus pefant. Si votre majefté ne daigne pas me fecourir contre ces grands-hommes, je fuis anéanti.

BALA, BATARDS.

BAla, servante de Rachel, & Zelpha servante de Lia, donnèrent chacune deux enfans au patriarche Jacob; & vous remarquerez qu'ils héritèrent comme fils légitimes, aussi-bien que les huit autres enfans mâles que Jacob eut des deux sœurs Lia & Rachel. Il est vrai qu'ils n'eurent tous pour héritage qu'une bénédiction, au-lieu que Guillaume le bâtard hérita de la Normandie.

Thierri bâtard de Clovis, hérita de la meilleure partie des Gaules, envahie par son père.

Plusieurs rois d'Espagne & de Naples ont été bâtards.

En Allemagne, il n'en est pas de même; on veut des races pures; les bâtards n'héritent jamais des fiefs & n'ont point d'état. En France, depuis longtems, le bâtard d'un roi ne peut être prêtre sans une dispense de Rome; mais il est prince sans difficulté dès que le roi le reconnait pour le fils de son péché, fût-il bâtard adultérin de père & de mère. Il en est de même en Espagne. Le batard d'un roi d'Angleterre ne peut être prince, mais duc. Les bâtards de Jacob ne furent ni ducs ni princes, ils n'eurent point de terres; & la raison est que leurs pères n'en avaient point;

mais on les appella depuis patriarches, comme qui dirait archipères.

On a demandé si les bâtards des papes pouvaient être papes à leur tour. Il est vrai que le pape Jean XI était bâtard du pape Sergius III & de la fameuse Marozie: mais un exemple n'est pas une loi.

BDELLIUM.

ON s'est fort tourmenté pour savoir ce que c'est que ce bdellium qu'on trouvait au bord du Phison, fleuve du paradis terrestre, *qui tourne dans le pays d'Evilath où il vient de l'or.* Calmet en compilant rapporte que, selon plusieurs compilateurs, le bdellium est l'escarboucle, mais que ce pourait bien être aussi du cristal; ensuite que c'est la gomme d'un arbre d'Arabie; puis il nous avertit que ce sont des capres. Beaucoup d'autres assurent que ce sont des perles. Il n'y a que les étymologies de Bochard qui puissent éclaircir cette question. J'aurais voulu que tous ces commentateurs eussent été sur les lieux. *Notes sur le ch. 2. de la Genèse.*

L'or excellent qu'on tire de ce pays-là, fait voir évidemment, dit Calmet, que c'est le pays de Colcos: la toison d'or en est une preuve. C'est dommage que les choses ayent si fort changé depuis. La Mingrelie, ce beau pays si fameux par les amours de Médée & de Jason, ne produit pas plus aujourd'hui d'or & de bdellium, que de taureaux qui jettent feu & flamme, & de dragons qui gardent les toisons: tout change dans ce monde: & si nous ne cultivons pas bien nos terres, & si l'état est toûjours endetté, nous deviendrons Mingrelie.

CELTES.

Parmi ceux qui ont eu assez de loisir, de secours & de courage pour rechercher l'origine des peuples, il s'en est trouvé qui ont cru trouver celle de nos Celtes, ou qui du moins ont voulu faire accroire qu'ils l'avaient rencontrée; cette illusion était le seul prix de leurs travaux immenses : il ne faut pas la leur envier.

Du moins quand vous voulez connaître quelque chose des Huns (quoiqu'ils ne méritent guères d'être connus, puisqu'ils n'ont rendu aucun service au genre humain) vous trouvez quelques faibles notices de ces barbares chez les Chinois, ce peuple le plus ancien des nations connues après les Indiens. Vous apprenez d'eux que les Huns allèrent dans certains tems, comme des loups affamés ravager des pays regardés encor aujourd'hui comme des lieux d'exil & d'horreur. C'est une bien triste & bien misérable science. Il vaut mieux sans doute cultiver un art utile à Paris, à Lyon & à Bordeaux que d'étudier sérieusement l'histoire des Huns & des ours; mais enfin on est aidé dans ces recherches par quelques archives de la Chine.

Pour les Celtes, point d'archives; on ne connait pas plus leurs antiquités que celles des Samoyèdes & des terres australes.

Nous n'avons rien appris de nos ancêtres que par le peu de mots que Jules-César leur conquérant a daigné en dire. Il commence ses commentaires par distinguer toutes les Gaules en Belges, Aquitainiens & Celtes.

De là quelques fiers savans ont conclu que les Celtes étaient les Scythes; & dans ces Scythes-Celtes ils ont compris toute l'Europe. Mais pourquoi pas toute la terre? pourquoi s'arrêter en si beau chemin?

On n'a pas manqué de nous dire que Japhet fils de Noé, vint au plus vîte au sortir de l'arche peupler de Celtes toutes ces vastes contrées, qu'il gouverna merveilleusement bien. Mais des auteurs plus modestes rapportent l'origine de nos Celtes à la tour de Babel, à la confusion des langues, à Gomer dont jamais personne n'entendit parler jusqu'au tems très récent, où quelques occidentaux lurent le nom de Gomer dans une mauvaise traduction des Septante.

Et voilà justement comme on écrit l'histoire.

Bochard dans sa chronologie sacrée (quelle chronologie !) prend un tour fort différent ; il fait de ces hordes innombrables des Celtes une colonie égyptienne, conduite habilement & facilement des bords fertiles du Nil par Hercule dans les forêts & dans les marais de la Germanie, ou sans doute ces colons portèrent tous les arts, la langue égyptienne & les myſtères d'Iſis, ſans qu'on ait pu jamais en retrouver la moindre trace.

Ceux-là m'ont paru avoir encor mieux rencontrés, qui ont dit que les Celtes des montagnes du Dauphiné étaient appellés Cottiens, de leur roi Cottius ; les Bérichons de leur roi Betrich, les Welches ou Gaulois de leur roi Wallus, les Belges de Balgen, qui veut dire hargneux.

Une origine encor plus belle, c'eſt celle des Celtes-Pannoniens, du mot latin *Pannus*, drap ; attendu, nous dit-on, qu'ils ſe vétiſſaient de vieux morceaux de drap mal couſus, aſſez reſſemblans à l'habit d'arlequin. Mais la meilleure origine eſt ſans contredit la tour de Babel.

O braves & généreux compilateurs qui avez tant écrit ſur des hordes de ſauvages, qui ne ſavaient ni lire ni écrire, j'admire votre laborieuſe opiniâtreté ! Et vous, pauvres Celtes-Welches, permettez-moi de vous dire auſſi-bien qu'aux Huns, que des gens qui n'ont pas eu la moindre teinture des arts utiles ou agréables, ne méritent pas plus nos recherches que les porcs & les ânes qui ont habité leur pays.

On dit que vous étiez antropophages ; mais qui ne l'a pas été ?

On me parle de vos druides qui étaient de très savans prêtres. Allons donc à l'article *Druide*.

CHRISTIANISME.

Etablissement du Christianisme, dans son état civil et politique.

DIEU nous garde d'oser mêler ici le divin au profane, nous ne sondons point les voies de la providence. Hommes, nous ne parlons qu'à des hommes.

Lorsqu'Antoine & ensuite Auguste eurent donné la Judée à l'Arabe Hérode leur créature & leur tributaire, ce prince, étranger chez les Juifs, devint le plus puissant de tous leurs rois. Il eut des ports sur la Méditerranée, Ptolomaïde, Ascalon. Il bâtit des villes, il éleva un temple au Dieu Apollon dans Rhodes ; un temple à Auguste dans Césarée. Il bâtit de fond en comble celui de Jérusalem,

& il en fit une très forte citadelle. La Paleftine, fous fon règne, jouit d'une profonde
paix. Enfin, il fut regardé comme un meſſie,
tout barbare qu'il était dans fa famille, &
tout tyran de fon peuple dont il dévorait la
fubſtance pour fubvenir à fes grandes entre-
prifes. Il n'adorait que Céfar, & il fut prefque adoré des hérodiens.

La fecte des Juifs était répandue depuis longtems dans l'Europe & dans l'Afie ; mais fes
dogmes étaient entiérement ignorés. Perfonne
ne connaiſſait les livres juifs, quoique pluſieurs
fuſſent, dit-on, déja traduits en grec dans Alexandrie. On ne favait des Juifs que ce que les
Turcs & les Perfans favent aujourd'hui des
Arméniens, qu'ils font des courtiers de commerce, des agens de change. Du refte un Turc
ne s'informe jamais fi un Arménien eft euti-
chéen, ou jacobite, ou chrétien de St. Jean,
ou arien.

Le théifme de la Chine & les refpectables
livres de Confutſée qui vécut environ fix cent
ans avant Hérode, étaient encor plus ignorés des nations occidentales que les rites juifs.

Les Arabes qui fourniſſaient les denrées pré-
cieuſes de l'Inde aux Romains, n'avaient pas
plus d'idée de la théologie des bracmanes que
nos matelots qui vont à Pondichéri ou à Ma-
drafs. Les femmes Indiennes étaient en poſſef-
fion de fe brûler fur le corps de leurs maris
de tems immémorial ; & ces facrifices éton-

nans qui font encor en ufage, étaient auffi ignorés des Juifs que les coutumes de l'Amérique. Leurs livres qui parlent de Gog & de Magog, ne parlent jamais de l'Inde.

L'ancienne religion de Zoroaftre était célèbre & n'en était pas plus connue dans l'empire Romain. On favait feulement en général que les mages admettaient une réfurrection, un paradis, un enfer; & il falait bien que cette doctrine eût percé chez les Juifs voifins de la Caldée, puifque la Paleftine était partagée du tems d'Hérode entre les pharifiens qui commençaient à croire le dogme de la réfurrection, & les faducéens qui ne regardaient cette doctrine qu'avec mépris.

Alexandrie, la ville la plus commerçante du monde entier, était peuplée d'Egyptiens qui adoraient Sérapis, & qui confacraient des chats; de Grecs qui philofophaient, de Romains qui dominaient, de Juifs qui s'enrichiffaient. Tous ces peuples s'acharnaient à gagner de l'argent, à fe plonger dans les plaifirs ou dans le fanatifme; à faire ou à défaire des fectes de religion, furtout dans l'oifiveté qu'ils goûtèrent dès qu'Augufte eut fermé le temple de Janus.

Les Juifs étaient divifés en trois factions principales; celle des Samaritains fe difait la plus ancienne, parce que Samarie (alors Sebafte) avait fubfifté pendant que Jérufalem fut détruite avec fon temple fous les rois de

Babilone ; mais ces Samaritains étaient un mélange de Persans & de Palestins.

La seconde faction & la plus puissante, était celle des Jerosolimites. Ces Juifs proprement dits, détestaient ces Samaritains, & en étaient détestés. Leurs intérêts étaient tout opposés. Ils voulaient qu'on ne sacrifiât que dans le temple de Jérusalem. Une telle contrainte eût attiré beaucoup d'argent dans cette ville. C'était par cette raison-là même que les Samaritains ne voulaient sacrifier que chez eux. Un petit peuple, dans une petite ville, peut n'avoir qu'un temple ; mais dès que ce peuple s'est étendu dans soixante & dix lieues de pays en long, & dans vingt-trois en large, comme fit le peuple Juif ; dès que son territoire est presque aussi grand & aussi peuplé que le Languedoc ou la Normandie, il est absurde de n'avoir qu'une église. Ou en seraient les habitans de Montpellier s'ils ne pouvaient entendre la messe qu'à Toulouse ?

La troisiéme faction était des Juifs hellénistes, composée principalement de ceux qui commerçaient, & qui exerçaient des métiers en Egypte & en Grèce. Ceux-là avaient le même intérêt que les Samaritains. Onias fils d'un grand-prêtre juif, & qui voulait être grand-prêtre aussi, obtint du Roi d'Egypte Ptolomée Philometor, & surtout de Cléopatre sa femme, la permission de bâtir un temple juif auprès de Bubaste. Il assura la reine

Cléopatre qu'Ifaïe avait prédit qu'un jour le Seigneur aurait un temple dans cet endroit-là. Cléopatre, à qui il fit un beau préfent, lui manda que puis qu'Ifaïe l'avait dit, il falait l'en croire. Ce temple fut nommé l'*Onion*. Et fi Onias ne fut pas grand facrificateur, il fut capitaine d'une troupe de milices. Ce temple fut conftruit cent foixante ans avant notre ère vulgaire. Les Juifs de Jérufalem eurent toûjours cet Onion en horreur, auffi-bien que la traduction dite des Septante. Ils inftituèrent même une fête d'expiation pour ces deux prétendus facrilèges.

Les rabins de l'Onion mêlés avec les Grecs, devinrent plus favans (à leur mode) que les rabins de Jérufalem & de Samarie ; & ces trois factions commencèrent à difputer entre elles fur des queftions de controverfe qui rendent néceffairement l'efprit fubtil, faux & infociable.

Les Juifs égyptiens, pour égaler l'auftérité des efféniens & des judaïtes de la Paleftine, établirent quelque tems avant le chriftianifme la fecte des thérapeutes, qui fe vouèrent comme eux à une efpèce de vie monaftique & à des mortifications.

Ces différentes fociétés étaient des imitations des anciens myftères égyptiens, perfans, thraciens, grecs, qui avaient inondé la terre depuis l'Euphrate & le Nil jufqu'au Tibre.

Dans les commencemens les initiés admis à ces confréries étaient en petit nombre, & regardés comme des hommes privilégiés féparés de la multitude ; mais du tems d'Augufte leur nombre fut très confidérable ; de forte qu'on ne parlait que de religion du fond de la Syrie au mont Atlas, & à l'Océan germanique.

Parmi tant de fectes & de cultes s'était établie l'école de Platon, non-feulement dans la Grèce, mais à Rome, & furtout dans l'Egypte. Platon avait paffé pour avoir puifé fa doctrine chez les Egyptiens, & ceux-ci croyaient révendiquer leur propre bien en fefant valoir les idées atcheptiques platoniques, fon verbe, & l'efpèce de trinité qu'on débrouille dans quelques ouvrages de Platon.

Il parait que cet efprit philofophique répandu alors fur tout l'Occident connu, laiffa du moins échapper quelque étincelles d'efprit raifonneur vers la Paleftine.

Il eft certain que du tems d'Hérode on difputait fur les attributs de la Divinité, fur l'immortalité de l'efprit humain, fur la réfurrection des corps. Les Juifs racontent que la reine Cléopatre leur demanda fi on reffufciterait nu ou habillé.

Les Juifs raifonnaient donc à leur manière. L'exagérateur Jofeph était très favant pour un militaire. Il y avait d'autres favans dans l'état civil, puifqu'un homme de guerre l'était.

Philon

CHRISTIANISME. 113

Philon son contemporain aurait eu de la réputation parmi les Grecs. Gamaliel le maître de St. Paul, était un grand controversiste. Les auteurs de la Mishna furent des Polymathes.

La populace s'entretenait de religion chez les Juifs, comme nous voyons aujourd'hui en Suisse, à Genève, en Allemagne, en Angleterre, & surtout dans les Cevennes, les moindres habitans agiter la controverse. Il y a plus; des gens de la lie du peuple ont fondé des sectes; Fox en Angleterre, Muncer en Allemagne, les premiers réformés en France. Enfin, en fesant abstraction du grand courage de Mahomet, il n'était qu'un marchand de chameaux.

Ajoutons à tous ces préliminaires, que du tems d'Hérode on s'imagina que le monde était près de sa fin, comme nous l'avons déja remarqué. (Voyez *Fin du monde*.)

Ce fut dans ces tems préparés par la divine providence, qu'il plut au Père éternel d'envoyer son fils sur la terre ; mystère adorable & incompréhensible auquel nous ne touchons pas.

Nous disons seulement que dans ces circonstances, si Jesus prêcha une morale pure, s'il annonça un prochain royaume des cieux pour la récompense des justes, s'il eut des disciples attachés à sa personne & à ses vertus, si ces vertus mêmes lui attirèrent les persécutions des prêtres ; si la calomnie le fit mou-

Neuvième partie. H

rir d'une mort infame ; sa doctrine constamment annoncée par ses disciples dut faire un très grand effet dans le monde. Je ne parle encor une fois qu'humainement, je laisse à part la foule des miracles & des prophéties ; je soutiens que le christianisme dut plus réussir par sa mort que s'il n'avait pas été persécuté. On s'étonne que ses disciples ayent fait de nouveaux disciples ; je m'étonnerais bien davantage s'ils n'avaient pas attiré beaucoup de monde dans leur parti. Soixante & douze personnes convaincues de l'innocence de leur chef, de la pureté de ses mœurs & de la barbarie de ses juges, doivent soulever bien des cœurs sensibles.

Le seul Saul Paul, devenu l'ennemi de Gamaliel son maître, (quelle qu'en ait été la raison) devait humainement parlant, attirer mille hommages à JESUS, quand même JESUS n'aurait été qu'un homme de bien opprimé. St. Paul était savant, éloquent, véhément, infatigable, instruit dans la langue grecque, secondé de zélateurs bien plus intéressés que lui à défendre la réputation de leur maître. St. Luc était un Grec d'Alexandrie, *a*)

a) Le titre de l'Evangile Siriaque de St. Luc porte, *Evangile de Luc l'Évangéliste, qui évangélisa en grec dans Alexandrie la grande.* On trouve encor ces mots dans les Constitutions apostoliques, *Le second évêque d'Alexandrie fut Avilius institué par Luc.*

homme de lettres puis qu'il était médecin.

Le premier chapitre de St. Jean est d'une sublimité platonicienne qui dut plaire aux platoniciens d'Alexandrie. Et en effet, il se forma bientôt dans cette ville une école fondée par Luc, ou par Marc (soit l'évangéliste, soit un autre) perpétuée par Athénagore, Panthène, Origène, Clément, tous savans, tous éloquens. Cette école une fois établie, il était impossible que le christianisme ne fît pas des progrès rapides.

La Grèce, la Syrie, l'Egypte, étaient les théatres de ces célèbres anciens mystères qui enchantaient les peuples. Les chrétiens eurent leurs mystères comme eux. On dut s'empresser à s'y faire initier, ne fût-ce d'abord que par curiosité; & bientôt cette curiosité devint persuasion. L'idée de la fin du monde prochaine devait surtout engager les nouveaux disciples à mépriser les biens passagers de la terre qui allaient périr avec eux. L'exemple des thérapeutes invitait à une vie solitaire & mortifiée : tout concourait donc puissamment à l'établissement de la religion chrétienne.

Les divers troupeaux de cette grande société naissante ne pouvaient, à la vérité, s'accorder entre eux. Cinquante-quatre sociétés eurent cinquante-quatre évangiles différens, tous secrets comme leurs mystères, tous inconnus aux gentils, qui ne virent nos quatre évangiles canoniques qu'au bout de deux cent cinquante années. Ces différens troupeaux, quoique divisés, reconnaissaient le même pasteur. Ebionites opposés à St. Paul, nazaréens, disciples d'Himeneos, d'Alexandros, d'Hermogènes, carpocratiens, basilidiens, valentiniens, marcionites, sabelliens, gnostiques, montanistes, cent sectes élevées les unes contre les autres; toutes en se faisant des reproches mutuels, étaient cependant toutes unies en JESUS, invoquaient JESUS, voyaient en JESUS l'objet de leurs pensées & le prix de leurs travaux.

L'empire Romain, dans lequel se formèrent toutes ces sociétés, n'y fit pas d'abord attention. On ne les connut à Rome que sous le nom général de Juifs, auxquels le gouvernement ne prenait pas garde. Les Juifs avaient acquis par leur argent le droit de commercer. On en chassa de Rome quatre mille sous Tibère. Le peuple les accusa de l'incendie de Rome sous Néron, eux & les nouveaux juifs demi-chrétiens.

On les chassa encor sous Claude; mais leur argent les fit toûjours revenir. Ils furent méprisés & tranquilles. Les chrétiens de Rome furent moins nombreux que ceux de Grèce, d'Alexandrie & de Syrie. Les Romains n'eurent ni pères de l'église, ni hérésiarques dans les premiers siécles. Plus ils étaient éloignés du berceau du christianisme, moins on vit chez eux de docteurs & d'écrivains. L'église était grecque, & tellement grecque qu'il n'y eut pas un seul mystère, un seul rite, un seul dogme qui ne fût exprimé en cette langue.

Tous les chrétiens, soit Grecs, soit Syriens, soit Romains, soit Egyptiens, étaient partout regardés comme des demi-juifs. C'était encor une raison de plus pour ne pas communiquer leurs livres aux gentils, pour rester unis entre eux & impénétrables. Leur secret était plus inviolablement gardé que celui des mystères d'Isis & de Cérès. Ils felaient une république à part, un état dans l'état. Point de temples, point d'autels, nul sacrifice, aucune cérémonie publique. Ils élisaient leurs supérieurs secrets à la pluralité des voix. Ces supérieurs, sous le nom d'anciens, de prêtres, d'évêques, de diacres ménageaient la bourse commune, avaient soin des malades, pacifiaient leurs querelles. C'était une honte, un crime parmi eux de plaider devant les tribunaux, de s'enrôler dans la milice; & pendant cent ans il n'y eut pas un chrétien dans les armées de l'empire.

Ainsi retirés au milieu du monde, & inconnus même en se montrant, ils échappaient à la tyrannie des proconsuls & des préteurs, & vivaient libres dans le public esclavage.

On ignore l'auteur du fameux livre intitulé, *Ton apostolon Didakai*, les Constitutions apostoliques; de même qu'on ignore les auteurs des Cinquante évangiles non-reçus, & des Actes de St. Pierre, & du Testament des douze patriarches, & de tant d'autres écrits des premiers chrétiens. Mais il est vraisemblable que ces constitutions sont du second siécle. Quoi qu'elles soient faussement attribuées aux apôtres, elles sont très précieuses. On y voit quels étaient les devoirs d'un évêque élu par les chrétiens ; quel respect ils devaient avoir pour lui, quels tributs ils devaient lui payer.

Liv. 4. ch. 1. L'évêque ne pouvait avoir qu'une épouse qui eût bien soin de sa maison, *Mias andra gegenimenon gunaikos monogamou kalos tou idiou oikou proestota.*

On exhortait les chrétiens riches à adopter les enfans des pauvres. On fesait des collectes pour les veuves & les orphelins ; mais on ne recevait point l'argent des pécheurs ; & nommément il n'était pas permis à un cabaretier Ch. 6. de donner son offrande. Il est dit qu'on les regardait comme des fripons. C'est pourquoi très peu de cabaretiers étaient chrétiens. Cela même empêchait les chrétiens de fréquenter les tavernes, & les éloignait de toute société avec les gentils.

Les femmes pouvant parvenir à la dignité de diaconesses, en étaient plus attachées à la confraternité chrétienne. On les consacrait ; l'évêque les oignait d'huile au front comme on avait huilé autrefois les rois Juifs. Que de raifons pour lier enfemble les chrétiens par des nœuds indiffolubles !

Les perfécutions, qui ne furent jamais que paffagères, ne pouvaient fervir qu'à redoubler le zèle & à enflammer la ferveur ; de forte que fous Dioclétien un tiers de l'empire fe trouva chrétien.

Voilà une petite partie des caufes humaines qui contribuèrent au progrès du chriftianifme. Joignez-y les caufes divines qui font à elles comme l'infini eft à l'unité, & vous ne pourez être furpris que d'une feule chofe, c'eft que cette religion fi vraie ne fe foit pas étendue tout-d'un-coup dans les deux hémifphères, fans en excepter l'île la plus fauvage.

Dieu lui-même étant defcendu du ciel, étant mort pour racheter tous les hommes, pour extirper à jamais le péché fur la face de la terre, a cependant laiffé la plus grande partie du genre-humain en proie à l'erreur, au crime & au diable. Cela parait une fatale contradiction à nos faibles efprits, mais ce n'eft pas à nous d'interroger la providence ; nous ne devons que nous anéantir devant elle.

DÉVOT.

L'évangile au chrétien ne dit en aucun lieu ;
Sois dévot : elle dit ; fois doux, fimple, équitable ;
Car d'un dévot fouvent au chrétien véritable
La diftance eft cent fois plus grande, à mon avis,
Que du pole antarctique au détroit de Davis.

BOILEAU fatyre XI.

IL eft bon de remarquer, dans nos Queftions, que Boileau eft le feul poète qui ait jamais fait *évangile* féminin. On ne dit point : la fainte évangile ; mais le faint évangile. Ces inadvertences échappent aux meilleurs écrivains ; il n'y a que des pédans qui en triomphent. Il eft aifé de mettre à la place :

L'évangile au chrétien ne dit en aucun lieu ;
Sois dévot ; mais il dit : fois doux, fimple, équitable.

A l'égard de *Davis*, il n'y a point de détroit de Davis ; mais un détroit de David. Les Anglais mettent un *s* au fingulier, & c'eft la fource de la méprife. Car au tems de Boileau, perfonne en France n'apprenait l'anglais, qui eft aujourd'hui l'objet de l'étude des gens de lettres. C'eft un habitant du mont Krapac qui a infpiré aux Français le goût de cette langue, & qui leur ayant fait connaître la philofophie

& la poësie anglaise, a été pour cela persécuté par des Welches.

Venons à-présent au mot *dévot*; il signifie *dévoué*; & dans le sens rigoureux du terme, cette qualification ne devrait appartenir qu'aux moines & aux religieuses qui font des vœux. Mais comme il n'est pas plus parlé de vœux que de dévots dans l'évangile, ce titre ne doit en effet appartenir à personne. Tout le monde doit être également juste. Un homme qui se dit dévot ressemble à un roturier qui se dit Marquis; il s'arroge une qualité qu'il n'a pas. Il croit valoir mieux que son prochain. On pardonne cette sottise à des femmes; leur faiblesse & leur frivolité les rendent excusables; les pauvres créatures passent d'un amant à un directeur avec bonne foi; mais on ne pardonne pas aux fripons qui les dirigent, qui abusent de leur ignorance, qui fondent le trône de leur orgueil sur la crédulité du sexe. Ils se forment un petit serrail mystique, composé de sept ou huit vieilles beautés, subjuguées par le poids de leur desœuvrement; & presque toûjours ces sujettes payent des tributs à leur nouveau maître. Point de jeune femme sans amant: point de vieilles dévotes sans un directeur. Oh! que les Orientaux sont plus sensés que nous! Jamais un pacha n'a dit: nous soupâmes hier avec l'aga des janissaires qui est l'amant de ma sœur, & le vicaire de la mosquée, qui est le directeur de ma femme.

DRUIDES.

(La scène est dans le Tartare.)

LES FURIES *entourées de serpens & le fouet à la main.*

ALlons, barbaroquincorix, druide Celte, & toi détestable Calchas, hiérophante Grec, voici les momens où vos justes supplices se renouvellent; l'heure des vengeances a sonné.

LE DRUIDE ET CALCHAS.

Ah! la tête! les flancs, les yeux, les oreilles, les fesses; pardon, mesdames, pardon!

CALCHAS.

Voici deux vipères qui m'arrachent les yeux.

LE DRUIDE.

Un serpent m'entre dans les entrailles par le fondement; je suis dévoré.

CALCHAS.

Je suis déchiré; faut-il que mes yeux reviennent tous les jours pour m'être arrachés!

DRUIDES. 123

LE DRUIDE.

Faut-il que ma peau renaisse pour tomber en lambeaux! aie! ouf!

TISIPHONE.

Cela t'apprendra, vilain druide, à donner une autrefois la misérable plante parasite nommée le gui de chêne pour un remède universel. Eh bien, immoleras-tu encor à ton Dieu Theutatès des petites filles & des petits garçons? les brûleras-tu encor dans des paniers d'ozier au son du tambour?

LE DRUIDE.

Jamais, jamais, madame, un peu de charité.

TISIPHONE.

Tu n'en as jamais eu. Courage, mes serpens; encor un coup de fouet à ce sacré coquin.

ALECTON.

Qu'on m'étrille vigoureusement ce Calchas,
  Qui vers nous s'est avancé
L'œil farouche, l'air sombre, & le poil hérissé. (*) Iphigénie de Racine.

CALCHAS.

On m'arrache le poil, on me brûle, on me berne, on m'écorche, on m'empâle.

ALECTON.

Scélérat! égorgeras-tu encor une jeune fille

au-lieu de la marier, & le tout pour avoir du vent ?

CALCHAS ET LE DRUIDE.

Ah ! quels tourmens ! que de peines, & point mourir !

ALECTON ET TISIPHONE.

Ah ! ah ! j'entends de la muſique, Dieu me pardonne ; c'eſt Orphée ; nos ſerpens ſont devenus doux comme des moutons.

CALCHAS.

Je ne ſouffre plus du tout ; voilà qui eſt bien étrange !

LE DRUIDE.

Je ſuis tout ragaillardi. O la grande puiſſance de la bonne muſique ! & qui es-tu, divin homme, qui guéris les bleſſures, & qui réjouïs l'enfer ?

ORPHÉE.

Mes camarades, je ſuis prêtre comme vous ; mais je n'ai jamais trompé perſonne, & je n'ai égorgé ni garçon ni fille. Lorſque j'étais ſur la terre, au-lieu de faire abhorrer les Dieux, je les ai fait aimer ; j'ai adouci les mœurs des hommes que vous rendiez féroces. Je fais le même métier dans les enfers. J'ai rencontré là-bas deux barbares prêtres qu'on feſſait à toute outrance ; l'un avait autrefois hâché un roi en morceaux, l'autre avait fait couper la tête à sa propre reine à la porte-aux-chevaux. J'ai fini leur pénitence, je leur ai joué du violon ; ils m'ont promis que quand ils reviendraient au monde ils vivraient en honnêtes gens.

LE DRUIDE ET CALCHAS.

Nous vous en promettons autant, foi de prêtres.

ORPHÉE.

Oui, mais paſſato il pericolo gabbato il ſanto.

(*La ſcène finit par une danſe figurée d'Orphée, des damnés & des furies, & par une ſymphonie très agréable.*)

ENFERS.

NOtre confrère qui a fait l'article *Enfer* n'a pas parlé de la deſcente de JESUS-CHRIST aux enfers ; c'eſt un article de foi très-important : il eſt expreſſément ſpécifié dans le ſymbole dont nous avons déja parlé. On demande d'où cet article de foi eſt tiré ; car il ne ſe trouve dans aucun de nos quatre évangiles ; & le ſymbole intitulé des apôtres, n'eſt, comme nous l'avons obſervé, que du tems des favans prêtres Jérôme, Auguftin & Rufin.

On eftime que cette defcente aux enfers de notre Seigneur, eft prife originairement de l'évangile de Nicodème, l'un des plus anciens.

Dans cet évangile, le prince du Tartare & Sathan, après une longue converfation avec Adam, Enoch, Elie le Thesbite & David, *entendent une voix comme le tonnerre, & une voix comme une tempête. David dit au prince du Tartare; Maintenant, très vilain & très fale prince de l'enfer, ouvre tes portes, & que le roi de gloire entre &c.* : *difant ces mots au prince, le Seigneur de Majefté furvint en forme d'homme, & il éclaira les ténèbres éternelles, & il rompit les liens indiffolubles ; & par une vertu invincible, il vifita ceux qui étaient affis dans les profondes ténèbres des crimes, & dans l'ombre de la mort des péchés.*

Jésus-Christ parut avec St. Michel, il vainquit la mort ; il prit Adam par la main ; le bon latron le fuivait portant fa croix. Tout cela fe paffa en enfer en préfence de Carinus & de Lenthius, qui reffufcitèrent exprès pour en rendre témoignage aux pontifes Anne & Caïphe, & au docteur Gamaliel alors maître de St. Paul.

Cet évangile de Nicodème n'a depuis long-tems aucune autorité. Mais on trouve une confirmation de cette defcente aux enfers dans la premiere épitre de St. Pierre à la fin du chapitre III. *parce que le* CHRIST *est mort une fois pour nos péchés, le juste pour les injustes, afin de nous offrir à* DIEU, *mort à la vérité en chair, mais ressuscité en esprit par lequel il alla prêcher aux esprits qui étaient en prison.*

Plusieurs pères ont eu des sentimens différens sur ce passage ; mais tous convinrent qu'au fond JESUS était descendu aux enfers après sa mort. On fit sur cela une vaine difficulté. Il avait dit sur la croix au bon larron, Vous serez aujourd'hui avec moi en paradis. Il lui manqua donc de parole en allant en enfer. Cette objection est aisément répondue en disant qu'il le mena d'abord en enfer, & ensuite en paradis.

Eusèbe de Césarée dit que „ JESUS quitta Evangile
„ son corps sans attendre que la mort le vînt ch. 2.
„ prendre ; qu'au contraire, il prit la mort
„ toute tremblante, qui embrassait ses pieds
„ & qui voulait s'enfuir ; qu'il l'arrêta, qu'il
„ brisa les portes des cachots où étaient renfermées les ames des saints ; qu'il les en
„ tira, les ressuscita, se ressuscita lui-même,
„ & les mena en triomphe dans cette Jérusalem céleste, *laquelle descendait du ciel toutes les nuits*, & fut vue par St. Justin.

On disputa beaucoup pour savoir si tous ces ressuscités moururent de nouveau avant de monter au ciel. St. Thomas assure dans sa 3. part. somme, qu'ils remoururent. C'est le sentiment quest. 53.

du 'fin & judicieux Calmet. *Nous soutenons,* dit-il dans sa dissertation sur cette grande question, *que les saints qui ressuscitèrent après la mort du Sauveur, moururent de nouveau pour ressusciter un jour.*

DIEU avait permis auparavant que les profanes gentils imitassent par anticipations, ces vérités sacrées. La fable avait imaginé que les Dieux ressuscitèrent Pelops, qu'Orphée tira Euridice des enfers, du moins pour un moment; qu'Hercule en délivra Alceste, qu'Esculape ressuscita Hippolite &c. &c. Distinguons toûjours la fable de la vérité, & soumettons notre esprit dans tout ce qui l'étonne, comme dans ce qui lui parait conforme à ses faibles lumières.

EZOURVÉDAM.

QU'est-ce donc que cet Ezourvédam qui est à la bibliothèque du roi de France ? c'est un ancien commentaire qu'un ancien brame composa autrefois avant l'époque d'Alexandre sur l'ancien Veidam, qui était lui-mème bien moins ancien que le livre du Shasta. Respectons, vous dis-je, tous ces anciens Indiens. Ils inventèrent le jeu des échecs, & les Grecs allaient apprendre chez eux la géométrie.

Cet Ezourvédam fut en dernier lieu traduit par un brame correspondant de la malheureuse compagnie française des Indes. Il me fut apporté au mont Krapac où j'observe les neiges depuis longtems, & je l'envoyai à la grande bibliothèque royale de Paris, où il est mieux placé que chez moi.

Ceux qui voudront le consulter, verront qu'après plusieurs révolutions produites par l'Eternel, il plut à l'Eternel de former un homme qui s'appellait *Adimo*, & une femme dont le nom répondait à celui de la vie.

Cette anecdote indienne est-elle prise des livres juifs ? les Juifs l'ont ils copiée des Indiens, ou peut-on dire que les uns & les autres l'ont écrite d'original, & que les beaux esprits se rencontrent ?

Il n'était pas permis aux Juifs de penser que leurs écrivains eussent rien puisé chez les bracmanes dont ils n'avaient pas entendu parler. Il ne nous est pas permis de penser sur Adam autrement que les Juifs Par conséquent je me tais, & je ne pense point.

FLIBUSTIERS.

ON ne sait pas d'où vient le nom de Flibustiers, & cependant la génération passée vient de nous raconter les prodiges que ces flibustiers ont faits ; nous en parlons tous les jours, nous y touchons. Qu'on cherche après cela des origines & des étymologies, & si l'on croit en trouver, qu'on s'en défie.

Du tems du cardinal de Richelieu, lorsque les Espagnols & les Français se détestaient encor, parce que Ferdinand le catholique s'était moqué de Louis XII. & que François premier avait été pris à la bataille de Pavie par une armée de Charles-Quint ; lorsque cette haine était si forte que le faussaire auteur du roman politique & de l'ennui politique sous le nom de cardinal de Richelieu, ne craignait point d'appeller les Espagnols *nation insatiable & perfide qui rendait les Indes tributaires de l'enfer* ; lorsqu'enfin on se fut ligué en 1635 avec la Hollande contre l'Espagne, lorsque la France n'avait rien en Amérique, & que les Espagnols couvraient les mers de leurs galions ; alors les flibustiers commencèrent à paraître. C'étaient d'abord des avanturiers Français qui avaient tout au plus la qualité de corsaires.

Un d'eux nommé *le Grand*, natif de Dieppe, s'associa avec une cinquantaine de gens déterminés, & alla tenter fortune avec une barque qui n'avait pas même de canon. Il apperçut, vers l'île Hispaniola (St. Domingue) un galion éloigné de la grande flotte espagnole : il s'en approche comme un patron qui venait lui vendre des denrées ; il monte suivi des siens ; il entre dans la chambre du capitaine qui jouait aux cartes, le couche en joue, le fait son prisonnier avec son équipage, & revient à Dieppe avec son galion chargé de richesses immenses. Cette aventure fut le signal de quarante ans d'exploits inouis.

Flibustiers français, anglais, hollandais allaient s'associer ensemble dans les cavernes de St. Domingue, des petites îles de St. Christophe & de la Tortue Ils se choisissaient un chef pour chaque expédition ; c'est la premiere origine des rois. Des cultivateurs n'auraient jamais voulu un maître ; on n'en a pas besoin pour semer du bled, le battre & le vendre.

Quand les flibustiers avaient fait un gros butin, ils en achetaient un petit vaisseau & du canon. Une course heureuse en produisait vingt autres. S'ils étaient au nombre de cent, on les croyait mille. Il était difficile de leur échapper, encor plus de les suivre. C'était des oiseaux de proie qui fondaient de tous cotés, & qui se retiraient dans des lieux inaccessibles ; tantôt ils razaient quatre à cinq cent lieues de côtes ; tantôt ils avançaient a pied ou à cheval deux cent lieues dans les terres.

Ils surprirent, ils pillèrent les riches villes de Chagra, de Mecaizabo, de la Vera-Cruz, de Panama, de Porto-rico, de Campêche, de l'île Ste. Catherine, & les fauxbourgs de Carthagene.

L'un de ces flibustiers, nommé l'Olonois, pénétra jusqu'aux portes de la Havane, suivi de vingt hommes feulement. S'étant enfuite retiré dans fon canot, le gouverneur envoye contre lui un vaiffeau de guerre avec des foldats & un bourreau. L'Olonois fe rend maître du vaiffeau, il coupe lui-même la tête aux foldats Efpagnols qu'il a pris, & renvoye le bourreau au gouverneur. *a*) Jamais les Romains ni les autres peuples brigands ne firent des actions fi étonnantes. Le voyage guerrier de l'amiral Anfon autour du monde n'eft qu'une promenade agréable en comparaifon du paffage des flibuftiers dans la mer du Sud, & de ce qu'ils effuièrent en terre ferme.

S'ils avaient pu avoir une politique égale à leur indomptable courage, ils auraient fondé un grand empire en Amérique. Ils manquaient de filles ; mais au lieu de ravir & d'époufer des Sabines, comme on le dit des Romains, ils en firent venir de la Salpétrière de Paris ; cela ne forma pas une génération.

Ils étaient plus cruels envers les Efpagnols que les Ifraelites ne le furent jamais envers les Cananéens. On parle d'un Hollandais nommé Roc, qui mit plufieurs Efpagnols à la broche, & qui en fit manger à fes camarades. Leurs expéditions furent des tours de voleurs, & jamais des campagnes de conquérans ; auffi ne les appellait-on dans toutes les

a) Cet Olonois fut pris & mangé depuis par les Sauvages.

Indes occidentales que *los ladrones*. Quand ils furprenaient une ville, & qu'ils entraient dans la maifon d'un père de famille, ils le mettaient à la torture pour découvrir fes tréfors. Cela prouve affez, ce que nous avons dit à l'article *Queftion*, que la torture fut inventée par les voleurs de grand chemin.

Ce qui rendit tous leurs exploits inutiles, c'eft qu'ils prodiguèrent en débauches auffi folles que monftrueufes tout ce qu'ils avaient acquis par la rapine & par le meurtre. Enfin il ne refte plus d'eux que leur nom, & encor à peine. Tels furent les flibuftiers.

Mais quel peuple en Europe ne fut pas flibuftier? Ces Goths, ces Alains, ces Vandales, ces Huns étaient-ils autre chofe? Qu'était Rollon qui s'établit en Normandie, & Guillaume fier-à-bras, finon des flibuftiers plus habiles? Clovis n'était-il pas un flibuftier qui vint des bords du Mein dans les Gaules?

GARGANTUA.

S'Il y a jamais eu une réputation bien fondée, c'eft celle de Gargantua. Cependant il s'eft trouvé dans ce fiécle philofophique & critique, des efprits téméraires qui ont ofé nier les prodiges de ce grand homme, & qui ont pouſſé le pyrrhoniſme juſqu'à douter qu'il ait jamais exiſté.

Comment ſe peut il faire, diſent-ils, qu'il y ait eu au ſeiziéme ſiécle un héros dont aucun contemporain, ni St. Ignace, ni le cardinal Caietan, ni Galilée, ni Guichardin, n'ont jamais parlé, & ſur lequel on n'a jamais trouvé la moindre note dans les régiſtres de la Sorbonne?

Feuilletez les hiſtoires de France, d'Allemagne, d'Angleterre, d'Eſpagne &c. vous n'y voyez pas un mot de Gargantua. Sa vie entiere depuis ſa naiſſance juſqu'à ſa mort, n'eſt qu'un tiſſu de prodiges inconcevables.

Sa mère Gargamelle accouche de lui par l'oreille gauche. A peine eſt-il né qu'il crie à boire d'une voix terrible, qui eſt entendue dans la Beauce & dans le Vivarais. Il falut ſeize aunes de drap pour ſa ſeule braguette, & cent peaux de vaches brunes pour ſes ſouliers. Il n'avait pas encor douze ans qu'il gagna une grande bataille & fonda l'abbaye de Thélème. On lui donne pour femme madame Badebec, & il eſt prouvé que *Badebec* eſt un nom ſyriaque.

On lui fait avaler ſix pélerins dans une ſalade. On prétend qu'il a piſſé la rivière de Seine, & que c'eſt à lui ſeul que les Pariſiens doivent ce beau fleuve.

Tout cela parait contre la nature à nos philoſophes qui ne veulent pas même aſſurer les choses les plus vraisemblables, à moins qu'elles ne soient bien prouvées.

Ils disent que si les Parisiens ont toûjours cru à Gargantua, ce n'est pas une raison pour que les autres nations y croyent. Que si Gargantua avait fait un seul des prodiges qu'on lui attribue, toute la terre en aurait retenti, toutes les chroniques en auraient parlé, que cent monumens l'auraient attesté. Enfin ils traitent sans façon les Parisiens qui croyent à Gargantua, de badauts ignorans, de superstitieux imbécilles, parmi lesquels il se glisse des hypocrites qui feignent de croire à Gargantua pour avoir quelque prieuré de l'abbaye de Thélème.

Le révérend père Viret cordelier à la grande manche, confesseur de filles & prédicateur du roi, a répondu à nos pyrrhoniens d'une manière invincible. Il prouve très doctement, que si aucun écrivain excepté Rabelais n'a parlé des prodiges de Gargantua, aucun historien aussi ne les a contredits; que le sage de Thou même qui croit aux sortilèges, aux prédictions & à l'astrologie, n'a jamais nié les miracles de Gargantua. Ils n'ont pas même été révoqués en doute par La Motte le Vayer. Mézerai les a respectés au point qu'il n'en dit pas un seul mot. Ces prodiges ont été opérés à la vue de toute la terre. Rabelais en a été témoin; il ne pouvait être ni trompé ni trompeur. Pour peu qu'il se fût écarté de la vérité, toutes les nations de l'Europe se seraient élevées contre lui ; tous les gazetiers, tous les feseurs de journaux auraient crié à la fraude, à l'imposture.

En vain les philosophes qui répondent à tout, disent qu'il n'y avait ni journaux ni gazettes dans ce tems-là. On leur replique qu'il y avait l'équivalant. & cela suffit. Tout est impossible dans l'histoire de Gargantua : & c'est par cela même qu'elle est d'une vérité incontestable. Car si elle n'était pas vraie on n'aurait jamais osé l'imaginer ; & la grande preuve qu'il la faut croire, c'est qu'elle est incroyable.

Ouvrez tous les mercures, tous les journaux de Trevoux, ces ouvrages immortels qui font l'instruction du genre-humain, vous n'y trouverez pas une seule ligne où l'on révoque l'histoire de Gargantua en doute. Il était réservé à notre siécle de produire des monstres qui établissent un pyrrhonisme affreux sous prétexte qu'ils sont un peu mathématiciens, & qu'ils aiment la raison, la vérité & la justice. Qu'elle pitié ! je ne veux qu'un argument pour les confondre.

Gargantua fonda l'abbaye de Thélème. On ne trouve point ses titres, il est vrai, jamais elle n'en eut, mais elle existe ; elle possède dix mille piéces d'or de rente. La riviére de Seine existe, elle est un monument éternel du pouvoir de la vessie de Gargantua. De plus, que vous coûte-t-il de le croire ? ne faut-il pas embraſſer le parti le plus ſûr ? Gargantua peut vous procurer de l'argent, des honneurs & du crédit. La philoſophie ne vous donnera jamais que la ſatisfaction de l'ame ; c'eſt bien peu de choſe. Croyez à Gargantua, vous dis-je, pour peu que vous ſoyez avare, ambitieux & fripon ; vous vous en trouverez très bien.

GOUT.

POurquoi jamais une ſtatue informe, un mauvais tableau où les figures ſont eſtropiées, n'ont-ils jamais paſſé pour des chefs-d'œuvre ? Pourquoi jamais une maiſon chétive & ſans aucune proportion n'a-t-elle été regardée comme un beau monument d'architecture ? D'où vient qu'en muſique des ſons aigres & diſcordans n'ont-ils flatté l'oreille de perſonne ? & que cependant de très mauvaiſes tragédies barbares, écrites dans un ſtile d'allobroge, ont réuſſi, même après les ſcènes ſublimes qu'on trouve dans Corneille, & les tragédies touchantes de Racine, & le peu de piéces bien écrites qu'on peut avoir eues depuis cet élégant poëte ? Ce n'eſt qu'au théâtre qu'on voit quelquefois réuſſir des ouvrages détestables soit tragiques soit comiques.

Quelle en est la raison ? C'est que l'illusion ne régne qu'au théâtre ; c'est que le succes y dépend de deux ou trois acteurs, quelquefois d'un seul, & surtout d'une cabale qui fait tous ses efforts, tandis que les gens de goût n'en font aucun. Cette cabale subsiste souvent une génération entière. Elle est d'autant plus active, que son but est bien moins d'élever un auteur que d'en abaisser un autre. Il faut un siécle pour mettre aux choses leur véritable prix dans ce seul genre.

HIPATHIE.

JE suppose que madame Dacier eût été la plus belle femme de Paris, & que dans la querelle des anciens & des modernes les carmes eussent prétendu que le poeme de la Magdelaine, composé par un carme, était infiniment supérieur à Homère, & que c'était une impiété atroce de préférer l'Iliade à des vers d'un moine.

Je suppose que l'archevèque de Paris eût pris le parti des carmes contre le gouverneur de Paris partisan de la belle madame Dacier, & qu'il eût excité les carmes à massacrer cette belle dame dans l'église de Notre-Dame, &

HIPATHIE. 139

de la traîner toute nue & toute fanglante dans la place Maubert. Il n'y a perfonne qui n'eût dit que l'archevêque de Paris aurait fait une fort mauvaife action dont il aurait dû faire pénitence.

Voilà précifément l'hiftoire d'Hipathie. Elle enfeignait Homère & Platon dans Alexandrie du tems de l'empereur Théodofe II. St. Cyrille déchaîna contre elle la populace chrétienne ; c'eft ainfi que nous le racontent Damafcius & Suidas ; c'eft ce que prouvent évidemment les plus favans hommes du fiécle, tels que Bruker, la Croze, Bafnage ; c'eft ce qui eft expofé très judicieufement dans le grand Dictionnaire Encyclopédique à l'article *Eclectifme*. Bafnage tom. 5. pag. 82.

Un homme dont les intentions font fans doute très bonnes, a fait imprimer deux volumes contre cet article de l'Encyclopédie.

Encor une fois, mes amis, deux tomes contre deux pages, c'eft trop. Je vous l'ai dit cent fois, vous multipliez trop les êtres fans nécellité ; deux lignes contre deux tomes, voilà ce qu'il faut. N'écrivez pas même ces deux lignes. Je me contente de remarquer que St. Cyrille était homme, & homme de parti, qu'il a pu fe laiffer trop emporter à fon zèle ; que quand on met les belles dames toutes nues ce n'eft pas pour les maffacrer ; que St. Cyrille a fans doute demandé pardon à Dieu de cette action abominable ; & que je prie le père des miféricordes d'avoir pitié de son ame. Celui qui a écrit les deux volumes contre l'éclectifme, me fait auffi beaucoup de pitié.

HORLOGE.
Horloge d'Achas.

IL eſt aſſez connu que tout eſt prodige dans l'hiſtoire des Juifs. Le miracle fait en faveur du roi Ezéchias ſur ſon horloge appellée l'horloge d'Achas, eſt un des plus grands qui ſe ſoient jamais opérés. Il dut être apperçu de toute la terre, avoir dérangé à jamais tout le cours des aſtres & particuliérement les momens des éclipſes du ſoleil & de la lune; il dut brouiller toutes les éphémérides. C'eſt pour la ſeconde fois que ce prodige arriva. Joſué avait arrèté à midi le ſoleil ſur Gabaon, & la lune ſur Aialon pour avoir le tems de tuer une troupe d'Amorrhéens déja écraſée par une pluie de pierres tombées du ciel.

Le ſoleil, au-lieu de s'arrèter pour le roi Ezéchias, retourna en arrière, ce qui eſt à-peu-près la même avanture, mais différemment combinée.

Rois liv. IV. chap. 20.

D'abord Iſaie dit à Ezéchias qui était malade, *Voici ce que dit le Seigneur* DIEU, *mettez ordre à vos affaires, car vous mourrez, & alors vous ne vivrez plus.*

HORLOGE. 141

Ezéchias pleura, DIEU en fut attendri. Il lui fit dire par Ifaïe qu'il vivrait encor quinze ans, & que dans trois jours il irait au temple. *Alors Ifaïe fe fit apporter un cataplafme de figues, on l'appliqua fur les ulcères du roi, & il fut guéri ;* & curatus eft.

Calmet n'a point traduit l'*& curatus eft.*

Ezéchias demanda un figne comme quoi il ferait guéri. Ifaïe lui dit, *Voulez-vous que l'ombre du foleil s'avance de dix degrés, ou qu'elle recule de dix degrés ? Ezéchias dit, il eft aifé que l'ombre avance de dix degrés, je veux qu'elle recule. Le prophète Ifaïe invoqua le Seigneur, & il ramena l'ombre en arrière dans l'horloge d'Achas, par les dix degrés par lefquels elle était déja defcendue.*

On demande ce que pouvait être cet horloge d'Achas, s'il était de la façon d'un horloger nommé Achas, ou fi c'était un préfent fait autrefois au roi du même nom. Ce n'eft la qu'un objet de curiofité. On a difputé beaucoup fur cet horloge ; les favans ont prouvé que les Juifs n'avaient jamais connu ni horloge, ni gnomon avant leur captivité à Babilone, feul tems où ils apprirent quelque chofe des Caldéens, & où même le gros de la nation commença, dit-on, à lire & à écrire. On fait même que dans leur langue ils n'avaient aucun terme pour exprimer horloge, cadran, géométrie, aftronomie ; & dans le texte du livre des Rois, l'horloge d'Achas eſt appellée *l'heure de la pierre*.

Mais la grande queſtion eſt de ſavoir comment le roi Ezéchias, poſſeſſeur de ce gnomon ou de ce cadran au ſoleil, de cette heure de la pierre, pouvait dire qu'il était aiſé de faire avancer le ſoleil de dix degrés. Il eſt certainement auſſi difficile de le faire avancer contre l'ordre du mouvement ordinaire, que de le faire reculer.

La propoſition du prophète paraît auſſi étrange que le propos du roi. Voulez-vous que l'ombre avance en ce moment ou recule de dix heures ? Cela eût été bon à dire dans quelque ville de la Laponie, où le plus long jour de l'année eût été de vingt heures ; mais à Jéruſalem, où le plus long jour de l'année eſt d'environ quatorze heures & demi, cela eſt abſurde. Le roi & le prophète ſe trompaient tout deux groſſiérement. Nous ne nions pas le miracle, nous le croyons très vrai ; nous remarquons ſeulement qu'Ezéchias & Iſaïe ne diſaient pas ce qu'ils devaient dire. Quelque heure qu'il fût alors, c'était une choſe impoſſible qu'il fût égal de faire reculer ou avancer l'ombre du cadran de dix heures. S'il était deux heures après midi, le prophète pouvait très bien, ſans doute, faire reculer l'ombre à quatre heures du matin. Mais en ce cas il ne pouvait pas la faire avancer de dix heures, puiſqu'alors il eût été minuit, & qu'à minuit il est rare d'avoir l'ombre du soleil.

Il est difficile de deviner le tems où cette histoire fut écrite, mais ce ne peut être que vers le tems où les Juifs apprirent confusément qu'il y avait des gnomons & des cadrans au soleil. Or il est de fait qu'ils n'eurent une connaissance très imparfaite de ces sciences qu'à Babilone.

Il y a encor une plus grande difficulté, c'est que les Juifs ne comptaient point par heures comme nous ; c'est à quoi les commentateurs n'ont pas pensé.

Le même miracle était arrivé en Grèce le jour qu'Atrée fit servir les enfans de Thieste pour le souper de leur père.

Le même miracle s'était fait encor plus sensiblement lorsque Jupiter coucha avec Alcmene. Il falait une nuit double de la nuit naturelle pour former Hercule. Ces avantures sont communes dans l'antiquité, mais fort rares de nos jours, où tout dégénère.

JEOVA.

J*Eovah*, ancien nom de DIEU. Aucun peuple n'a jamais prononcé *Geova*, comme font les seuls Français, ils disaient *Iévo*; c'est ainsi que vous le trouvez écrit dans Sanconiathon cité par Eusèbe prep. liv. 10. dans

Diodore liv. 2. dans Macrobe fati. liv. Ier. &c. toutes les nations ont prononcé *ïe* & non pas *g*. C'eſt du nom des quatre voyelles, i, e, o, u, que ſe forma ce nom ſacré dans l'orient. Les uns prononçaient ï a o h, en aſpirant, ï, e, o, va; les autres *yeaou*. Il falait toûjours quatre lettres ; quoi que nous en mettions ici cinq, faute de pouvoir exprimer ces quatre caractères.

Nous avons déja obſervé que ſelon Clément d'Alexandrie, en ſaiſiſſant la vraie prononciation de ce nom, on pouvait donner la mort à un homme. Clément en rapporte un exemple.

Longtems avant Moïſe, Seth avait prononcé le nom de Jeova comme il eſt dit dans la Genèſe chap. 4. ; & même ſelon l'hébreu Seth s'appella Jeova. Abraham fit ſerment au roi de Sodome par Jeova ch. 14. v. 22.

Du mot iova les Latins firent iov, jovis, joviſpiter, jupiter. Dans le buiſſon l'Eternel dit à Moïſe, mon nom eſt ioüa. Dans les ordres qu'il lui donne pour la cour de Pharaon, il lui dit, *j'apparus à Abraham, Iſaac & Jacob dans le Dieu puiſſant, & je ne leur revelai point mon nom Adonaï, & je fis un pacte avec eux.*

Exode ch. 6. v. 3.

Les Juifs ne prononcent point ce nom depuis longtems. Il était commun aux Phéniciens & aux Egyptiens. Il ſignifiait ce qui eſt ; & de là vient probablement l'inſcription d'Iſis. *Je ſuis tout ce qui eſt.*

INALIÉNATION, INALIÉNABLE.

LE domaine des empereurs Romains étant autrefois inaliénable, c'était le sacré domaine; les barbares vinrent, & il fut très aliéné. Il est arrivé même avanture au domaine impérial grec.

Après le rétablissement de l'empire Romain en Allemagne, le sacré domaine fut déclaré inaliénable par les juristes, de façon qu'il ne reste pas aujourd'hui un écu de domaine aux empereurs.

Tous les rois de l'Europe qui imitèrent autant qu'ils purent les empereurs, eurent leur domaine inaliénable. François I, ayant racheté sa liberté par la concession de la Bourgogne, ne trouva point d'autre expédient que de faire déclarer cette Bourgogne incapable d'être aliénée; & il fut assez heureux pour violer son traité & sa parole d'honneur impunément. Suivant cette jurisprudence, chaque prince pouvant acquérir le domaine d'autrui, & ne pouvant jamais rien perdre du sien, tous auraient à la fin le bien des autres; la chose est absurde; donc la loi non restrainte est absurde aussi. Les rois de France & d'Angleterre n'ont presque plus de domaine particulier; les contributions sont leur vrai domaine; mais avec des formes très différentes.

Neuviéme partie. K

INNOCENS.

Massacre des innocens.

Quand on parle du maſſacre des innocens, on n'entend ni les Vèpres ſiciliennes, ni les matines de Paris, connues ſous le nom de St. Barthelemi, ni les habitans du nouveau monde égorgés parce qu'ils n'étaient pas chrétiens, ni les auto-da-fé d'Eſpagne & de Portugal, &c. &c. &c. On entend d'ordinaire les petits enfans qui furent tués dans la banlieue de Bethléem par ordre d'Hérode le grand, & qui furent enſuite tranſportés à Cologne, où l'on en trouve encore.

Toute l'égliſe grecque a prétendu qu'ils étaient au nombre de quatorze mille.

Les difficultés élevées par les critiques ſur ce point d'hiſtoire, ont toutes été réſolues par les ſages & ſavans commentateurs.

On a incidenté ſur l'étoile qui conduiſit les mages du fond de l'orient à Jéruſalem. On a dit que le voyage étant long, l'étoile avait dû paraître fort longtems ſur l'horiſon. Que cependant aucun hiſtorien, excepté St. Matthieu, n'a jamais parlé de cette étoile extraordinaire; que ſi elle avait brillé ſi longtems dans le ciel, Hérode & toute ſa cour, & tout Jéruſalem devaient l'avoir apperçue, aussi-bien que ces trois mages ou ces trois rois ; que par conséquent Hérode n'avait pas pu *s'informer diligemment de ces rois en quel tems ils avaient vu cette étoile.* Que si ces trois rois avaient fait des présens d'or, de mirrhe & d'encens à l'enfant nouveau né, ses parens auraient dû être fort riches ; qu'Hérode n'avait pas pu croire que cet enfant né dans une étable à Bethléem fût roi des Juifs, puisque ce royaume appartenait aux Romains, & était un don de César ; que si trois rois des Indes venaient aujourd'hui en France, conduits par une étoile, & s'arrêtaient chez une femme de Vaugirard, on ne ferait pourtant jamais croire au roi régnant que le fils de cette villageoise fût roi de France.

On a répondu pleinement à ces difficultés, qui sont les préliminaires du massacre des innocens ; & on a fait voir que ce qui est impossible aux hommes, n'est pas impossible à Dieu.

A l'égard du carnage des petits enfans, soit que le nombre ait été de quatorze mille, ou plus, ou moins grand, on a montré que cette horreur épouvantable & unique dans le monde, n'était pas incompatible avec le caractère d'Hérode ; qu'à la vérité ayant été confirmé roi de Judée par Auguste, il ne pouvait rien craindre d'un enfant né de parens obscurs & pauvres dans un petit village ; mais qu'étant attaqué alors de la maladie dont il mourut, il pouvait avoir le sang tellement corrompu qu'il en eût perdu la raison & l'humanité ; qu'enfin tous ces événemens incompréhensibles, qui préparaient des myſtères plus incompréhenſibles, étaient dirigés par une providence impénétrable.

On objecte que l'hiſtorien Joſeph preſque contemporain, & qui a raconté toutes les cruautés d'Hérode, n'a pourtant pas plus parlé du maſſacre des petits enfans que de l'étoile des trois rois. Que ni Philon le Juif, ni aucun autre Juif, ni aucun Romain n'en ont rien dit ; que même trois évangéliſtes ont gardé un profond ſilence ſur ces objets importans. On répond que St. Matthieu les a annoncés, & que le témoignage d'un homme inſpiré eſt plus fort que le ſilence de toute la terre.

Les cenſeurs ne ſe ſont pas rendus ; ils ont oſé reprendre St. Matthieu lui-même ſur ce qu'il dit que ces enfans furent maſſacrés, *afin que les paroles de Jérémie fuſſent accomplies. Une voix s'eſt entendue dans Rama, une voix de pleurs & de gémiſſemens, Rachel pleurant ſes fils & ne ſe conſolant point parce qu'ils ne ſont plus.*

Ces paroles hiſtoriques, diſent-ils, s'étaient accomplies à la lettre dans la tribu de Benjamin, deſcendante de Rachel, quand Nabuzardan fit périr une partie de cette tribu vers la ville de Rama. Ce n'était pas plus une prédiction, disent-ils, que ne le font ces mots, *il sera appellé Nazaréen. Et il vint demeurer dans une ville nommée Nazareth, afin que s'accomplît ce qui a été dit par les prophètes, il sera appellé Nazaréen.* Ils triomphent de ce que ces mots ne se trouvent dans aucun prophète, de même qu'ils triomphent de ce que Rachel pleurant les Benjamites dans Rama n'a aucun rapport avec le massacre des innocens sous Hérode.

Ils osent prétendre que ces deux allusions étant visiblement fausses, sont une preuve manifeste de la fausseté de cette histoire; ils concluent qu'il n'y eut ni massacre des enfans, ni étoile nouvelle, ni voyage des trois rois.

Ils vont bien plus loin; ils croyent trouver une contradiction aussi grande entre le récit de St. Matthieu & celui de St. Luc, qu'entre les deux généalogies rapportées par eux. (Voyez l'article *Contradiction.*) St. Matthieu dit que Joseph & Marie transportèrent JESUS en Egypte, de crainte qu'il ne fût enveloppé dans le massacre. St. Luc au contraire dit, *qu'après avoir accompli toutes les cérémonies de la loi, Joseph & Marie retournèrent à Nazareth leur ville, & qu'ils allaient tous les ans à Jérusalem pour célébrer la pâque.*

Or, il falait trente jours avant qu'une accouchée se purifiât, & accomplît toutes les cérémonies de la loi. C'eût été exposer pen-

K iij

dant ces trente jours l'enfant à périr dans la proſcription générale. Et ſi ſes parens allèrent à Jéruſalem accomplir les ordonnances de la loi, ils n'allèrent donc pas en Egypte.

Ce ſont là les principales objections des incrédules. Elles ſont aſſez réfutées par la croyance des égliſes grecque & latine. S'il falait continuellement éclaircir les doutes de tous ceux qui liſent l'Ecriture, il faudrait paſſer ſa vie entière à diſputer ſur tous les articles. Rapportons-nous en plutôt à nos maîtres, à l'univerſité de Salamanque, quand nous ferons en Eſpagne; à celle de Coimbre, ſi nous ſommes en Portugal; à la Sorbonne en France, à la ſacrée congrégation dans Rome. Soumettons-nous toûjours de cœur & d'eſprit à ce qu'on exige de nous pour notre bien.

LARMES.

Les larmes ſont le langage muet de la douleur. Mais pourquoi? quel rapport y a-t-il entre une idée triſte, & cette liqueur limpide & ſalée, filtrée par une petite glande au coin externe de l'œil? laquelle humecte la conjonctive & les petits points lacrimaux, d'où elle deſcend dans le nez & dans la bouche par le réſervoir appellé ſa lacrimal, & par ſes conduits.

Pourquoi dans les enfans & dans les femmes dont les organes font d'un rezeau faible & délicat, les larmes font-elles plus aifément excitées par la douleur que dans les hommes faits, dont le tiffu eft plus ferme?

La nature a-t-elle voulu faire naître en nous la compaffion à l'afpect de ces larmes qui nous attendriffent, & nous porter à fecourir ceux qui les répandent? La femme fauvage eft auffi fortement déterminée à fecourir l'enfant qui pleure, que le ferait une femme de la cour, & peut-être davantage, parce qu'elle a moins de diftractions & de paffions.

Tout a une fin fans doute dans le corps animal. Les yeux furtout ont des rapports mathématiques fi évidens, fi démontrés, fi admirables avec les rayons de lumière; cette mécanique eft fi divine, que je ferais tenté de prendre pour un délire de fiévre chaude l'audace de nier les caufes finales de la ftructure de nos yeux.

L'ufage des larmes ne parait pas avoir une fin fi déterminée & fi frappante; mais il ferait beau que la nature les fît couler pour nous exciter à la pitié.

Il y a des femmes qui font accufées de pleurer quand elles veulent. Je ne fuis nullement furpris de leur talent. Une imagination vive, fenfible & tendre peut fe fixer à quelque objet, à quelque reffouvenir douloureux, & fe le repréfenter avec des couleurs fi dominantes,

K iiij

qu'elles lui arrachent des larmes. C'est ce qui arrive à plusieurs acteurs, & principalement à des actrices, sur le théâtre.

Les femmes qui les imitent dans l'intérieur de leurs maisons, joignent à ce talent la petite fraude de paraître pleurer pour leur mari, tandis qu'en effet elles pleurent pour leur amant. Leurs larmes sont vraies, mais l'objet en est faux.

Il est impossible d'affecter les pleurs sans sujet, comme on peut affecter de rire. Il faut être sensiblement touché pour forcer la glande lacrimale à se comprimer & à répandre sa liqueur sur l'orbite de l'œil ; mais il ne faut que vouloir pour former le rire.

On demande pourquoi le même homme qui aura vu d'un œil sec les événemens les plus atroces, qui même aura commis des crimes de sang-froid, pleurera au théâtre à la représentation de ces événemens & de ces crimes ? C'est qu'il ne les voit pas avec les mêmes yeux, il les voit avec ceux de l'auteur & de l'acteur. Ce n'est plus le même homme ; il était barbare, il était agité de passions furieuses quand il vit tuer une femme innocente, quand il se souilla du sang de son ami : il redevient homme au spectacle. Son ame était remplie d'un tumulte orageux, elle est tranquille, elle est vide ; la nature y rentre, il répand des larmes vertueuses ; c'est là le vrai mérite, le grand bien des spectacles. C'eſt là ce que ne peuvent jamais faire ces froides déclamations d'un orateur gagé pour ennuyer tout un auditoire pendant une heure.

Le capitoul David, qui ſans s'émouvoir, vit & fit mourir l'innocent Calas ſur la roue, aurait verſé des larmes en voyant ſon propre crime dans une tragédie bien écrite & bien récitée.

C'eſt ainſi que Pope a dit dans le prologue du Caton d'Adiſſon,

Tyrant's no more their ſavage nature Kept ;
And foes to virtue wonder'ed how they wept :

De ſe voir attendris les méchans s'étonnèrent,
Le crime eut des remords ; & les tyrans pleurèrent.

LIBELLE.

ON nomme libelles de petits livres d'injures. Ces livres ſont petits, parce que les auteurs ayant peu de raiſons à donner, n'écrivant point pour inſtruire, & voulant être lus, ſont forcés d'être courts. Ils y mettent très rarement leurs noms, parce que les aſſaſſins craignent d'être ſaiſis avec des armes défendues.

Il y a les libelles politiques. Les tems de la ligue & de la fronde en regorgèrent. Chaque dispute en Angleterre en produit des centaines. On en fit contre Louis XIV de quoi fournir une vaste bibliothèque.

Nous avons les libelles théologiques depuis environ seize cent ans ; c'est bien pis ; ce sont des injures sacrées des halles. Voyez seulement comment St. Jérôme traite Rufin & Vigilantius. Mais depuis lui les disputeurs ont bien enchéri. Les derniers libelles ont été ceux des molinistes contre les jansénistes, on les compte par milliers. De tous ces fatras il ne reste aujourd'hui que les seules Lettres provinciales.

Les gens de lettres pouvaient le disputer aux théologiens. Boileau & Fontenelle qui s'attaquèrent à coups d'épigrammes, disaient tout deux que les libelles dont ils avaient été gourmés, n'auraient pas tenu dans leurs chambres. Tout cela tombe comme les feuilles en automne. Il y a eu des gens qui ont traité de libelles toutes les injures qu'on dit par écrit à son prochain.

Selon eux, les pouilles, que les prophètes chantèrent quelquefois aux rois d'Israël, étaient des libelles diffamatoires pour faire soulever les peuples contre eux. Mais comme la populace n'a jamais lu dans aucun pays du monde, il est à croire que ces satyres, qu'on débitait sous le manteau, ne fesaient pas grand mal. C'est en parlant au peuple assemblé qu'on excite des séditions bien plutôt qu'en écrivant. C'est pourquoi la première chose que fit, à son avénement la reine d'Angleterre Elizabeth, chef de l'églife anglicane & défenfeur de la foi, ce fut d'ordonner qu'on ne prêchât de fix mois fans fa permiffion expreffe.

L'Anti-Caton de Céfar était un libelle; mais Céfar fit plus de mal à Caton par la bataille de Pharfale & par celle de Tapfa, que par fes diatribes.

Les Philippiques de Cicéron font des libelles; mais les profcriptions des triumvirs furent des libelles plus terribles.

St. Cyrille, St. Grégoire de Nazianze firent des libelles contre le grand empereur Julien; mais ils eurent la générofité de ne les publier qu'après fa mort.

Rien ne reffemble plus à des libelles que certains manifeftes de fouverains. Les fecrétaires du cabinet de Mouftapha empereur des Ofmanlis, ont fait un libelle de leur déclaration de guerre.

Dieu les en a punis, eux & leur commettant. Le même efprit, qui anima Céfar, Ciceron & les fecrétaires de Mouftapha, domine dans tous les poliffons qui font des libelles dans leurs greniers; *Natura eft femper fibi confona*. Qui croirait que les ames de Garaffe, du cocher de Vertamon, de Nonotte, de Paulian, de Fréron, de Langleviel dit la Baumelle fuffent, à cet égard, de la même trempe que les ames de Céfar, de Ciceron, de St. Cy-

rille & du secrétaire de l'empereur des Os-
manlis ? Rien n'est pourtant plus vrai.

MARIE MAGDELAINE.

J'Avoue que je ne sais pas où l'auteur de
l'histoire critique de JESUS-CHRIST a trouvé que Ste. Marie Magdelaine avait eu des *complaisances criminelles* pour le Sauveur du monde. Il dit page 130, ligne 11 de la note, que c'est une prétention des Albigeois. Je n'ai jamais lu cet horrible blasphême, ni dans l'histoire des Albigeois, ni dans leurs professions de foi. Cela est dans le grand nombre des choses que j'ignore. Je sais que les Albigeois avaient le malheur funeste de n'être pas catholiques romains ; mais il me semble que d'ailleurs ils avaient le plus profond respect pour la personne de JESUS.

Cet auteur de l'histoire critique de JESUS-CHRIST renvoye à la Christiade, espèce de poéme en prose, supposé qu'il y ait des poémes en prose. J'ai donc été obligé de consulter l'endroit de cette Christiade où cette accusation est rapportée. C'est au chant ou livre 4, page 335, note 1 ; le poéte de la Christiade ne cite personne. On peut à la vérité, dans un poéme épique, s'épargner les citations ; mais il faut de grandes autorités en prose, quand

il s'agit d'un fait auſſi grave & qui fait dreſ-
ſer les cheveux à la tête de tout chrétien.

Que les Albigeois ayant avancé ou non une
telle impiété, il en réſulte ſeulement que l'auteur de la Chriſtiade ſe joue dans ſon chant 4ᵉ.
ſur le bord du crime. Il imite un peu le fameux
ſermon de Menot. Il introduit ſur la ſcène
Marie Magdelaine ſœur de Marthe & du
Lazare, brillante de tous les charmes de la
jeuneſſe & de la beauté, brûlante de tous les
déſirs, & plongée dans toutes les voluptés.
C'eſt, ſelon lui, une dame de la cour ; ſes richeſſes égalent ſa naiſſance, ſon frère le Lazare
était comte de Bethanie, & elle marquiſe de
Magdalet. Marthe eut un grand appanage,
mais il ne nous dit pas où étaient ſes terres.
Elle avait, dit le chriſtiadier, *cent domeſtiques
& une foule d'amans ; elle eût attenté à la liberté
de tout l'univers. Richeſſes, dignités, grandeurs
ambitieuſes, vous ne fûtes jamais ſi chères à
Magdelaine, que la ſéduiſante erreur qui lui
fit donner le ſurnom de péchereſſe. Telle était
la beauté dominante dans la capitale ; quand
le jeune & divin héros y arriva des extrémités
de la Galilée.* a) *Ses autres paſſions calmées
cèdent à l'ambition de ſoumettre le héros dont
on lui a parlé.*

Alors le chriſtiadier imite Virgile. La marquiſe de Magdalet conjure ſa ſœur l'appana-

---

a) Il n'y avait pas bien loin,

gée de faire réuffir fes deffeins coquets auprès de fon jeune héros, comme Didon employa fa fœur Anne auprès du pieux Enée.

Elle va entendre le fermon de JESUS dans le temple, quoi qu'il n'y prêchât jamais. *Son cœur vole au-devant du héros qu'elle adore, elle n'attend qu'un regard favorable pour en triompher, & faire de ce maître des cœurs un captif foumis.*

Pag. 10, tom. 3.

Enfin elle va le trouver chez Simon le lépreux, homme fort riche, qui lui donnait un grand fouper, quoique jamais les femmes n'entraffent ainfi dans les feftins, & furtout chez les pharifiens. Elle lui répand un grand pot de parfums fur les jambes, les effuye avec fes beaux cheveux blonds, & les baife.

Je n'examine pas fi la peinture que fait l'auteur des faints tranfports de Magdelaine, n'eft pas plus mondaine que dévote; fi les baifers donnés font exprimés avec affez de retenue; fi ces beaux cheveux blonds dont elle effuye les jambes de fon héros, ne reffemblent pas un peu trop à Trimalcion, qui à dîner s'effuyait les mains aux cheveux d'un jeune & bel efclave. Il faut qu'il ait preffenti lui-même qu'on pourait trouver fes peintures trop lafcives. Il va au-devant de la critique, en rapportant quelques morceaux d'un fermon de Maffillon fur la Magdelaine. En voici un paffage :

„ Magdelaine avait facrifié fa réputation

„ au monde ; fa pudeur & fa naiffance la dé- Chriftia-
„ fendirent d'abord contre les premiers mou- de, tom.
„ vemens de fa paffion ; & il eft à croire qu'aux 2. pag.
„ premiers traits qui la frappèrent, elle oppofa 321. note
„ la barrière de fa pudeur & de fa fierté ; 1.
„ mais lorfqu'elle eut prêté l'oreille au ferpent
„ & confulté fa propre fageffe, fon cœur fut
„ ouvert à tous les traits de la paffion. Mag-
„ delaine aimait le monde, & dès-lors il n'eft
„ rien qu'elle ne facrifie à cet amour ; ni cette
„ fierté qui vient de la naiffance, ni cette
„ pudeur qui fait l'ornement du fexe ne font
„ épargnées dans ce facrifice ; rien ne peut
„ la retenir, ni les railleries des mondains,
„ ni les infidélités de fes amans infenfés à
„ qui elle veut plaire, mais de qui elle ne
„ peut fe faire eftimer, car il n'y a que la
„ vertu qui foit eftimable ; rien ne peut lui
„ faire honte ; & comme cette femme profti-
„ tuée de l'Apocalypfe, elle portait fur fon
„ front le nom de *myftère*, c'eft-à-dire qu'elle
„ avait levé le voile, & qu'on ne la connaif-
„ fait plus qu'au caractère de fa folle paffion.

J'ai cherché ce paffage dans les fermons de Maffillon ; il n'eft certainement pas dans l'édition que j'ai. J'ofe même dire plus, il n'eft pas de fon ftile.

Le chriftiadier aurait dû nous informer où il a pêché cette rapfodie de Maffillon, comme il aurait dû nous apprendre où il a lu que les Albigeois ofaient imputer à JESUS une intelligence indigne de lui avec Magdelaine.

Au reste, il n'est plus question de la marquise dans le reste de l'ouvrage. L'auteur nous épargne son voyage à Marseille avec le Lazare, & le reste de ses avantures.

Qui a pu induire un homme savant & quelquefois éloquent, tel que le paraît l'auteur de la Christiade, à composer ce prétendu poeme ? c'est l'exemple de Milton, il nous le dit lui-même dans sa préface ; mais on sait combien les exemples sont trompeurs. Milton qui d'ailleurs n'a point hazardé ce faible monstre d'un poéme en prose ; Milton qui a répandu de très beaux vers blancs dans son Paradis perdu, parmi la foule de vers durs & obscurs dont il est plein, ne pouvait plaire qu'à des Wighs fanatiques, comme a dit Grecour,

En chantant l'univers perdu pour une pomme,
Et Dieu pour le damner créant le premier homme.

Il a pu réjouir des presbytériens en fesant coucher le péché avec la mort, en tirant dans le ciel du canon de vingt-quatre, en fesant combattre le sec & l'humide, le froid & le chaud, en coupant en deux des anges qui se rentraiaient sur le champ, en bâtissant un pont sur le chaos, en représentant le Messiah qui prend dans une armoire du ciel un grand compas pour circonscrire la terre &c. &c. &c. &c. Virgile & Horace auraient peut-être trouvé ces idées un peu étranges. Mais si elles ont réussi en Angleterre à l'aide de quelques vers tres heureux, le christiadier s'est trompé quand il a espéré du succès de son roman, sans le soutenir par de beaux vers, qui en vérité sont tres difficiles à faire.

Mais, dit l'auteur, un Jérôme Vida évêque d'Albe, a fait jadis une très importante Christiade en vers latins, dans laquelle il a transcrit beaucoup de vers de Virgile. Eh bien, mon ami, pourquoi as-tu fait la tienne en prose française ? que n'imitais-tu Virgile aussi ?

Mais feu Mr. d'Escorbiac Toulousain a fait aussi une Christiade. Ah ! malheureux, pourquoi t'es-tu fait le singe de feu Mr. d'Escorbiac ?

Mais Milton a fait aussi son roman du nouveau Testament, son Paradis reconquis en vers blancs, qui ressemblent souvent à la plus mauvaise prose. Va, va, laisse Milton mettre toûjours aux prises Sathan avec Jesus. C'est à lui qu'il appartient de faire conduire en grands vers dans la Galilée, un troupeau de deux mille cochons par une légion de diables, c'est-à-dire par six mille sept cent diables qui s'emparent de ces cochons (à trois diables & sept vingtiémes par cochon) & qui les noyent dans un lac. C'est à Milton qu'il sied bien de faire proposer à DIEU par le diable, de faire ensemble un bon souper. Le diable, dans Milton, peut à son aise couvrir la table d'or- *Paradis regain'd book.*

Neuvième partie. L

tolans, de perdrix, de folles, d'efturgeons, & faire fervir à boire par Hébé & par Ganimède à Jesus-Christ. *a*) Le diable peut emporter Dieu fur une petite montagne, du haut de laquelle il lui montre le Capitole, les îles Moluques & la ville des Indes où nâquit la belle Angelique qui fit tourner la tête à Roland. Après quoi le diable offre à Dieu de lui donner tout cela, pourvu que Dieu veuille l'adorer. Mais Milton a eu beau faire, on s'eft moqué de lui, on s'eft moqué du pauvre frère Berruier le jéfuite; on fe moque de toi, prends la chofe en patience.

a) Allons donc, fils de Dieu, mets-toi à table & mange. *What doub'ſt, thow fon of god? fit down and eat.*

MONSTRES.

IL eſt plus difficile qu'on ne penfe de définir les monftres. Donnerons-nous ce nom à un animal énorme, à un poiffon, à un ferpent de quinze pieds de long ? mais il y en a de vingt, de trente pieds, auprès defquels les premiers feraient peu de chofe.

Il y a les monftres par défaut. Mais fi les quatre petits doigts des pieds & des mains manquent à un homme bien fait, & d'une figure gracieufe, fera-t-il un monftre? Les dents lui sont plus néceffaires. J'ai vu un homme né sans aucune dent ; il était d'ailleurs très agréable. La privation des organes de la génération, bien plus néceffaires encor, ne conftituent point un animal monftrueux.

Il y a les monftres par excès ; mais ceux qui ont six doigts, le croupion allongé en forme de petite queue, trois tefticules, deux orifices à la verge, ne font pas réputés monftres.

La troifiéme efpèce eft de ceux qui auraient des membres d'autres animaux, comme un lion avec des ailes d'autruche, un ferpent avec des ailes d'aigle, tel que le grifon & l'ixion des Juifs. Mais toutes les chauve-fouris font pourvues d'ailes ; les poiffons volans en ont, & ne font point des monftres.

Réfervons donc ce nom pour les animaux dont les difformités nous font horreur.

Le premier Nègre pourtant fut un monftre pour les femmes blanches, & la première de nos beautés fut un monftre aux yeux des Nègres.

Si Poliphême & les cyclopes avaient exifté, les gens qui portaient des yeux aux deux côtés de la racine du nez, auraient été déclarés monftres dans l'île de Lipari & dans le voifinage de l'Etna.

J'ai vu une femme à la foire qui avait quatre mammelles & une queue de vache à la poitrine. Elle était monftre fans difficulté,

L ij

quand elle laiffait voir fa gorge, & femme de mife quand elle la cachait.

Les centaures, les minotaures auraient été des monftres, mais de beaux monftres. Surtout un corps de cheval bien proportionné qui aurait fervi de bafe à la partie fupérieure d'un homme, aurait été un chef-d'œuvre fur la terre; ainfi que nous nous figurons comme des chefs-d'œuvre du ciel, ces efprits que nous appellons anges, & que nous peignons, que nous fculptons dans nos églifes, tantôt ornés de deux aîles, tantôt de quatre, & même de fix.

Nous avons déja demandé avec le fage Locke quelle eft la borne entre la figure humaine & l'animale, quel eft le point de monftruofité auquel il faut fe fixer pour ne pas batifer un enfant, pour ne le pas compter de notre efpèce, pour ne lui pas accorder une ame. Nous avons vu que cette borne eft auffi difficile à pofer qu'il eft difficile de favoir ce que c'eft qu'une ame, car il n'y a que les théologiens qui le fachent.

Pourquoi les fatyres que vit St. Jérôme, nés de filles & de finges, auraient-ils été réputés monftres ? ne fe feraient-ils pas crus au contraire mieux partagés que nous ? n'auraient ils pas eu plus de force & plus d'agilité ? ne fe feraient-ils pas moqués de notre efpèce, à qui la cruelle nature a refufé des vêtemens & des queues ? un mulet né de deux efpèces différentes, un jumar fils d'un taureau & d'une jument, un terin né, dit-on, d'un ferin & d'une linote, ne font point des monftres.

Mais comment les mulets, les jumars, les terins &c. qui font engendrés, n'engendrent-ils point ? & comment les feminiftes, les oviftes, les animalculiftes, expliquent-ils la formation de ces métis ?

Je vous répondrai qu'ils ne l'expliquent point du tout. Les feminiftes n'ont jamais connu la façon dont la femence d'un âne ne communique à fon mulet que fes oreilles & un peu de fon derrière. Les oviftes ne font comprendre, ni ne comprennent par quel art une jument peut avoir dans fon œuf autre chofe qu'un cheval. Et les animalculiftes ne voyent point comment un petit embrion d'âne vient mettre fes oreilles dans une matrice de cavale.

Celui qui dans fa Vénus phyfique prétendit que tous les animaux & tous les monftres fe formaient par attraction, réuffit encor moins que les autres à rendre raifon de ces phénomènes fi communs & fi furprenans.

Hélas, mes amis, nul de vous ne fait comment il fait des enfans ; vous ignorez les fecrets de la nature dans l'homme, & vous voulez les deviner dans le mulet !

A toute force vous pourez dire d'un monftre par défaut, Toute la femence néceffaire n'eft pas parvenue à fa place, ou bien le petit ver spermatique a perdu quelque chose de sa substance, ou bien l'œuf s'est froissé. Vous pourez, sur un monstre par excès, imaginer que quelques parties superflues du sperme ont surabondé, que de deux vers spermatiques réunis, l'un n'a pu animer qu'un membre de l'animal, & que ce membre est resté de surérogation ; que deux œufs se sont mêlés, & qu'un de ces œufs n'a produit qu'un membre, lequel s'est joint au corps de l'autre.

Mais que direz-vous de tant de monstruosités par addition de parties animales étrangères ? comment expliquerez-vous une écrevisse sur le cou d'une fille ? une queue de rat sur une cuisse, & surtout les quatre pis de vache avec la queue qu'on a vus à la foire St. Germain ? vous serez réduits à supposer que la mere de cette femme était de la famille de Pasiphaé.

Allons, courage, disons ensemble, *Que sais-je ?*

MONTAGNE.

C'Est une fable bien ancienne, bien universelle que celle de la Montagne, qui ayant effrayé tout le pays par ses clameurs en travail d'enfant, fut sifflée de tous les assistans, quand elle ne mit au monde qu'une souris. Le parterre n'était pas philosophe. Les siffleurs devaient admirer. Il était aussi beau à la montagne d'accoucher d'une souris, qu'à la souris d'accoucher d'une montagne. Un rocher qui produit un rat, est quelque chose de très prodigieux; & jamais la terre n'a vu rien qui approche d'un tel miracle. Tous les globes de l'univers ensemble, ne pouraient pas faire naître une mouche. Là où le vulgaire rit, le philosophe admire; & il rit où le vulgaire ouvre de grands yeux stupides d'étonnement.

MOUVEMENT.

UN philosophe des environs du mont Krapac, me disait que le mouvement est essentiel à la matière.

Tout se meut, disait-il; le soleil tourne continuellement sur lui-même, les planètes en font autant, chaque planète a plusieurs mouvemens différens, & dans chaque planète tout transpire, tout est crible, tout est criblé; le plus dur métal est percé d'une infinité de pores, par lesquels s'échappe continuellement un torrent de vapeurs qui circulent dans l'espace. L'univers n'est que mouvement; donc le mouvement est essentiel à la matière.

Monsieur, lui dis-je, ne pourait-on pas

vous répondre, Ce bloc de marbre, ce canon, cette maison, cette montagne ne remuent pas; donc le mouvement n'est pas essentiel.

Ils remuent, répondra-t-il ; ils vont dans l'espace avec la terre par leur mouvement commun, & ils remuent si bien, (quoiqu'insensiblement) par leur mouvement propre, qu'au bout de quelques siécles, il ne restera rien de leurs masses, dont chaque instant détache continuellement des particules.

Mais, Monsieur, je puis concevoir la matière en repos ; donc le mouvement n'est pas de son essence.

Vraiment, je me soucie bien que vous conceviez ou que vous ne conceviez pas la matière en repos. Je vous dis qu'elle ne peut y être.

Cela est hardi ; & le chaos, s'il vous plait ?

Ah, ah ! le chaos ! si nous voulions parler du chaos, je vous dirais que tout y était nécessairement en mouvement, & que le *souffle de Dieu y était porté sur les eaux* ; que l'élément de l'eau étant reconnu existant, les autres élémens existaient aussi ; que par conséquent le feu existait, qu'il n'y a point de feu sans mouvement, que le mouvement est essentiel au feu. Vous n'auriez pas beau jeu avec le chaos.

Hélas ! qui peut avoir beau jeu avec tous ces sujets de dispute ? mais vous qui en savez tant, dites-moi pourquoi un corps en pousse

MOUVEMENT. 169

un autre ? parce que la matière eſt impénétrable, parce que deux corps ne peuvent être enſemble dans le même lieu, parce qu'entout, genre le plus faible eſt chaſſé par le plus fort.

Votre dernière raiſon eſt plus plaiſante que philoſophique. Perſonne n'a pu encor deviner la cauſe de la communication du mouvement.

Cela n'empêche pas qu'il ne ſoit eſſentiel à la matière. Perſonne n'a pu deviner la cauſe du ſentiment dans les animaux ; cependant, ce ſentiment leur eſt ſi eſſentiel, que ſi vous ſupprimez l'idée de ſentiment, vous anéantiſſez l'idée d'animal.

Eh bien, je vous accorde pour un moment que le mouvement ſoit eſſentiel à la matière. (pour un moment au moins, car je ne veux pas me brouiller avec les théologiens) Dites-nous donc comment une boule en fait mouvoir une autre ?

A cauſe de ſon reſſort, la boule A s'enfonce dans la boule B ; la partie B ainſi enfoncée, preſſe tout le reſte de ſa ſubſtance & la fait marcher. Si la boule B était ſans reſſort, ſi elle était parfaitement dure, elle reſterait à ſa place.

Eh bien qu'eſt-ce que ce reſſort, où eſt ſon origine ?

Vous êtes trop curieux, vous voulez que je vous diſe ce qu'aucun philoſophe n'a pu nous apprendre.

Il est plaisant que nous connaissions les loix du mouvement, & que nous ignorions le principe du ressort qui est à la cause de toute communication du mouvement.

Il en est ainsi de tout ; nous savons les loix du raisonnement, & nous ne savons pas ce qui raisonne en nous. Les canaux dans lesquels notre sang & nos liqueurs coulent, nous sont très connus, & nous ignorons ce qui forme notre sang & nos liqueurs. Nous sommes en vie, & nous ne savons pas ce qui nous donne la vie.

Apprenez-moi du moins si le mouvement étant essentiel, il n'y a pas toûjours égale quantité de mouvement dans le monde ?

C'est une ancienne chimère d'Epicure renouvellée par Descartes. Je ne vois pas que cette égalité de mouvement dans le monde, soit plus nécessaire qu'une égalité de triangles. Il est essentiel qu'un triangle ait trois angles & trois côtés ; mais il n'est pas essentiel qu'il y ait toûjours un nombre égal de triangles sur ce globe.

Mais n'y a-t-il pas toûjours égalité de forces, comme le disent d'autres philosophes ?

C'est la même chimère. Il faudrait qu'en ce cas il y eût toûjours un nombre égal d'hommes, d'animaux, d'êtres mobiles, ce qui est absurde.

A propos, qu'est-ce que la force d'un corps en mouvement ? c'est le produit de sa masse

MOUVEMENT. 171

par fa viteffe dans un tems donné. La maffe d'un corps eft quatre, fa viteffe eft quatre, la force de fon coup fera feize. Un autre corps eft deux, fa viteffe deux, fa force eft quatre; c'eft le principe de toutes les mécaniques. Leibnitz annonça emphatiquement que ce principe était défectueux. Il prétendit qu'il falait mefurer cette force, ce produit par la maffe multipliée par le quarré de la viteffe. Ce n'était qu'une chicane, une équivoque indigne d'un philofophe, fondée fur l'abus de la découverte du grand Galilée, que les efpaces parcourus étaient comme les quarrés des tems & des viteffes.

Leibnitz ne confidérait pas le tems qu'il falait confidérer. Aucun mathématicien Anglais n'adopta ce fyftème de Leibnitz. Il fut reçu quelque tems en France par un petit nombre de géomètres. Il infecta quelques livres & même les inftitutions phyfiques d'une perfonne illuftre. Maupertuis traite fort mal Mairan dans un livret intitulé A B C, comme s'il avait voulu enfeigner L'a b c à celui qui fuivait l'ancien & véritable calcul. Mairan avait raifon ; il tenait pour l'ancienne mefure de la maffe multipliée par la viteffe. On revint enfin à lui ; le fcandale mathématique difparut, & on renvoya dans les efpaces imaginaires le charlatanifme du quarré de la viteffe, avec les monades, qui font le miroir concentrique de l'univers, & avec l'harmonie préétablie.

NUDITÉ.

POurquoi enferme-t-on un homme, une femme qui marcheraient tout nuds dans les rues, & pourquoi perſonne n'eſt-il choqué des ſtatues abſolument nues, des peintures de Magdelaine & de JESUS qu'on voit dans les égliſes ?

Il eſt vraiſemblable que le genre-humain a ſubſiſté longtems ſans être vêtu.

On a trouvé dans plus d'une île, & dans le continent de l'Amérique des peuples qui ne connaiſſaient pas les vêtemens.

Les plus civiliſés cachaient les organes de la génération par des feuilles, par des joncs entrelaſſés, par des plumes.

D'où vient cette eſpèce de pudeur ? était-ce l'inſtinct d'allumer des déſirs en voilant ce qu'on aimait à découvrir ?

Eſt-il bien vrai que chez des nations un peu plus policées comme les juifs & demi-juifs, il y ait eu des ſectes entières qui n'ayent voulu adorer DIEU qu'en ſe dépouillant de tous leurs habits ? tels ont été, dit-on, les adamites & les abéliens. Ils s'aſſemblaient tout nuds pour chanter les louanges de DIEU. St. Epiphanes & St. Auguſtin le diſent. Il eſt vrai qu'ils n'étaient pas contemporains & qu'ils étaient fort loin de leur pays. Mais enfin cette folie est possible : elle n'est pas même plus extraordinaire, plus folie que cent autres folies qui ont fait le tour du monde l'une après l'autre.

Nous avons vu à l'article *Emblême* qu'aujourd'hui même encor les mahométans ont des saints qui sont fous, & qui vont nuds comme des singes. Il se peut très bien que des énergumènes ayent cru qu'il vaut mieux se présenter à la Divinité dans l'état où elle nous a formés, que dans le déguisement inventé par les hommes. Il se peut qu'ils ayent montré tout par dévotion. Il y a si peu de gens bien faits dans les deux sexes, que la nudité pouvait inspirer la chasteté, ou plutôt le dégoût, au-lieu d'augmenter les désirs.

On dit surtout que les abéliens renonçaient au mariage. S'il y avait parmi eux de beaux garçons & de belles filles, ils étaient pour le moins comparables à St. Adhelme & au bienheureux Robert d'Arbrisselle, qui couchaient avec les plus jolies personnes, pour mieux faire triompher leur continence.

J'avoue pourtant qu'il eût été assez plaisant de voir une centaine d'Hélènes & de Paris chanter des antiennes & se donner le baiser de paix, & faire les agapes.

Tout cela montre qu'il n'y a point de singularité, point d'extravagance, point de superstition, qui n'ait passé par la tête des hommes.

Heureux quand ces superstitions ne troublent pas la société & n'en font pas une scène de discorde, de haine & de fureur! Il vaut mieux sans doute prier Dieu tout nud, que de souiller de sang humain ses autels & les places publiques.

OZÉE.

EN relisant hier, avec édification, l'ancien Testament, je tombai sur ce passage d'Ozée, ch. XIV. ℣. 1. *que Samarie périsse, parce qu'elle a tourné son Dieu à l'amertume! que les Samaritains meurent par le glaive! que leurs petits enfans soient écrasés, & qu'on fende le ventre aux femmes grosses!*

Je trouvai ces paroles un peu dures ; j'allai consulter un docteur de l'université de Prague qui était alors à sa maison de campagne au mont Krapac ; il me dit : il ne faut pas que cela vous étonne. Les Samaritains étaient des schismatiques qui voulaient sacrifier chez eux, & ne point envoyer leur argent à Jérusalem ; ils méritaient au moins les supplices auxquels le prophète Ozée les condamne. La ville de Jéricho, qui fut traitée ainsi, après que les murs furent tombés au son du cornet, était moins coupable. Les trente & un rois, que Josué fit pendre, n'étaient point schifmatiques. Les quarante mille Ephraïmites massacrés pour avoir prononcé *siboleth* au lieu de *schiboleth*, n'étaient point tombés dans l'abîme du schisme. Sachez, mon fils, que le schisme est tout ce qu'il y a de plus exécrable. Quand les jésuites firent pendre dans Thorn en 1724 de jeunes écoliers, c'est que ces pauvres enfans étaient schifmatiques. Ne doutez pas que nous autres catholiques, apostoliques, romains & bohémiens, nous ne soyons tenus de passer au fil de l'épée tous les Russes que nous rencontrerons désarmés; d'écraser leurs enfans sur la pierre, d'éventrer leurs femmes enceintes, & de tirer de leur matrice déchirée & sanglante leurs fœtus à demi-formés. Les Russes sont de la religion grecque schismatique; ils ne portent point leur argent à Rome. Donc nous devons les exterminer, puisqu'il est démontré que les Jérosolimites devaient exterminer les Samaritains. C'est ainsi que nous traitames les Hussites qui voulaient aussi garder leur argent. Ainsi a péri, ou dû périr ; ainsi a été éventrée, ou dû être éventrée toute femme ou fille schifmatique.

Je pris la liberté de disputer contre lui; il se fâcha; la dispute se prolongea; il falut souper chez lui; il m'empoisonna; mais je n'en mourus pas.

PAUL.

Ajoutons ce petit supplément à l'article *Paul*. Il vaut mieux s'édifier dans les lettres de cet apôtre, que de dessécher sa piété à calculer le tems où elles furent écrites. Les savans recherchent en vain l'an & jour auxquels St. Paul servit à lapider St. Etienne, & à garder les manteaux des bourreaux.

Ils disputent sur l'année ou il fut renversé de cheval par une lumière éclatante en plein midi, & sur l'époque de son ravissement au troisiéme ciel.

Ils ne conviennent ni de l'année où il fut conduit prisonnier à Rome, ni de celle où il mourut.

On ne connait la date d'aucune de ses lettres.

On croit que l'Epitre aux Hébreux n'est point de lui. On rejette celle aux Laodicéens; quoique cette épitre ait été reçue sur les mêmes fondemens que les autres.

On ne sait pourquoi il changea son nom de Saul en celui de Paul, ni ce que signifiait ce nom.

St. Jérôme, dans son commentaire sur l'Epitre à Philémon, dit que Paul signifiait l'embouchure d'une flûte.

PAUL.

Les lettres de St. Paul à Sénèque, & de Sénèque à Paul passèrent, dans la primitive église, pour aussi autentiques que tous les autres écrits chrétiens. St. Jérôme l'assure, & cite des passages de ces lettres dans son catalogue. St. Augustin n'en doute pas dans sa 153ᵉ lettre à Macédonius. Nous avons treize lettres de ces deux grands-hommes, Paul & Sénèque qu'on prétend avoir été liés d'une étroite amitié à la cour de Néron. La septiéme lettre de Sénèque à Paul est très curieuse. Il lui dit que les juifs & les chrétiens sont souvent condamnés au supplice comme incendiaires de Rome. *Christiani & Judæi, tanquam machinatores incendii, supplicio affici solent.* Il est vraisemblable en effet que les juifs & les chrétiens, qui se haïssaient avec fureur, s'accuserent réciproquement d'avoir mis le feu à la ville ; & que le mépris & l'horreur qu'on avait pour les Juifs, dont on ne distinguait point les chrétiens, les livrèrent également les uns & les autres à la vengeance publique. *Edition des Bénédict. & dans la Cité de Dieu. liv. 6.*

Nous sommes forcés d'avouer que le commerce épistolaire de Sénèque & de Paul est dans un latin ridicule & barbare ; que les sujets de ces lettres paraissent aussi impertinens que le stile ; qu'on les regarde aujourd'hui comme des actes de faussaires. Mais aussi comment ose-t-on contredire le témoignage de St. Jérôme & de St. Augustin ? Si

Neuviéme partie. M

ces monumens attestés par eux ne sont que de viles impostures, quelle sûreté aurons-nous pour les autres écrits plus respectables? C'est la grande objection de plusieurs savans personnages. Si on nous a trompés indignement, disent-ils, sur les lettres de Paul & de Sénèque, sur les constitutions apostoliques, sur les actes de St. Pierre, pourquoi ne nous aura-t on pas trompés de même sur les actes des apôtres? Le jugement de l'église & la foi sont les réponses péremptoires à toutes ces recherches de la science & à tous les raisonnemens de l'esprit.

On ne sait pas sur quel fondement Abdias, premier évêque de Babilone, dit dans son Histoire des apôtres, que St. Paul fit lapider St. Jacques le mineur par le peuple. Mais avant qu'il se fût converti, il se peut très facilement qu'il eût persécuté St. Jacques aussi bien que St. Etienne. Il était très violent; il est dit dans les Actes des apôtres *a*) qu'il respirait le sang & le carnage. Aussi Abdias a soin d'observer que *l'auteur de la sedition dans laquelle St. Jacques fut si cruellement traité, était ce même Paul que Dieu appella depuis au ministère de l'apostolat.* b).

Ce livre attribué à l'évêque Abdias, n'est point admis dans le canon. Cependant Jules

a) Chap. IX. v. 1.
b) *Apostolica Historia. Lib. VI. pag.* 595 & 596. *Fabric. codex.*

Africain, qui l'a traduit en latin, le croit autentique. Dès que l'églife ne l'a pas reçu, il ne faut pas le recevoir. Bornons-nous à bénir la providence & à fouhaiter que tous les perfécuteurs foient changés en apôtres charitables & compatiffans.

PRIÈRES.

Nous ne connaiffons aucune religion fans prières; les Juifs mêmes en avaient, quoiqu'il n'y eût point chez eux de formule publique jufqu'au tems où ils chantèrent leurs cantiques dans leurs fynagogues, ce qui n'arriva que très tard.

Tous les hommes, dans leurs defirs & dans leurs craintes, invoquèrent le fecours d'une Divinité. Des philofophes, plus refpectueux envers l'Etre fuprême, & moins condefcendans à la faibleffe humaine, ne voulurent pour toute prière que la réfignation. C'eft en effet tout ce qui femble convenir entre la créature & le Créateur. Mais la philofophie n'eft pas faite pour gouverner le monde, elle s'élève trop au-deffus du vulgaire; elle parle un langage qu'il ne peut entendre. Ce ferait propofer aux marchandes de poiffons frais d'étudier les fections coniques.

Parmi les philofophes même, je ne crois

pas qu'aucun autre que Maxime de Tyr ait traité cette matière. Voici la fubftance des idées de ce Maxime.

L'Eternel a fes deffeins de toute éternité. Si la prière eft d'accord avec fes volontés immuables, il eft très inutile de lui demander ce qu'il a réfolu de faire. Si on le prie de faire le contraire de ce qu'il a réfolu, c'eft le prier d'être faible, léger, inconftant; c'eft croire qu'il foit tel; c'eft fe moquer de lui. Ou vous lui demandez une chofe jufte; en ce cas il la doit, & elle fe fera fans qu'on l'en prie; c'eft même fe défier de lui que lui faire inftance. Ou la chofe eft injufte; & alors on l'outrage. Vous êtes digne ou indigne de la grace que vous implorez: fi digne, il le fait mieux que vous; fi indigne, on commet un crime de plus en demandant ce qu'on ne mérite pas.

En un mot, nous ne fefons des prières à DIEU que parce que nous l'avons fait à notre image. Nous le traitons comme un bacha, comme un fultan qu'on peut irriter & appaifer.

Enfin, toutes les nations prient DIEU: les fages fe réfignent & lui obéiffent.

Prions avec le peuple, & réfignons-nous avec les fages.

Nous avons déja parlé des prières publiques de plufieurs nations, & de celles des Juifs. Ce peuple en a une depuis un tems immémorial, laquelle mérite toute notre attention, par sa conformité avec notre prière enseignée par Jesus-Christ même. Cette oraison juive s'appelle le Kadish, elle commence par ces mots: ,, O Dieu! que votre ,, nom soit magnifié & sanctifié; faites régner ,, votre règne; que la rédemption fleurisse, ,, & que le Messie vienne promptement!"

Ce Kadish, qu'on récite en caldéen, a fait croire qu'il était aussi ancien que la captivité; & que ce fut alors qu'ils commencèrent à espérer un Messie, un libérateur qu'ils ont demandé depuis dans les tems de leurs calamités.

Ce mot de Messie, qui se trouve dans cette ancienne prière, a fourni beaucoup de disputes sur l'histoire de ce peuple. Si cette prière est du tems de la transmigration à Babilone, il est clair qu'alors les Juifs devaient souhaiter & attendre un libérateur. Mais d'où vient que dans des tems plus funestes encor, après la destruction de Jérusalem par Titus, ni Joseph, ni Philon ne parlèrent jamais de l'attente d'un Messie? Il y a des obscurités dans l'histoire de tous les peuples; mais celle des Juifs est un chaos perpétuel. Il est triste pour les gens qui veulent s'instruire, que les Caldéens & les Egyptiens ayent perdu leurs archives, tandis que les Juifs ont conservé les leurs.

PARADIS.

(*Les articles* Paradis, *&* Purgatoire *nous étant venus trop tard de Paris, nous n'avons pu les mettre à leur place.*)

Paradis : il n'y a guères de mot, dont la signification se soit plus écartée de son étymologie. On sait assez qu'originairement il signifiait un lieu planté d'arbres fruitiers ; ensuite on donna ce nom à des jardins plantés d'arbres d'ombrage. Tels furent dans l'antiquité les jardins de Saana vers Eden dans l'Arabie heureuse, connus si longtems avant que les hordes des Hébreux eussent envahi une partie de la Palestine.

Ce mot Paradis n'est célebre chez les Juifs, que dans la Genèse. Quelques auteurs Juifs canoniques parlent de jardins ; mais aucun n'a jamais dit un mot du jardin nommé Paradis terrestre. Comment s'est - il pu faire qu'aucun écrivain juif, aucun prophète juif, aucun cantique juif n'ait cité ce Paradis terrestre dont nous parlons tous les jours ? Cela est presque incompréhensible. C'est ce qui a fait croire à plusieurs savans audacieux, que la Genèse n'avait été écrite que très tard.

Jamais les Juifs ne prirent ce verger, cette

plantation d'arbres, ce jardin soit d'herbes, soit de fleurs, pour le ciel.

St. Luc est le premier qui fasse entendre le ciel par ce mot Paradis, quand Jesus-Christ dit au bon larron : *Tu seras aujourd'hui avec moi dans le paradis.* Luc ch. 23. v. 43.

Les anciens donnèrent le nom de ciel aux nuées. Ce nom n'était pas convenable, attendu que les nuées touchent à la terre par les vapeurs dont elles sont formées, & que le ciel est un mot vague, qui signifie l'espace immense dans lequel sont tant de soleils, de planètes & de comètes : ce qui ne ressemble nullement à un verger.

St. Thomas dit qu'il y a trois paradis, le terrestre, le céleste & le spirituel. Je n'entends pas trop la différence qu'il met entre le spirituel & le céleste. Le verger spirituel est, selon lui, la vision béatifique. Mais c'est précisément ce qui constitue le paradis céleste, c'est la jouissance de Dieu même. Je ne prends pas la liberté de disputer contre l'ange de l'école. Je dis seulement : Heureux, qui peut toûjours être dans ces trois paradis ! I. partie question 102.

Quelques savans curieux ont cru que le jardin des Hespérides gardé par un dragon, était une imitation du jardin d'Eden gardé par un bœuf ailé, ou par un chérubin. D'autres favans plus téméraires ont ofé dire que le bœuf était une mauvaife copie du dragon; & que les Juifs n'ont jamais été que de groffiers plagiaires : mais c'eft blafphémer, & cette idée n'eft pas foutenable.

Pourquoi a-t-on donné le nom de paradis à des cours quarrées au-devant d'une églife ?

Pourquoi a-t-on appellé paradis le rang des troifiémes loges à la comédie & à l'opéra ? Eft ce parce que ces places, étant moins chères que les autres, on a cru qu'elles étaient faites pour les pauvres ; & qu'on prétend que dans l'autre paradis il y a beaucoup plus de pauvres que de riches ? Eft-ce parce que ces loges étant fort hautes, on leur a donné un nom qui fignifie auffi le ciel ? Il y a pourtant un peu de différence entre monter au ciel & monter aux troifiémes loges.

Que penferait un étranger arrivant à Paris, à qui un Parifien dirait : Voulez-vous que nous allions voir Pourceaugnac au paradis ?

Que d'incongruités, que d'équivoques dans toutes les langues ! Que tout annonce la faibleffe humaine !

Voyez l'article *Paradis* dans le grand Dictionnaire encyclopédique ; il eft affurément meilleur que celui-ci.

Paradis aux bienfaifans, difait toûjours l'abbé de St. Pierre.

LES POURQUOI.

Pourquoi un royaume réduit souvent aux extrémités & à quelque avilissement, s'est-il pourtant soutenu, quelques efforts que l'on ait faits pour l'écraser ? c'est que la nation est active & industrieuse. Elle ressemble aux abeilles ; on leur prend leur cire & leur miel, & le moment d'après elles travaillent à en faire d'autres.

Pourquoi dans la moitié de l'Europe les filles prient-elles Dieu en latin qu'elles n'entendent pas ?

Pourquoi presque tous les papes & tous les évêques, au seiziéme siécle, ayant publiquement tant de bâtards, s'obstinèrent-ils à proscrire le mariage des prêtres, tandis que l'église grecque a continué d'ordonner que ses curés eussent des femmes ?

Pourquoi dans l'antiquité n'y eut-il jamais de querelle théologique, & ne distingua-t-on jamais aucun peuple par un nom de secte ? Les Egyptiens n'étaient point appelés *Isiaques*, *Osiriaques* ; les peuples de Syrie n'avaient point le nom de *Cibéliens*. Les Crétois avaient une dévotion particulière à Jupiter, & ne s'intitulèrent jamais *Jupitériens*. Les anciens Latins étaient fort attachés à Saturne; il n'y eut pas un village du Latium qu'on appellât *Saturnien*: au contraire, les disciples du DIEU de vérité prenant le titre de leur maître même, & s'appellant *oints* comme lui, déclarèrent dès qu'ils le purent, une guerre éternelle à tous les peuples qui n'étaient pas oints, & se firent pendant plus de quatorze cent ans la guerre entre eux, en prenant les noms d'*ariens*, de *manichéens*, de *donatistes*, de *hussites*, de *papistes*, de *luthériens*, de *calvinistes*. Et même en dernier lieu, les jansénistes & les molinistes n'ont point eu de mortification plus cuisante que de n'avoir pu s'égorger en bataille rangée. D'où vient cela?

Pourquoi un marchand libraire vous vend-il publiquement le *Cours d'athéisme* du grand poëte *Lucrèce*, imprimé à l'usage du dauphin fils unique de *Louis XIV*, par les ordres & sous les yeux du sage duc de *Montausier*, & de l'éloquent *Bossuet* évêque de Meaux, & du savant *Huet* évêque d'Evreux ? C'est là que vous trouvez ces sublimes impiétés, ces vers admirables contre la providence & contre l'immortalité de l'ame, qui passent de bouche en bouche à tous les siécles à venir,

Ex nihilo nihil, in nihilum nil posse reverti.
Tangere enim ac tangi nisi corpus nulla potest res.

(Deus) nil bene pro meritis capitur nec tangitur ira.
Tantum religio potuit suadere malorum.
Nil igitur mors est ; ad nos nil pertinet hilum.
Hinc acherusia fit stultorum denique vita.
Mortalem esse animam fateare necesse est.

& cent autres vers qui font le charme de toutes les nations ; productions immortelles d'un esprit qui se crut mortel.

Non seulement on vous vend ces vers latins dans la rue St. Jacques, & sur le quai des Augustins, mais vous achetez hardiment les traductions faites dans tous les patois dérivés de la langue latine ; traductions ornées de notes savantes qui éclaircissent la doctrine du matérialisme, qui rassemblent toutes les preuves contre la Divinité, & qui l'anéantiraient si elle pouvait être détruite. Vous trouvez ce livre relié en maroquin dans la belle bibliothèque d'un grand prince dévot, d'un cardinal, d'un chancelier, d'un archevêque, d'un président à mortier ; mais on condamna les dix-huit premiers livres de l'histoire du sage de *Thou* dès qu'ils parurent. Un pauvre philosophe Welche ose-t-il imprimer en son propre & privé nom, que si les hommes étaient nés sans doigts, ils n'auraient jamais pu travailler en tapisserie ; aussi-tôt un autre Welche revêtu pour son argent d'un office de robe, requiert qu'on brûle le livre & l'auteur.

Pourquoi les spectacles sont-ils anathématisés par certaines gens qui se disent du premier ordre de l'état, tandis qu'ils sont nécessaires à tous les ordres de l'état, tandis qu'ils sont payés par le souverain de l'état, qu'ils contribuent à la gloire de l'état, & que les loix de l'état les maintiennent avec autant de splendeur que de régularité ?

Pourquoi abandonne-t-on au mépris, à l'avilissement, à l'oppression, à la rapine, le grand nombre de ces hommes laborieux & innocens qui cultivent la terre tous les jours de l'année pour vous en faire manger tous les fruits; & qu'au contraire, on respecte, on ménage, on courtise l'homme inutile & souvent très méchant qui ne vit que de leur travail, & qui n'est riche que de leur misère ?

Pourquoi pendant tant de siécles, parmi tant d'hommes qui font croître le bled dont nous sommes nourris, ne s'en trouva-t-il aucun qui découvrit cette erreur ridicule, laquelle enseigne que le bled doit pourrir pour germer, & mourir pour renaître; erreur qui a produit tant d'assertions impertinentes, tant de fausses comparaisons, tant d'opinions ridicules ?

Pourquoi les fruits de la terre étant si nécessaires pour la conservation des hommes & des animaux, voit-on cependant tant d'années & tant de contrées où ces fruits manquent absolument ?

Pourquoi la terre eſt-elle couverte de poiſons dans la moitié de l'Afrique & de l'Amérique ?

Pourquoi n'eſt-il aucun territoire où il n'y ait beaucoup plus d'inſectes que d'hommes ?

Pourquoi un peu de ſecrétion blanchâtre & puante forme-t-elle un être qui aura des os durs, des deſirs & des penſées ; & pourquoi ces êtres-là ſe perſécuteront-ils toûjours les uns les autres ?

Pourquoi exiſte-t-il tant de mal, tout étant formé par un DIEU que tous les théiſtes ſe ſont accordés à nommer *bon* ?

Pourquoi nous plaignant ſans ceſſe de nos maux, nous occupons-nous toûjours à les redoubler ?

Pourquoi étant ſi miſérables a-t-on imaginé que n'être plus eſt un grand mal, lorſqu'il eſt clair que ce n'était pas un mal de n'être point avant ſa naiſſance ?

Pourquoi pleut-il tous les jours dans la mer, tandis que tant de déſerts demandent la plui & ſont toûjours arides ?

Pourquoi, & comment a-t-on des rêves dans le ſommeil ſi on n'a point d'ame ; &

comment ces rêves font-ils toûjours fi in-
cohérens, fi extravagans, fi on en a une?

Pourquoi les aftres circulent ils d'occident
en orient plutôt qu'au contraire?

Pourquoi exiftons-nous? pourquoi y a-t-il
quelque chofe?

PURGATOIRE.

IL eft affez fingulier que les églifes protef-
tantes fe foient réunies à crier que le purgatoire fut inventé par les moines. Il eft bien
vrai qu'ils inventèrent l'art d'attraper de l'argent des vivans en priant DIEU pour les morts.
Mais le purgatoire était avant tous les moines.

Ce qui peut avoir induit les doctes en erreur, c'eft que ce fut le pape Jean XVI qui
inftitua, dit-on, la fête des morts vers le milieu du feiziéme fiécle. De cela feul je conclus
qu'on priait pour eux auparavant; car fi on
fe mit à prier pour tous, il eft à croire qu'on
priait déja pour quelques-uns d'entre eux,
de même qu'on n'inventa la fête de tous les
faints que parce qu'on avait longtems auparavant fêté plufieurs bienheureux. La différence entre la Touffaint & la fête des morts,
c'eft qu'à la première nous invoquons, & à
la feconde nous fommes invoqués; à la pre-

mière nous nous recommandons à tous les heureux, & à la seconde les malheureux se recommandent à nous.

Les gens les plus ignorans savent comment cette fête fut instituée d'abord à Cluni, qui était alors terre de l'empire Allemand. Faut-il redire „ que St. Odilon abbé de Cluni était
„ coutumier de délivrer beaucoup d'ames du
„ purgatoire par ses messes & par ses prières;
„ & qu'un jour un chevalier ou un moine
„ revenant de la Terre-sainte, fut jetté par
„ la tempête dans une petite île où il ren-
„ contra un hermite, lequel lui dit qu'il y
„ avait là auprès de grandes flammes, & fu-
„ rieux incendies, où les trépassés étaient tour-
„ mentés, & qu'il entendait souvent les dia-
„ bles se plaindre de l'abbé Odilon & de ses
„ moines, qui délivraient tous les jours quel-
„ que ame; qu'il falait prier Odilon de con-
„ tinuer, afin d'accroître la joie des bienheu-
„ reux au ciel, & la douleur des diables en
„ enfer.

C'est ainsi que frère Girard jésuite, raconte la chose dans sa Fleur des saints, d'après frère Tom. II. Ribadeneira. Fleuri diffère un peu de cette lé- pag. 445. gende, mais il en a conservé l'essentiel.

Cette révélation engagea St. Odilon à instituer dans Cluni la fête des trépassés, qui ensuite fut adoptée par l'église.

C'est depuis ce tems que le purgatoire valut

tant d'argent à ceux qui avaient le pouvoir d'en ouvrir les portes. C'est en vertu de ce pouvoir que le roi d'Angleterre Jean ce grand terrien, furnommé fans terre, en fe déclarant homme lige du pape Innocent III, & en lui foumettant fon royaume, obtint la délivrance d'une ame de fes parens qui était excommuniée, *pro mortuo excommunicato pro quo fupplicant confanguinei.*

La chancellerie romaine eut même fon tarif pour l'abfolution des morts ; & il y eut beaucoup d'autels privilégiés, où chaque meffe qu'on difait au quatorziéme fiécle & au quinziéme, pour fix liards, délivrait une ame. Les hérétiques avaient beau remontrer qu'à la vérité les apôtres avaient eu le droit de délier tout ce qui était lié fur terre, mais non pas fous terre. On leur courait fus comme à des fcélérats qui ofaient douter du pouvoir des clefs. Et en effet, il eft à remarquer que quand le pape veut bien vous remettre cinq ou fix cent ans de purgatoire, il vous fait grace de fa pleine puiffance, *pro poteftate à Deo accepta concedit.*

DE L'ANTIQUITÉ DU PURGATOIRE.

On prétend que le purgatoire était de tems immémorial reconnu par le fameux peuple Juif ; & on fe fonde fur le fecond livre des Maccabées, qui dit expreffément „ qu'ayant
„ trouvé

» trouvé sous les habits des Juifs (au combat
» d'Odollam) des choses consacrées aux idoles
» de Jamnia, il fut manifeste que c'était pour
» cela qu'ils avaient péri; & ayant fait une
» quête de douze mille dragmes d'argent, lui Liv. II.
» qui pensait bien & religieusement de la ré- ch. 12,
» surrection, les envoya à Jérusalem pour v. 42,
» les péchés des morts.   43. &
                                             suiv.

Comme nous nous sommes fait un devoir de rapporter les objections des hérétiques & des incrédules, afin de les confondre par leurs propres sentimens; nous rapporterons ici leurs difficultés sur les douze mille francs envoyés par Judas, & sur le purgatoire.

Ils disent

1°. Que douze mille francs de notre monnoie était beaucoup pour Judas, qui soutenait une guerre de barbets contre un grand roi.

2°. Qu'on peut envoyer un présent à Jérusalem pour les péchés des morts, afin d'attirer la bénédiction de Dieu sur les vivans.

3°. Qu'il n'était point encor question de résurrection dans ces tems-là, qu'il est reconnu que cette question ne fut agitée chez les Juifs que du tems de Gamaliel, un peu avant les prédications de Jesus-Christ. (Voyez le Talmud tome 2.)

4°. Que la loi des Juifs consistant dans le Décalogue, Lévitique & le Deuteronome, n'ayant jamais parlé ni de l'immortalité de

Neuvième partie.   N

l'ame, ni des tourmens de l'enfer ; il était impoſſible à plus forte raiſon qu'elle eût jamais annoncé un purgatoire.

5°. Les hérétiques & les incrédules font les derniers efforts pour démontrer à leur manière que tous les livres des Maccabées ſont évidemment apocryphes. Voici leurs prétendues preuves.

Les Juifs n'ont jamais reconnu les livres des Maccabées pour canoniques, pourquoi les reconnaîtrions-nous ?

Origène déclare formellement que l'hiſtoire bes Maccabées eſt à rejetter. St. Jérôme juge ces livres indignes de croyance.

Le concile de Laodicée tenu en 367 ne les admit point parmi les livres canoniques ; les Athanaſe, les Cyrilles, les Hilaire, les rejettent.

Les raiſons pour traiter ces livres de romans, & de très mauvais romans, ſont les ſuivantes.

L'auteur ignorant commence par la fauſ-ſeté la plus reconnue de tout le monde. Il dit, *Alexandre appella les jeunes nobles qui avaient été nourris avec lui dès leur enfance, & il leur partagea ſon royaume tandis qu'il vivait encore.*

Liv. I. ch. 2. v. 7.

Un menſonge auſſi ſot & auſſi groſſier, ne peut venir d'un écrivain ſacré & inſpiré.

L'auteur des Maccabées, en parlant d'Antiochus Epiphane, dit, *Antiochus marcha vers*

Elimais ; il voulut la prendre & la piller, & Ch. 6. v.
il ne le put, parce que son discours avait été 3. & suiv.
su des habitans ; & ils s'élevèrent en combat
contre lui. Et il s'en alla avec une tristesse
grande, & retourna en Babilone. Et lorsqu'il
etait encor en Perse, il apprit que son armée
en Juda avoit pris la fuite.... & il se mit
au lit, & il mourut l'an 149.

 Le même auteur dit ailleurs tout le con- Liv. II.
traire. Il dit qu'Antiochus Epiphane voulut ch. 9.
piller Persépolis & non pas Elimais ; qu'il
tomba de son chariot, qu'il fut frappé d'une
plaie incurable — qu'il fut mangé des vers —
qu'il demanda bien pardon au D<small>IEU</small> des
Juifs, qu'il voulut se faire juif : & c'est là
qu'on trouve ce verset que les fanatiques
ont apliqué tant de fois à leurs ennemis,
Orabat scelestus ille veniam quam non erat con-
secuturus. Le scélérat demandait un pardon
qu'il ne devait pas obtenir. Cette phrase est
bien juive. Mais il n'est pas permis à un auteur inspiré de se contredire si indignement.

 Ce n'est pas tout, voici bien une autre
contradiction & une autre bétise. L'auteur
fait mourir Antiochus Epiphane d'une troi- Liv. I.
siéme façon ; on peut choisir. Il avance que ch. 1. v.
ce prince fut lapidé dans le temple de Nan- 12.
née. Ceux qui ont voulu excuser cette âne-
rie, prétendent qu'on veut parler là d'Antiochus Eupator. Mais ni Epiphane, ni Eupator ne fut lapidé.

Liv. I.   Ailleurs, l'auteur dit qu'un autre Antio-
ch. 8. v. chus, le grand, fut pris par les Romains,
7. & 8.   & qu'ils donnèrent à Eumènes les Indes &
la Médie. Autant vaudrait-il dire que François I fit prisonnier Henri VIII, & qu'il donna la Turquie au duc de Savoie. C'est insulter le St. Esprit d'imaginer qu'il ait dicté des absurdités si dégoûtantes.

Liv. I.   Le même auteur dit que les Romains
ch. 8. v. avaient conquis les Galates. Mais ils ne con-
2 & 3.   quirent la Galatie que plus de cent ans après. Donc le malheureux romancier n'écrivait que plus d'un siécle après le tems où l'on suppose qu'il a écrit ; & il en est ainsi de presque tous les livres juifs, à ce que disent les incrédules.

Ch. 8. v.   Le même auteur dit que les Romains nom-
15 & 16. maient tous les ans un chef du sénat. Voilà un homme bien instruit ! il ne savait pas seulement que Rome avait deux consuls. Quelle foi pouvons-nous ajouter, disent les incrédules, à ces rapsodies de contes puériles, entassés sans ordre & sans choix par les ignorans & les plus imbécilles des hommes ? Quelle honte de les croire, quelle barbarie de cannibales, d'avoir persécuté des hommes sensés pour les forcer à faire semblant de croire des pauvretés pour lesquelles ils avaient le plus profond mépris ! Ainsi s'expriment des auteurs audacieux.

Notre réponse est que quelques méprises

qui viennent probablement des copiftes, n'empêchent point que le fond ne foit très vrai ; que le St. Efprit a infpiré l'auteur & non les copiftes ; que fi le concile de Laodicée a rejetté les Maccabées, ils ont été admis par le concile de Trente, dans lequel il y eut jufqu'à des jéfuites ; qu'ils font reçus dans toute l'églife romaine, & que par conféquent nous devons les recevoir avec foumiffion.

De l'origine du Purgatoire.

Il eft certain que ceux qui admirent le purgatoire dans la primitive églife, furent traités d'hérétiques ; on condamna les fimoniens qui admettaient la purgation des ames. *Pfuken kadaron.*

St. Auguftin condamna depuis les origéniftes qui tenaient pour ce dogme.

<small>Liv. des Héréfies ch. 22.</small>

Mais les fimoniens & les origéniftes avaient-ils pris ce purgatoire dans Virgile, dans Platon, chez les Egyptiens ?

Vous le trouvez clairement énoncé dans le fixiéme chant de Virgile, ainfi que nous l'avons déja remarqué ; & ce qui eft de plus fingulier, c'eft que Virgile peint des ames pendues en plein air, d'autres brûlées, d'autres noyées.

Aliæ panduntur inanes
Sufpenfæ ad ventos, aliæ fub gurgite vafto.

Infectum cluitur sidus aut exuritur igni.

L'abbé Pellegrin traduisit ainsi ces vers,

On voit ces purs esprits branler au gré des vents,
Ou noyés dans les eaux, ou brulés dans les flammes,
C'est ainsi qu'on nétoie & qu'on purge les ames.

Et ce qu'il y a de plus singulier encore, c'est que le pape Grégoire surnommé le grand, non-seulement adopta cette théologie de Virgile, mais dans ses dialogues il introduit plusieurs ames qui arrivent du purgatoire, après avoir été pendues ou noyées.

Platon avait parlé du purgatoire dans son Phédon ; & il est aisé de se convaincre par la lecture du Mercure Trismégiste. que Platon avait pris chez les Egyptiens tout ce qu'il n'avait pas emprunté de Timée de Locres.

Tout cela est bien récent. tout cela est d'hier en comparaison des anciens bracmanes. Ce sont eux, il faut l'avouer, qui inventèrent le purgatoire, comme ils inventèrent aussi la révolte & la chûte des génies, des animaux célestes. (Voyez l'article *Bracmanes.*)

C'est dans leur Shafta, ou Shaftabad, écrit trois mille cent ans avant l'ère vulgaire, que mon cher lecteur trouvera le purgatoire. Ces anges rebelles dont on copia l'histoire chez les Juifs du tems du rabin Gamaliel, avaient été condamnés par l'Eternel & par son fils, à mille ans de purgatoire; après quoi Dieu leur pardonna & les fit hommes. Nous vous l'avons déja dit, mon cher lecteur; nous vous avons déja représenté que les bracmanes trouvèrent l'éternité des supplices trop dure; car enfin, l'éternité est ce qui ne finit jamais. Les bracmanes pensaient comme l'abbé de Chaulieu.

„Pardonne alors, Seigneur, si plein de tes bontés
„Je n'ai pu concevoir que mes fragilités
„Ni tous ces vains plaisirs qui passent comme un songe,
„Pussent être l'objet de tes sévérités,
„Et si j'ai pu penser que tant de cruautés
„Puniraient un peu trop la douceur d'un mensonge.

QUAKER ou QOUACRE,

ou Primitif, ou Membre de la primitive église chrétienne, ou Pensilvanien, ou Philadelphien.

DE tous ces titres, celui que j'aime le mieux est celui de Philadelphien, *ami des frères*. Il y a bien des sortes de vanité; mais la plus belle est celle qui ne s'arrogeant aucun titre, rend presque tous les autres ridicules.

Je m'accoutume bientôt à voir un bon Philadelphien me traiter d'ami & de frere; ces mots raniment dans mon cœur la charité, qui se réfroidit trop aifément. Mais que deux moines s'appellent, s'écrivent, votre révérence; qu'ils se faffent baifer la main en Italie & en Efpagne, c'eft le dernier degré d'un orgueil en démence; c'eft le dernier degré de fotife dans ceux qui la baifent; c'eft le dernier degré de la furprife & du rire dans ceux qui font témoins de ces inepties. La fimplicité du Philadelphien eft la fatyre continuelle des évêques qui fe monfeigneurifent.

N'avez-vous point de honte, difait un laïque au fils d'un cordonnier devenu évêque, de vous intituler monfeigneur & prince? Eft-ce ainfi qu'en ufaient Barnabé, Philippe & Jude? Va, va, dit le prélat, fi Barnabé, Philippe & Jude l'avaient pu, ils l'auraient fait; & la preuve en eft, que leurs fucceffeurs l'ont fait dès qu'ils l'ont pu.

Un autre, qui avait un jour à fa table plufieurs gafcons, difait: il faut bien que je fois monfeigneur, puifque tous ces meffieurs font marquis. *Vanitas vanitatum.*

J'ai déja parlé des quakers à l'article *Eglife primitive*, & c'eft pour cela que j'en veux parler encore. Je vous prie, mon cher lecteur, de ne point dire que je me répète; car s'il y a deux ou trois pages répétées dans ces Queftions fur l'Encyclopédie, ce n'eſt pas ma faute, c'eſt celle des éditeurs. Je ſuis malade au mont Krapac, je ne puis pas avoir l'œil à tout. J'ai des aſſociés qui travaillent comme moi à la vigne du Seigneur, qui cherchent à inſpirer la paix & la tolérance, l'horreur pour le fanatiſme, la perſécution, la calomnie, la dureté de mœurs & l'ignorance inſolente.

Je vous dirai ſans me répéter que j'aime les quakers. Oui, ſi la mer ne me feſait pas un mal inſupportable, ce ſerait dans ton ſein, ô Penſilvanie ! que j'irais finir le reſte de ma carrière, s'il y a du reſte. Tu es ſituée au quarantiéme degré, dans le climat le plus doux & le plus favorable ; tes campagnes ſont fertiles, tes maiſons commodément bâties, tes habitans induſtrieux, tes manufactures en honneur. Une paix éternelle règne parmi tes citoyens ; les crimes y ſont preſque inconnus ; & il n'y a qu'un ſeul exemple d'un homme banni du pays. Il le méritait bien ; c'était un prêtre anglican qui s'étant fait quaker, fut indigne de l'être. Ce malheureux fut ſans doute poſſedé du diable, car il oſa prêcher l'intolérance ; il s'appellait George Keith ; on le chaſſa ; je ne ſais pas où il eſt allé ; mais puiſſent tous les intolérans aller avec lui !

Auſſi de trois cent mille habitans qui vivent heureux chez toi, il y a deux cent mille étrangers. On peut, pour douze guinées, acquérir cent arpens de très bonne terre ; & dans ces cent arpens on eſt véritablement roi, car on eſt libre, on eſt citoyen, vous ne pouvez faire de mal à perſonne, & perſonne ne peut vous en faire. Vous penſez ce qu'il vous plait, & vous le dites ſans que perſonne vous perſécute. Vous ne connaiſſez point le fardeau des impôts, continuellement redoublé. Vous n'avez point de cour à faire, vous ne redoutez point l'inſolence d'un ſubalterne important. Il eſt vrai qu'au mont Krapac nous vivons à-peu-près comme vous ; mais nous ne devons la tranquillité dont nous jouiſſons qu'aux montagnes couvertes de neiges éternelles, & aux précipices affreux qui entourent notre paradis terreſtre. Encor le diable quelquefois franchit-il, comme dans Milton, ces précipices & ces monts épouvantables pour venir infecter de ſon haleine empoiſonnée, les fleurs de notre paradis. Satan s'était déguiſé en crapaud pour venir tromper deux créatures qui s'aimaient. Il eſt venu une fois chez nous dans ſa propre figure pour apporter l'intolérance. Notre innocence a triomphé de toute la fureur du diable.

Du mot *QUISQUIS* de RAMUS, ou de LA RAMÉE;

AVEC QUELQUES OBSERVATIONS UTILES SUR LES PERSÉCUTEURS, LES CALOMNIATEURS, ET LES FESEURS DE LIBELLES.

Il vous importe fort peu, mon cher lecteur, qu'une des plus violentes persécutions excitées au seiziéme siécle contre *Ramus*, ait eu pour objet la maniere dont on devait prononcer *quisquis* & *quanquam*.

Cette grande dispute partagea longtems tous les régens de collège & tous les maîtres de pension du seiziéme siécle; mais elle est assoupie aujourd'hui, & probablement ne se réveillera pas.

Voulez-vous apprendre si Mr. *Gallandius Torticolis passait Mr. Ramus son ennemi en l'art oratoire, ou si Mr. Ramus passait Mr. Gallandius Torticolis?* Vous pourez vous satisfaire en consultant *Thomas Freigius in vitâ Rami.* Car Thomas Freigius est un auteur qui peut être utile aux curieux, quoiqu'en dise Banosius. Voyez Brantôme *Hommes illustres*, Tom. II.

Mais que ce Ramus ou La Ramée, fondateur

d'une chaire de mathématiques au collège royal de Paris, bon philosophe dans un tems où l'on ne pouvait guères en compter que trois, Montagne, Charon, & de Thou l'hiſtorien ; que ce Ramus, homme vertueux dans un fiécle de crimes, homme aimable dans la ſociété, & même ſi on veut bel-eſprit, qu'un tel homme, dis-je, ait été perſécuté toute ſa vie, qu'il ait été aſſaſſiné par des profeſſeurs & des écoliers de l'univerſité, qu'on ait traîné les lambeaux de ſon corps ſanglant aux portes de tous les collèges comme une juſte réparation faite à la gloire d'Ariſtote ; que cette horreur, dis je encor, ait été commiſe à l'édification des ames catholiques & pieuſes ; ô Français ! avouez que cela eſt un peu welche.

On me dit que depuis ces tems les choſes ſont bien changées en Europe, que les mœurs ſe ſont adoucies, qu'on ne perſécute plus les gens juſqu'à la mort. Quoi donc ; n'avons-nous pas déja obſervé dans nos *Queſtions* que le reſpectable Barnevelt, le premier homme de la Hollande mourut ſur l'échaffaut pour la plus folle & la plus impertinente diſpute qui ait jamais troublé les cerveaux théologiques ?

Que le procès criminel du malheureux Théophile n'eut ſa ſource que dans quatre vers d'une ode que les jéſuites Garaſſe & Voiſin lui imputèrent, qu'ils le pourſuivirent avec la fureur la plus violente & les artifices les plus noirs, qu'ils le firent brûler en effigie?

Que de nos jours cet autre procès de la Cadiere ne fut intenté que par la jalousie d'un jacobin contre un jésuite qui avait disputé avec lui sur la grace ?

Qu'une misérable querelle de littérature dans un caffé fut la première origine de ce fameux procès de Jean-Baptiste Rousseau le poete ; procès, dans lequel un philosophe innocent fut sur le point de succomber par des manœuvres bien criminelles ?

N'avons-nous pas vu l'abbé Guiot Desfontaines dénoncer le pauvre abbé Pellegrin comme auteur d'une piéce de théâtre, & lui faire ôter la permission de dire la messe, qui était son gagne-pain ?

Le fanatique Jurieu ne persécuta-t-il pas sans relache le philosophe Bayle ; & lorsqu'il fut parvenu enfin à le faire dépouiller de sa pension & de sa place, n'eut-il pas l'infamie de le persécuter encore ?

Le théologien Lange n'accusa-t-il pas Volf non seulement de ne pas croire en Dieu ; mais encor d'avoir insinué dans son cours de géométrie qu'il ne falait pas s'enrôler au service du second roi de Prusse ? Et sur cette belle délation, le roi ne donna-t-il pas au vertueux Volf le choix de sortir de ses états dans vingt-quatre heures, ou d'être pendu ? Enfin la cabale jésuitique ne voulut-elle pas perdre Fontenelle ?

Voyez l'article Théophile au chap. Athéïsme.

Je vous citerais cent exemples des fureurs de la jalousie pédantesque; & j'ose maintenir, à la honte de cette indigne passion, que si tous ceux qui ont persécuté les hommes célèbres ne les ont pas traités comme les gens de collège traitèrent Ramus, c'est qu'ils ne l'ont pas pu.

C'est surtout dans la canaille de la littérature & dans la fange de la théologie, que cette passion éclate avec le plus de rage.

Nous allons, mon cher lecteur, vous en donner quelques exemples.

EXEMPLES DES PERSÉCUTIONS QUE DES HOMMES DE LETTRES INCONNUS ONT EXCITÉES, OU TACHÉ D'EXCITER CONTRE DES HOMMES CONNUS.

Le catalogue de ces persécutions serait bien long; il faut se borner.

Le premier, qui éleva l'orage contre le très estimable & très regretté Helvétius, fut un petit convulsionnaire.

Si ce m.'heureux avait été un véritable homme de lettres, il aurait pu relever avec honnèteté les défauts du livre.

Il aurait pu remarquer que ce mot *Esprit* étant seul, ne signifie pas l'entendement humain, titre convenable au livre de Locke. Qu'en français le mot Esprit ne veut dire ordinairement que pensée brillante. Ainsi la manière de bien penser dans les ouvrages d'*esprit* signifie, dans le titre de ce livre, la manière de mettre de la justesse dans les ouvrages agréables, dans les ouvrages d'imagination. Le titre *Esprit* sans aucune explication, pouvait donc paraître équivoque. Et c'était assurément une bien petite faute.

Ensuite en examinant le livre, on aurait pu observer

Que ce n'est pas parce que les singes ont les mains différentes de nous qu'ils ont moins de pensées. Car leurs mains sont comme les nôtres.

Qu'il n'est pas vrai que l'homme soit l'animal le plus multiplié sur la terre. Car dans chaque maison il y a deux ou trois mille fois plus de mouches que d'hommes.

Qu'il est faux que du tems de Néron on se plaignît de la doctrine de l'autre monde, nouvellement introduite, laquelle énervait les courages. Car cette doctrine était introduite depuis longtems. Voyez Cicéron, Lucrèce, Virgile, &c.

Qu'il est faux que les mots nous rappellent des images ou des idées. Car les images sont des idées. Il falait dire : des idées simples ou composées.

Qu'il est faux que la Suisse ait à proportion plus d'habitans que la France & l'Angleterre.

Qu'il est faux que le mot de *libre* soit le synonyme d'*éclairé*. Lisez le chapitre de Locke sur la puissance.

Qu'il eſt faux que les Romains ayent accordé à Céſar, ſous le nom d'*Imperator*, ce qu'ils lui refuſaient ſous le nom de *Rex*. Car ils le créèrent dictateur perpétuel ; & quiconque avait gagné une bataille était *Imperator*. Cicéron était *Imperator*.

Qu'il eſt faux que la ſcience ne ſoit que le ſouvenir des idées d'autrui. Car Archimède & Newton inventaient.

Qu'il eſt faux autant que déplacé de dire que la Lecouvreur & Ninon ayent eu autant d'eſprit qu'Ariſtote & Solon. Car Solon fit des loix, Ariſtote quelques livres excellens ; & nous n'avons rien de ces deux demoiſelles.

Qu'il eſt faux de conclure que l'eſprit ſoit le premier des dons, de ce que l'envie permet à chacun d'être le panégyrique de ſa probité. Car premiérement, il n'eſt permis de parler de ſa probité que quand elle eſt attaquée. Secondement, l'eſprit eſt un ornement dont il eſt impertinent de ſe vanter, & la probité une choſe néceſſaire dont il eſt abominable de manquer.

Qu'il eſt faux que l'on devienne ſtupide dès qu'on ceſſe d'être paſſionné. Car au contraire, une paſſion violente rend l'ame ſtupide ſur tous les autres objets.

Qu'il eſt faux que tous les hommes ſoient nés avec les mêmes talens. Car dans toutes les écoles des arts & des ſciences, tous ayant les mêmes maîtres, il y en a toûjours très peu qui réussissent.

Qu'enfin, sans aller plus loin, cet ouvrage d'ailleurs estimable est un peu confus, qu'il manque de méthode, & qu'il est gaté par des contes indignes d'un livre de philosophie.

Voilà ce qu'un véritable homme de lettres aurait pu remarquer. Mais de crier au déisme & à l'athéisme tout-à-la-fois, de recourir indignement à ces deux accusations contradictoires, de cabaler pour perdre un homme d'un très grand mérite, pour le dépouiller lui & son approbateur de leurs charges, de solliciter contre lui non-seulement la Sorbonne qui ne peut faire aucun mal par elle-même, mais le Parlement qui en pouvait faire beaucoup; ce fut la manœuvre la plus lâche & la plus cruelle ; & c'est ce qu'ont fait deux ou trois hommes pêtris de fanatisme, d'orgueil & d'envie.

DU GAZETIER ECCLÉSIASTIQUE.

Lorsque l'*Esprit des loix* parut, le gazetier ecclésiastique ne manqua pas de gagner de l'argent, ainsi que nous l'avons déja remarqué, en accusant dans deux feuilles absurdes le président de Montesquieu d'être déiste & athée. Sous un autre gouvernement, Montesquieu eût été perdu. Mais les feuilles du gazetier, qui, à la vérité, furent bien vendues parce qu'elles étaient calomnieuses, lui valurent auſſi les ſifflets & l'horreur du public.

De Patouillet.

Un ex-jéſuite, nommé Patouillet, s'aviſa de faire en 1764 un mandement ſous le nom d'un prélat, dans lequel il accuſait encor deux hommes de lettres connus, d'être déiſtes & athées, ſelon la louable coutume de ces meſſieurs. Mais comme ce mandement attaquait auſſi tous les parlemens du royaume, & que d'ailleurs il était écrit d'un ſtile de collège, il ne fut guères connu que du procureur-général qui le déféra, & du bourreau qui le brûla.

Du Journal chrétien.

Quelques écrivains avaient entrepris un journal chrétien, comme ſi les autres journaux étaient idolâtres. Ils vendaient leur chriſtianiſme vingt ſols par mois, enſuite ils le propoſèrent à quinze, il tomba à douze, puis diſparut à jamais. Ces bonnes gens avaient en 1760 renouvellé l'accuſation ordinaire de déiſme & d'athéiſme contre Mr. de Sainte-Foy, à l'occaſion de quelques faits très vrais rapportés dans l'Hiſtoire des rues de Paris. Ils trouvèrent cette fois-là dans l'auteur qu'ils attaquaient, un homme qui ſe défendait mieux que Ramus : il leur fit un procès criminel au châtelet. Ces chrétiens furent obligés de ſe rétracter, après quoi ils restèrent dans leur néant.

De Nonotte.

Un autre ex-jésuite, nommé Nonotte, dont nous avons quelquefois dit deux mots pour le faire connaître, fit encor la même manœuvre en deux volumes, & répéta les accusations de déisme & d'athéisme contre un homme assez connu. Sa grande preuve était que cet homme avait, cinquante ans auparavant, traduit dans une tragédie deux vers de Sophocle, dans lesquels il est dit que les prêtres payens s'étaient souvent trompés. Il envoya son livre à Rome au secrétaire des brefs ; il espérait un bénéfice & n'en eut point ; mais il obtint l'honneur inestimable de recevoir une lettre du secrétaire des brefs.

C'est une chose plaisante que tous ces dogues attaqués de la rage ayent encor de la vanité. Ce Nonotte régent de collège & prédicateur de village, le plus ignorant des prédicateurs, avait imprimé dans son libelle, que Constantin fut en effet très doux & très honnête dans sa famille ; qu'en conséquence le *Labarum* s'était fait voir à lui dans le ciel ; que Dioclétien avait passé toute sa vie à massacrer des chrétiens pour son plaisir, quoiqu'il les eût protégés sans interruption pendant dix huit années : que Clovis ne fut jamais cruel : que les rois de ce tems-là n'eurent jamais plusieurs femmes à la fois : que les confessionaux furent en usage dès les premiers siécles de l'église ; que ce fut une action très méritoire de faire une croisade contre le comte de Toulouse, de lui donner le fouet, & de le dépouiller de ses états.

Mr. Damilaville daigna relever les erreurs de Nonotte, & l'avertit qu'il n'était pas poli de dire de grosses injures sans aucune raison à l'auteur de l'*Essai sur les mœurs & l'esprit des nations* ; qu'un critique est obligé d'avoir toûjours raison, & que Nonotte avait trop rarement observé cette loi.

Comment ! s'écrie Nonotte ; je n'aurais pas toûjours raison, moi qui suis jésuite, ou qui du moins l'ai été ! Je pourais me tromper, moi qui ai régenté en province, & qui même ai prêché ! Et voilà Nonotte qui fait encor un gros livre pour prouver à l'univers que s'il s'est trompé, c'est sur la foi de quelques jésuites ; que par conséquent on doit le croire. Et il entasse, il entasse bévue sur bévue, pour se plaindre à l'univers du tort qu'on lui fait ; pour éclairer l'univers très peu instruit de la vanité de Nonotte & de ses erreurs.

Tous ces gens-là trouvent toûjours mauvais qu'on ose se défendre contre eux. Ils ressemblent au Scaramouche de l'ancienne comédie italienne qui volait un rabat de point à Mézétin : celui-ci déchirait un peu le rabat en se défendant : & Scaramouche lui disait :

Comment ! insolent, vous me déchirez mon rabat !

De Larchet ancien répétiteur du collège-Mazarin.

Une autre lumière de collège, un nommé Larchet, pouvait, sans être un méchant homme, faire un méchant livre de critique, dans lequel il semble inviter toutes les belles dames de Paris à venir coucher pour de l'argent dans l'église Notre-Dame, avec tous les rouliers & tous les bateliers, & cela par dévotion. Il prétend que les jeunes Parisiens sont forts sujets à la sodomie ; il cite pour son garant un auteur Grec son favori. Il s'étend avec complaisance sur la bestialité ; & il se fâche sérieusement de ce que dans un errata de son livre on a mis par mégarde, *Bestialité* ; lisez *betise*.

Mais ce même Larchet commence son livre comme ceux de ses confrères, par vouloir faire brûler l'abbé Bazin. Il l'accuse de déisme & d'athéisme pour avoir dit que les fléaux qui affligent la nature, viennent tous de la providence. Et après cela Mr. Larchet est tout étonné qu'on se soit moqué de lui.

A-présent que toutes les impostures de ces messieurs sont reconnues, que les délateurs en fait de religion, sont devenus l'opprobre du genre-humain ; que leurs livres, s'ils trouvent deux ou trois lecteurs n'excitent que la risée ; c'est une chose divertissante de voir comment tous ces gens-là s'imaginent que l'univers a les yeux sur eux, comme ils accumulent brochures sur brochures, dans lesquelles ils prennent à témoin tout le public de leurs innombrables efforts pour inspirer les bonnes mœurs, la modération & la piété.

Des libelles de Langleviel, dit La Baumelle.

On a remarqué que tous ces écrivains subalternes de libelles diffamatoires, font un composé d'ignorance, d'orgueil, de méchanceté & de démence. Une de leurs folies est de parler toûjours d'eux-mêmes, eux qui par tant de raisons sont forcés de se cacher.

Un des plus inconcevables héros de cette espèce est un certain Langleviel de la Baumelle, qui atteste tout le public qu'on a mal ortografié son nom. Je m'appelle Langleviel, & non pas Langlevieux, dit-il dans une de ses immortelles productions ; donc, tout ce qu'on me reproche est faux, & ne peut porter sur moi.

Dans une autre lettre, voici comme il parle à l'univers attentif. *a)* „ Le six du même mois

---

a) Lettres de La Baumelle chez Jean Nourse. pag. 197.

„ parut mon ode; on la trouva très belle, &
„ elle l'était pour Coppenhague où je l'en-
„ voyai, & autant pour Berlin, où il y a
„ peut-être moins de goût qu'à Coppenhague.
„ J'avais le projet de faire imprimer les Claſ-
„ ſiques Français, mais j'en fus détourné le
„ 27 janvier par une avanture de galanterie
„ qui eut des ſuites funeſtes. Je fus volé par
„ le capitaine Cocchius, *b*) dont la femme
„ m'avait fait des agaceries à l'opéra. Je fus
„ condamné ſans avoir été interrogé, ni con-
„ fronté, & je fus conduit à Spandau. J'écri-
„ vis au roi. Je crois que Darget ſupprima
„ mes lettres. Il écrivit à l'ingénieur Lefèvre
„ qu'on ne cherchait qu'à me jouer un mau-
„ vais tour. Vous voyez que Darget ne me
„ diſait pas bien finement que ſon maître
„ avait des impreſſions fâcheuſes contre moi.

Eh pauvre homme! qui dans le monde peut s'embarraſſer ſi tu as donné une galanterie à Madame Cocchius, ou ſi Madame Cocchius te l'a donnée! qu'importe que tu ayes été volé par Mr. Cocchius ou que tu l'ayes volé! qu'importe que Mr. Darget ſe ſoit moqué de toi! qui ſauras jamais que tu as fait une ode!

Le public a bien à faire que Mr. de la Baumelle lui diſe, qu'il partit de Gotha avec une fille qui venait de voler ſa maitreſſe,

---

b) Il ne dit pas ſi ce fut lui qui vola le capitaine, & ſi ce fut pour ce vol qu'il fut mis à Spandau.

& qui emportait tous les effets volés. Madame la duchesse de Gotha lui fit écrire, dit-il, par un de ses ministres la lettre du monde la plus flatteuse & la plus honorable.

„ On se rappelle très bien que vous parti-
„ tes d'ici avec la gouvernante des enfans
„ d'une dame de Gotha qui s'éclipsa furtive-
„ ment après avoir volé sa maitresse, ce dont
„ tout le public est pleinement instruit ici;
„ mais nous ne disons pas que vous ayez
„ part à ce vol. A Gotha 24 Juillet 1767.
„ signé Roufault conseiller aulique de S. A. S.

Ne voilà-t-il pas une belle justification, un grand titre d'honneur, aussi-bien que cette autre lettre de Madame la duchesse de Gotha du 15 Auguste de la même année.

„ Que vous êtes aimable, mon cher ami,
„ d'entrer si bien dans mes vues au sujet de
„ ce misérable La Baumelle. Croyez-moi, on
„ ne peut rien faire de plus sage que de l'a-
„ bandonner à son avanture &c.

Est-il quelqu'un dans le monde qui s'occupe de ces avantures? est-il quelqu'un qui veuille savoir si La Baumelle a voyagé à Gotha?

Ceux qui se nourrissent de la lecture de Cicéron, de Virgile, d'Horace, d'Ovide, ne sont pas fort empressés d'entrer dans ces détails. On s'inquiete peu si un nommé La Baumelle a volé ou non Madame Cocchius & une dame de Gotha.

Il sentit bien que s'il se bornait à faire

imprimer ces belles avantures, il ne ferait pas grande fortune. Il attaqua donc dans un petit libelle intitulé *Mes penſées*, Meſſieurs d'Erlac, de Sinner, de Diesbac, de Vatreville &c., & il s'en juſtifie en diſant que c'eſt un ouvrage de politique. Mais dans ce même libelle qu'il appelle ſon livre de politique, il dit en propres mots, *une république fondée par Cartouche aurait eu de plus ſages loix que la république de Solon*. Quel reſpect cet homme a pour les voleurs ! Numero 83.

Le roi de Pruſſe ne tient ſon ſceptre que de l'abus que l'empereur a fait de ſa puiſſance, & de la lâcheté des autres princes. Quel juge des rois & des royaumes ! Numero 183.

Pourquoi aurions nous de l'horreur du régicide de Charles I ? il ſerait mort aujourd'hui ! Numero 210.

Quelle raiſon, ou plutôt quelle exécrable démence ! Sans doute il ferait mort aujourd'hui, puiſque cet horrible parricide fut commis en 1648. Ainſi donc, il ne faut pas, ſelon Langleviel, déteſter Ravaillac parce que le grand Henri IV fut aſſaſſiné en 1610.

Cromwell & Richelieu ſe reſſemblent. Cette reſſemblance eſt difficile à trouver: mais la folie atroce de l'auteur eſt aiſée à reconnaître. Numero 210.

Il parle de Meſſieurs de Maurepas, de Chauvelin, de Machault, de Berrier, en les nommant par leurs noms ſans y mettre le Mr. ; & il en parle avec un ton d'autorité qui fait rire.

Enſuite il fit le roman des mémoires de

Madame de Maintenon, dans lequel il outrage les maisons de Noailles, de Richelieu, tous les ministres de Louis XIV, tous les généraux d'armée ; sacrifiant toûjours la vérité à la fiction pour l'amusement des lecteurs.

Ce qui parait son chef d'œuvre en ce genre, c'est sa réponse à un de nos écrivains qui avait dit en parlant de la France,

„ Je défie qu'on me montre aucune monar-
„ chie sur la terre dans laquelle les loix, la
„ justice eût ibutive, les droits de l'humanité
„ ayent été moins foulés aux pieds.

Voici comme ce Monsieur réfute cette assertion qui est de la plus exacte vérité.

„ Je ne puis relire ce passage sans indi-
„ gnation, quand je me rappelle toutes les
„ injustices générales & particulières que com-
„ mit le feu roi. Quoi ! Louis XIV était
„ juste quand il ramenait tout à lui-même,
„ quand il oubliait (& il l'oubliait sans cesse)
„ que l'autorité n'était confiée à un seul que

---

c) Où cet ignorant a-t-il vu que Louis XIV ait levé une armée de cent mille hommes en 1662, dans la querelle des ambassadeurs de France & d'Espagne à Londres ?

d) Où a-t-il pris que le baron de Bateville, ambassadeur d'Espagne, était fou ?

e) Où a-t-il pris qu'une renonciation d'une mineure est libre ? Il ignore d'ailleurs la loi de dévolution qui adjugeait la Flandre au roi de France.

f) Ce n'était pas pour la punir de n'être pas

„ pour la félicité de tous ? Etait-il juſte quand
„ il armait cent mille c) hommes pour venger
„ l'affront fait par un fou d) à un de ſes am-
„ baſſadeurs, quand en 1667 il déclarait la
„ guerre à l'Eſpagne pour agrandir ſes états
„ malgré la légitimité d'une renonciation ſo-
„ lemnelle & libre e); quand il envahiſſait
„ la Hollande uniquement pour l'humilier;
„ quand il bombardait Gênes pour la punir
„ de n'être pas ſon alliée f); quand il s'obſ-
„ tinait à ruiner totalement la France pour
„ placer un de ſes petits-fils ſur un trône
„ étranger ? g)

„ Etait-il juſte, reſpectait-il les loix, était-
„ il plein des droits de l'humanité, quand
„ il écraſait ſon peuple d'impôts b), quand
„ pour ſoutenir des entrepriſes imprudentes
„ il imaginait mille nouvelles eſpèces de tri-
„ buts, telles que le papier marqué qui ex-
„ cita une révolte à Rennes & à Bordeaux;

ſon alliée, mais d'avoir ſecouru ſes ennemis étant ſon alliée.

g) Oublie-t-il les droits du roi d'Eſpagne, le teſtament de Charles, les vœux de la nation, l'ambaſſade qui vint demander à Louis XIV ſon petit-fils pour roi ? Langleviel veut-il détrôner les ſouverains d'Eſpagne, de Naples, de Sicile & de Parme ?

b) Il remit pour quatre millions d'impôts en 1662, & il fournit du bled aux pauvres à ſes dépens.

„ quand en 1691 *i*), il abîmait par quatre-
„ vingt édits burſaux quatre-vingt mille fa-
„ milles ; quand en 1692 *k*) il extorquait l'ar-
„ gent de ſes ſujets par cinquante-cinq édits,
„ quand en 1693 *l*) il épuiſait leur patience
„ & appauvriſſait leur miſere par ſoixante
„ autres ?

„ Protégeait-il les loix, obſervait-il la juſ-
„ tice diſtributive, reſpectait-il les droits de
„ l'humanité, feſait-il de grandes choſes pour
„ le bien public, mettait-il la France au-
„ deſſus de toutes les monarchies de la terre,
„ quand pour abattre par les fondemens un
„ édit accordé au cinquiéme de la nation,
„ il ſurſéyait en 1676 pour trois ans les
„ dettes des proſélites ? *m*)

Ce n'eſt pas le ſeul endroit où ce monſieur inſulte avec brutalité à la mémoire d'un
de nos grands rois, & qui eſt ſi chère à

i) Il ne mit aucun impôt ſur le peuple en 1691, dans le plus fort d'une guerre très ruineuſe. Il créa pour un million de rentes ſur l'hôtel-de-ville, des augmentations de gages, de nouveaux offices, & pas une ſeule taxe ſur les cultivateurs ni ſur les marchands. Son revenu cette année ne monta qu'à cent douze millions deux cent cinquante & une mille livres.

k) Même erreur.

l) Même erreur. Il eſt donc démontré que cet ignorant eſt le plus infame calomniateur, & de qui ? de ſes rois.

son successeur. Il a osé dire ailleurs que Louis XIV avait empoisonné le marquis de Louvois son ministre. *n*) Que le régent avait empoisonné la famille royale *o*), & que le père du prince de Condé d'aujourd'hui avait fait assassiner Vergier. Que la maison d'Autriche a des empoisonneurs à gages.

Une fois, il s'est avisé de faire le plaisant dans une brochure contre l'histoire de Henri IV. Quelle plaisanterie !

„ Je lis avec un charme infini dans l'his- Page 25.
„ toire du Mogol, que le petit-fils de Sha-
„ Abas fut bercé pendant sept ans par des
„ femmes, qu'ensuite il fut bercé pendant
„ huit ans par des hommes ; qu'on l'accou-
„ tuma de bonne heure à s'adorer lui-même
„ & à se croire formé d'un autre limon que
„ ses sujets ; que tout ce qui l'environnait

m) Cette grace accordée aux prosélites n'était point à charge à l'état: on voit seulement dans cette observation, l'audace d'un petit huguenot qui a été apprentif prédicant à Genève, & qui n'imitant pas la sagesse de ses confrères, s'est rendu indigne de la protection qu'il a surprise en France.

n) Tom. III. pag. 269 & 270. du Siécle de Louis XIV, qu'il falsifia, & qu'il vendit chargé de notes infames à un libraire de Francfort nommé Eslinger, comme il a eu l'impudence de l'avouer lui-même.

o) Tom. III. pag. 323.

„ avait ordre de lui épargner le pénible foin
„ d'agir, de penfer, de vouloir & de le rendre
„ inhabile à toutes les fonctions du corps &
„ de l'ame ; qu'en conféquence un prêtre le
„ difpenfait de la fatigue de prier de fa bou-
„ che le grand-Etre ; que certains officiers
„ étaient prépofés pour lui mâcher noble-
„ ment, comme dit Rabelais, le peu de pa-
„ roles qu'il avait à prononcer ; que d'autres
„ lui tâtaient le pouls trois ou quatre fois
„ le jour comme à un agonifant ; qu'à fon
„ lever, qu'à fon coucher trente feigneurs
„ accouraient, l'un pour lui dénouer l'eguil-
„ lette, l'autre pour le déconftiper, celui-ci
„ pour l'accoutrer d'une chemife, celui-là
„ pour l'armer d'un cimeterre, chacun pour
„ s'emparer du membre dont il avait la fur-
„ intendance. Ces particularités me plaifent,
„ parce qu'elles me donnent une idée nette
„ du caractère des Indiens, & que d'ailleurs
„ elles me font affez entrevoir celui du petit-
„ fils de Sha-Abas, de cet empereur auto-
„ mate.

Cet homme eft bien mal inftruit de l'éducation des princes Mogols. Ils font à trois ans entre les mains des eunuques, & non entre les mains des femmes. Il n'y a point de feigneurs à leur lever & à leur coucher ; on ne leur dénoue point l'éguillette. On voit affez qui l'auteur veut défigner. Mais reconnaîtra-t-on à ce portrait le fondateur des invalides, de l'obfervatoire, de St. Cyr; le protecteur généreux d'une famille royale infortunée ; le conquérant de la Franche-Comté, de la Flandre-Française, le fondateur de la marine, le rémunérateur éclairé de tous les arts utiles ou agréables ; le légiflateur de la France qui reçut fon royaume dans le plus horrible défordre, & qui le mit au plus haut point de la gloire & de la grandeur ; enfin le roi que Don Uftaris, cet homme d'état fi eftimé, appelle *un homme prodigieux*, malgré des défauts inféparables de la nature humaine ?

Y reconnaîtra-t-on le vainqueur de Fontenoy & de Laufelt, qui donna la paix à fes ennemis étant victorieux ; le fondateur de l'école militaire, qui à l'exemple de fon ayeul, n'a jamais manqué de tenir fon confeil où eft ce petit-fils automate de Sha-Abas ?

Qui ne voit la délicate allufion de ce brave homme, ainfi que la profonde fcience de ce grand écrivain ! il croit que Sha-Abas était un Mogol, & c'était un Perfan de la race des fophi. Il appelle au hazard fon petit-fils automate ; & ce petit-fils était Abas fecond fils de Sam-Mirza, qui remporta quatre victoires contre les Turcs, & qui fit enfuite la guerre aux Mogols.

C'eft ainfi que ce pauvre homme a écrit tous fes libelles. C'eft ainfi qu'il fit le pitoyable roman de Madame de Maintenon, parlant d'ailleurs de tout à tort & à travers, avec une fuffifance qui ne ferait pas permife au plus favant homme de l'Europe.

De quelle indignation n'eft-on pas faifi quand on voit un miférable échappé des Cevennes, élevé par charité, & fouillé des actions les plus infames, ofer parler ainfi des rois, s'emporter jufqu'à une licence fi effrénée; abufer à ce point du mépris qu'on a pour lui, & de l'indulgence qu'on a eue de ne le condamner qu'à fix mois de cachot.

On ne fait pas combien de telles horreurs font tort à la littérature. C'eft-là pourtant ce qui lui attire des entraves rigoureufes. Ce font ces abominables libelles dignes de la potence, qui font qu'on eft fi difficile fur les bons livres.

Il vient de paraître un de ces ouvrages de ténèbres *p*), où depuis le monarque jufqu'au dernier citoyen, tout le monde eft infulté avec fureur; où la calomnie la plus atroce & la plus abfurde diftille un poifon affreux fur tout ce qu'on refpecte & qu'on aime. L'auteur s'eft dérobé à l'exécration publique, mais La Baumelle s'y eft offert.

Puiffent les jeunes fous qui feraient tentés de fuivre de tels exemples, & qui fans talens
&

p) Gazetier cuiraffé.

& sans science, ont la rage d'écrire, sentir à quoi une telle frénésie les expose. On risque la corde si on est connu; & si on ne l'est pas, on vit dans la fange & dans la crainte. La vie d'un forçat est préférable à celle d'un feseur de libelles. Car l'un peut avoir été condamné injustement aux galères, & l'autre les mérite.

OBSERVATION SUR TOUS CES LIBELLES DIFFAMATOIRES.

Que tous ceux qui sont tentés d'écrire de telles infamies se disent: Il n'y a point d'exemple qu'un libelle ait fait le moindre bien à son auteur : jamais on ne recueilla de profit ni de gloire dans cette carrière honteuse. De tous ces libelles contre Louis XIV, il n'en est pas un seul aujourd'hui qui soit un livre de bibliothèque, & qui ne soit tombé dans un oubli profond. De cent combats meurtriers livrés dans une guerre, & dont chacun semblait devoir décider du destin d'un état, il en est à peine trois ou quatre qui laissent un long souvenir; les événemens tombent les uns sur les autres, comme les feuilles dans l'automne pour disparaître sur la terre; & un gredin voudrait que son libelle obscur demeurât dans la mémoire des hommes? Le gredin vous répond : On se souvient des vers d'Horace contre Pantolabus, contre Nomentanus; & de ceux de Boileau contre Cotin & l'abbé de Pure.

Neuviéme partie. P.

On réplique au gredin : Ce ne font point là des libelles; si tu veux mortifier tes adverſaires, tâche d'imiter Boileau & Horace. Mais quand tu auras un peu de leur bon ſens & de leur genie, tu ne feras plus de libelles.

RAISON.

Dans le tems que toute la France était folle du ſyſtème de Laſs, & qu'il était contrôleur-général, un homme qui avait toûjours raiſon vint lui dire en préſence d'une grande aſſemblée :

Monſieur, vous êtes le plus grand fou, le plus grand ſot, ou le plus grand fripon qui ait encor paru parmi nous ; & c'eſt beaucoup dire. Voici comme je le prouve. Vous avez imaginé qu'on peut décupler les richeſſes d'un état avec du papier. Mais ce papier ne pouvant repréſenter que l'argent repréſentatif des vraies richeſſes, qui ſont les productions de la terre & les manufactures ; il faudrait que vous euſſiez commencé par nous donner dix fois plus de bled, de vin, de drap & de toi'e &c. Ce n'eſt pas aſſez ; il faudrait être ſûr du débit.

Or vous faites dix fois plus de billets que nous n'avons d'argent & de denrées. Donc vous êtes dix fois plus extravagant, ou plus inepte, ou plus fripon que tous les contrôleurs ou fur-intendans qui vous ont précédé. Voici d'abrod comme je prouve ma majeure.

A peine avait-il commencé fa majeure qu'il fut conduit à St. Lazare.

Quand il fut forti de St. Lazare, où il étudia beaucoup & où il fortifia fa raifon, il alla à Rome; il demanda une audience publique au pape, à condition qu'on ne l'interromprait point dans fa harangue; & il lui parla en ces termes.

Saint Père, vous êtes un Ante-Chrift : & voici comme je le prouve à votre fainteté. J'appelle Ante-Chrift ou Anti-Chrift, felon la force du mot, celui qui fait tout le contraire de ce que le CHRIST a fait & commandé. Or le CHRIST a été pauvre, & vous êtes très riche. Il a payé le tribut, & vous exigez des tributs. Il a été foumis aux puiffances, & vous êtes devenu puiffance. Il marchait à pied, & vous allez à Caftel-Gandolphe dans un équipage fomptueux. Il mangeait tout ce qu'on voulait bien lui donner, & vous voulez que nous mangions du poiffon le vendredi & le famedi quand nous habitons loin de la mer & des rivières. Il a défendu à Simon Barjone de fe fervir de l'épée, & vous avez des épées à votre fervice, &c. &c. &c. Donc en ce fens votre fainteté eft Anti-Chrift. Je vous révère fort en tout autre fens, & je vous

P ij

demande une indulgence *in articulo mortis*. On mit mon homme au château St. Ange.

Quand il fut forti du château St. Ange, il courut à Venife, & demanda à parler au doge. Il faut, lui dit-il, que votre férénité foit un grand extravagant d'époufer tous les ans la mer. Car premiérement, on ne fe marie qu'une fois avec la même perfonne. Secondement, votre mariage reffemble à celui d'Arlequin, lequel était à moitié fait, attendu qu'il ne manquait que le confentement de la future. Troifiémement, qui vous a dit qu'un jour d'autres puiffances maritimes, ne-vous déclareraient pas inhabile à confommer le mariage?

Il dit ; & on l'enferma dans la tour de St. Marc.

Quand il fut forti de la tour de St. Marc, il alla à Conftantinople ; il eut audience du moufti, & lui parla en ces termes : Votre religion, quoiqu'elle ait de bonnes chofes, comme l'adoration du grand-Etre & la néceffité d'être jufte & charitable, n'eft d'ailleurs qu'un réchauffé du judaïfme, & un ramas ennuyeux de contes de ma mère-l'oye. Si l'archange Gabriel avait apporté de quelque planète les feuilles du Koran à Mahomet, toute l'Arabie aurait vu defcendre Gabriel. Perfonne ne l'a vu. Donc Mahomet n'était qu'un impofteur hardi qui trompa des imbécilles.

A peine eut-il prononcé ces paroles qu'il fut empâlé. Cependant il avait eu toûjours raison.

RARE.

Rare en phyſique eſt oppoſé à denſe. En morale, il eſt oppoſé à commun.

Ce dernier rare eſt ce qui excite l'admiration. On n'admire jamais ce qui eſt commun, on en jouït.

Un curieux ſe préfère au reſte des chétifs mortels, quand il a dans ſon cabinet une médaille rare qui n'eſt bonne à rien ; un livre rare que perſonne n'a le courage de lire, une vieille eſtampe d'Albert-dure, mal deſſinée & mal empreinte ; il triomphe s'il a dans ſon jardin un arbre rabougri venu d'Amérique. Ce curieux n'a point de goût, il n'a que de la vanité. Il a ouï dire que le beau eſt rare ; mais il devrait ſavoir que tout rare n'eſt point beau.

Le beau eſt rare dans tous les ouvrages de la nature, & dans ceux de l'art.

Quoiqu'on ait dit bien du mal des femmes, je maintiens qu'il eſt plus rare de trouver des femmes parfaitement belles que de paſſablement bonnes.

Vous rencontrerez dans les campagnes dix

mille femmes attachées à leur ménage, laborieuses, fobres, nourriffant, élevant, inftruifant leurs enfans ; & vous en trouverez à peine une que vous puiffiez montrer aux fpectacles de Paris, de Londres, de Naples, ou dans les jardins publics, & qu'on puiffe regarder comme une beauté.

De mème, dans les ouvrages de l'art, vous avez dix mille barbouillages contre un chef-d'œuvre.

Si tout était beau & bon, il eft clair qu'on n'admirerait plus rien ; on jouirait. Mais aurait-on du plaifir en jouiffant ? c'eft une grande queftion.

Pourquoi les beaux morceaux du Cid, des Horaces, de Cinna, eurent-ils un fuccès fi prodigieux ? c'eft que dans la profonde nuit où l'on était plongé, on vit briller tout-à-coup une lumière nouvelle que l'on n'attendait pas. C'eft que ce beau était la chofe du monde la plus rare.

Les bofquets de Verfailles étaient une beauté unique dans le monde, comme l'étaient alors certains morceaux de Corneille. St. Pierre de Rome eft unique, & on vient du bout du monde s'extafier en le voyant.

Mais fuppofons que toutes les églifes de l'Europe égalent St. Pierre de Rome, que toutes les ftatues foient des Vénus de Médicis, que toutes les tragédies foient auffi belles que l'Iphigénie de Racine, tous les ouvrages de poësie aussi bien faits que l'Art poëtique de Boileau, toutes les comédies aussi bonnes que le Tartuffe, & ainsi en tout genre ; aurez-vous alors autant de plaisir à jouir des chefs-d'œuvre rendus communs, qu'ils vous en fesaient goûter quand ils étaient rares ? je dis hardiment que non. Et je crois qu'alors l'ancienne école a raison, elle qui l'a si rarement. *Ab assuetis non fit passio.* Habitude ne fait point passion.

Mais, mon cher lecteur, en sera-t-il de même dans les œuvres de la nature ? Serez-vous dégoûté si toutes les filles sont belles comme Hélène ; & vous, mesdames, si tous les garçons soient des Pâris ? Supposons que tous les vins soient excellens, aurez-vous moins d'envie de boire ? si les perdreaux, les faisandeaux, les gelinotes sont communs en tout tems, aurez vous moins d'appétit ? je dis encor hardiment que non, malgré l'axiome de l'école, *habitude ne fait point passion.* Et la raison, vous la savez ; c'est que tous les plaisirs que la nature nous donne sont des besoins toûjours renaissans, des jouïssances nécessaires, & que les plaisirs des arts ne sont pas nécessaires. Il n'est pas nécessaire à l'homme d'avoir des bosquets où l'eau jaillisse jusqu'à cent pieds de la bouche d'une figure de marbre, & d'aller au sortir de ces bosquets voir une belle tragédie. Mais les deux sexes sont toûjours néceſſaires l'un à l'autre. La table & le lit ſont néceſſaires. L'habitude d'être alternativement ſur ces deux trônes ne vous dégoûtera jamais.

Quand les petits Savoyards montrèrent pour la première fois la rareté, la curioſité, rien n'était plus rare en effet. C'était un chef-d'œuvre d'optique inventé, dit-on, par Kirker ; mais cela n'était pas néceſſaire, & il n'y a plus de fortune à eſpérer dans ce grand art.

On admira dans Paris un rinocerot il y a quelques années. S'il y avait dans une province dix mille rinocerots, on ne courrait après eux que pour les tuer. Mais qu'il y ait cent mille belles femmes, on courra toûjours après elles pour ...... les honorer.

RIME.

LA rime n'aurait-elle pas été inventée pour aider la mémoire, & pour régler en même tems le chant & la danſe ? le retour des mêmes ſons ſervait à faire ſouvenir promptement des mots intermédiaires entre les deux rimes. Ces rimes avertiſſaient à la fois le chanteur & le danſeur ; elles indiquaient la meſure. Ainſi les vers furent dans tous les pays le langage des Dieux.

Rime.

On peut donc mettre au rang des opinions probables, c'eſt-à-dire incertaines, que la rime fut d'abord une cérémonie religieuſe. Car après tout, il ſe pourait qu'on eût fait des vers & des chanſons pour ſa maîtreſſe avant d'en faire pour ſes Dieux; & les amans emportés vous diront que cela revient au même.

Un rabin qui me montrait l'hébreu, lequel je n'ai jamais pu apprendre, me citait un jour pluſieurs pſaumes rimés que nous avions, diſait-il, traduits pitoyablement. Je me ſouviens de deux vers que voici:

Hibbitu claré vena haru   Pſaume
Uph nehem al jech pharu.   33. v. 5.

Si on le regarde on en eſt illuminé,
Et leurs faces ne font point confuſes.

Il n'y a guères de rime plus riche que celle de ces deux vers. Cela poſé, je raiſonne ainſi.

Les Juifs qui parlaient un jargon moitié phénicien, moitié ſyriaque, rimaient; donc les grandes nations dans leſquelles ils étaient enclavés devaient rimer auſſi. Il eſt à croire que les Juifs, qui, comme nous l'avons dit ſi ſouvent, prirent tout de leurs voiſins, en prirent auſſi la rime.

Tous les Orientaux riment, ils ſont fidèles à leurs uſages; ils s'habillent comme ils s'habillaient il y a cinq ou ſix mille ans. Donc il eſt à croire qu'ils riment depuis ce tems-là.

Quelques doctes prétendent que les Grecs commencèrent par rimer, soit pour leurs Dieux, soit pour leurs héros, soit pour leurs amies; mais qu'ensuite ayant mieux senti l'harmonie de leur langue, ayant mieux connu la prosodie, ayant rafiné sur la mélodie, ils firent ces beaux vers non-rimés que les Latins imitèrent, & surpassèrent bien souvent.

Pour nous autres descendans des Goths, des Vandales, des Huns, des Welches, des Francs, des Bourguignons; nous barbares, qui ne pouvons avoir la mélodie grecque & latine, nous sommes obligés de rimer. Les vers blancs chez tous les peuples modernes ne sont que de la prose sans aucune mesure; elle n'est distinguée de la prose ordinaire que par un certain nombre de syllabes égales & monotones qu'on est convenu d'appeller *vers*.

Nous avons dit ailleurs que ceux qui avaient écrit en vers blancs ne l'avaient fait que parce qu'ils ne savaient pas rimer; les vers blancs sont nés de l'impuissance de vaincre la difficulté, & de l'envie d'avoir plutôt fait.

Nous avons remarqué que l'Ariofte a fait quarante-huit mille rimes de suite dans son *Orlando*, sans ennuyer personne. Nous avons observé combien la poesie française en vers rimés entraine d'obstacles avec elle, & que le plaisir naissait de ces obstacles mêmes. Nous avons toûjours été perfuadés qu'il falait rimer pour les oreilles, non pour les yeux ; & nous avons expofé nos opinions fans fuffifance, attendu notre infuffifance.

Mais toute notre modération nous abandonne aux funeftes nouvelles qu'on nous mande de Paris au mont Krapac. Nous apprenons qu'il s'élève une petite fecte de barbares qui veut qu'on ne faffe déformais des tragédies qu'en profe. Ce dernier coup manquait à nos douleurs : c'eft l'abomination de la défolation dans le temple des Mufes. Nous concevons bien que Corneille ayant mis l'Imitation de Jesus-Christ en vers, quelque mauvais plaifant aurait pu menacer le public de faire jouer une tragédie en profe par Floridor & Mondori ; mais ce projet ayant été exécuté férieufement par l'abbé d'Aubignac, on fait quel fuccès il eut. On fait dans quel difcrédit tomba la profe de l'Œdipe de La Mothe-Houdart, il fut prefque auffi grand que celui de fon Oedipe en vers. Quel malheureux Vifigoth peut ofer, après Cinna & Andromaque, bannir les vers du théatre ? C'eft donc à cet excès d'opprobre que nous fommes parvenus après le grand fiécle ! Ah ! barbares, allez donc voir jouer cette tragédie en redingote à Faxhall, après quoi venez-y manger du rets-bif de mouton & boire de la bierre forte.

Qu'auraient dit Racine & Boileau si on leur avait annoncé cette terrible nouvelle? *Bone Deus!* de quelle hauteur sommes-nous tombés, & dans quel bourbier sommes-nous!

RIRE.

Que le rire soit le signe de la joie comme les pleurs sont le symptome de la douleur, quiconque a ri n'en doute pas. Ceux qui cherchent des causes métaphysiques au rire ne sont pas gais : ceux qui savent pourquoi cette espèce de joie qui excite le ris, retire vers les oreilles le muscle zigomatique, l'un des treize muscles de la bouche, sont bien savans. Les animaux ont ce muscle comme nous ; mais ils ne rient point de joie comme ils ne répandent point de pleurs de tristesse. Le cerf peut laisser couler une humeur de ses yeux quand il est aux abois, le chien aussi quand on le dissèque vivant ; mais ils ne pleurent point leurs maitresses, leurs amis, comme nous : ils n'éclatent point de rire comme nous à la vue d'un objet comique : l'homme est le seul animal qui pleure & qui rie.

Comme nous ne pleurons que de ce qui nous afflige, nous ne rions que de ce qui nous égaye : les raisonneurs ont prétendu que le rire naît de l'orgueil, qu'on se croit supérieur à celui dont on rit. Il est vrai que l'homme qui est un animal risible, est aussi un animal orgueilleux ; mais la fierté ne fait pas rire ; un enfant qui rit de tout son cœur ne s'abandonne point à ce plaisir parce qu'il se met au-dessus de ceux qui le font rire : s'il rit quand on le chatouille, ce n'est pas assurément parce qu'il est sujet au péché mortel de l'orgueil. J'avais onze ans quand je lus tout seul pour la première fois l'Amphitrion de Molière ; je ris au point de tomber à la renverse ; était-ce par fierté ? On n'est point fier quand on est seul. Etait-ce par fierté que le maître de l'âne d'or se mit tant à rire quand il vit son âne manger son souper ? Quiconque rit éprouve une joie gaye dans ce moment-là, sans avoir un autre sentiment.

Toute joie ne fait pas rire, les grands plaisirs sont très sérieux ; les plaisirs de l'amour, de l'ambition, de l'avarice n'ont jamais fait rire personne.

Le rire va quelquefois jusqu'aux convulsions : on dit même que quelques personnes sont mortes de rire : j'ai peine à le croire, & sûrement il en est davantage qui sont morts de chagrin.

Les vapeurs violentes qui excitent tantôt

les larmes, tantôt les fymptomes du rire, tirent à la vérité les mufcles de la bouche; mais ce n'eft point un ris véritable, c'eft une convulfion, c'eft un tourment. Les larmes peuvent alors être vraies, parce qu'on fouffre; mais le rire ne l'eft pas; il faut lui donner un autre nom, auffi l'appelle-t-on rire *fardonien*.

Le ris malin, le *perfidum ridens* eft autre chofe; c'eft la joie de l'humiliation d'autrui: on pourfuit par des éclats moqueurs, par *le cachinnum*, terme qui nous manque, celui qui nous a promis des merveilles & qui ne fait que des fottifes: c'eft huer plutôt que rire. Notre orgueil alors fe moque de l'orgueil de celui qui s'en eft fait accroire. On hue notre ami Fréron dans l'Ecoffaife plus encore qu'on n'en rit: j'aime toûjours à parler de l'ami Fréron; cela me fait rire.

RUSSIE.

,, LE czar Pierre n'avait pas le vrai génie,
,, celui qui crée & fait tout de rien. Quel-
Contract ,, ques-unes des chofes qu'il fit, étaient bien,
Social ,, la plûpart étaient déplacées. Il a vu que fon
ch. 8. p. ,, peuple était barbare, il n'a point vu qu'il
95 & 96. ,, n'était pas mûr pour la police; il l'a voulu

,, civiliser quand il ne falait que l'aguerrir.
,, Il a d'abord voulu faire des Allemands, des
,, Anglais quand il falait commencer par faire
,, des Russes ; il a empêché ses sujets de ja-
,, mais devenir ce qu'ils pouraient être en leur
,, persuadant qu'ils étaient ce qu'ils ne sont
,, pas. C'est ainsi qu'un précepteur Français
,, forme son élève pour briller un moment
,, dans son enfance, & puis n'être jamais rien.
,, L'empire de Russie voudra subjuguer l'Eu-
,, rope, & sera subjugué lui-même. Les Tar-
,, tares ses sujets ou ses voisins, deviendront
,, ses maîtres & les nôtres. Cette révolution
,, me parait infaillible.

Ces paroles sont tirées mot-à-mot de la quatre-vingt-seiziéme page du code d'un de ces législateurs qui gouvernent l'univers à deux sous la feuille, & qui de leur galetas donnent des ordres à tous les rois. On peut dire d'eux ce qu'Homère dit de Calcas,

Os ede ta éonta, ta tè essomena, pro t'eontu.
Il connaît le passé, le présent, l'avenir.

C'est dommage que l'auteur de ce petit paragraphe que nous venons de citer n'ait connu aucun des trois tems dont parle Homère.

Pierre le grand, dit-il, *n'avait pas le génie qui fait tout de rien*. Vraiment, Jean-Jacques, je le crois sans peine, car on prétend que Dieu seul a cette prérogative.

Il n'a pas vu que son peuple n'était pas mûr pour la police ; en ce cas le czar est admirable de l'avoir fait meurir. Il me semble que c'est Jean-Jacques qui n'a pas vu qu'il falait se servir d'abord des Allemands & des Anglais pour faire des Russes.

Il a empêché ses sujets de jamais devenir ce qu'ils pourraient être, &c.

Cependant ces mêmes Russes sont devenus les vainqueurs des Turcs & des Tartares, les conquérans & les législateurs de la Crimée & de vingt peuples différens ; leur souveraine a donné des loix à des nations dont le nom même était ignoré en Europe.

Quant à la prophétie de Jean-Jacques, il se peut qu'il ait exalté son ame jusqu'à lire dans l'avenir ; il a tout ce qu'il faut pour être prophète ; mais pour le passé & pour le présent, on avouera qu'il n'y entend rien. Je doute que l'antiquité ait rien de comparable à la hardiesse d'envoyer quatre escadres du fond de la mer Baltique dans les mers de la Grèce, de dominer à la fois sur la mer Egée & sur le Pont-Euxin, de porter la terreur dans la Colchide & aux Dardanelles, de subjuguer la Tauride, & de forcer le visir Azem à s'enfuir des bords du Danube jusqu'aux portes d'Andrinople.

Si Jean-Jacques compte pour rien tant de grandes actions qui étonnent la terre attentive, il doit du moins avouer qu'il y a quelque générosité dans un comte d'Orlof, qui après avoir pris un vaisseau qui portait toute la famille & tous les tréfors d'un bacha, lui renvoya fa famille & fes tréfors.

Si les Russes n'étaient pas mûrs pour la police du tems de Pierre le grand, convenons qu'ils sont mûrs aujourd'hui pour la grandeur d'ame ; & que Jean-Jacques n'est pas tout-à-fait mûr pour la vérité & pour le raisonnement.

A l'égard de l'avenir, nous le saurons quand nous aurons des Ezéchiel, des Isaïe, des Habacuc, des Michée. Mais le tems en est passé ; &, si on ose le dire, il est à craindre qu'il ne revienne plus.

J'avoue que ces *mensonges imprimés* sur le tems présent, m'étonnent toûjours. Si on se donne ces libertés dans un siécle où mille volumes, mille gazettes, mille journaux peuvent continuellement vous démentir, quelle foi pourons-nous avoir en ces historiens des anciens tems qui recueillaient tous les bruits vagues, qui ne consultaient aucunes archives, qui mettaient par écrit ce qu'ils avaient entendu dire à leurs grand'-mères dans leur enfance, bien sûrs qu'aucun critique ne releverait leurs fautes.

Nous eumes longtems neuf Muses, la saine critique est la dixiéme qui est venue bien tard. Elle n'existait point du tems de Cecrops, du premier Bacchus, de Sanchoniaton, de Thaut,

Neuviéme Partie. Q

de Brama, &c. &c. &c. : on écrivait alors impunément tout ce qu'on voulait. Il faut être aujourd'hui un peu plus avifé.

SAMMONOCODOM.

JE me fouviens que Sammonocodom, le Dieu des Siamois, naquit d'une jeune vierge, & fut élevé fur une fleur. Ainfi la grand'mère de Gengis-Kan fut engroffée par un rayon du foleil. Ainfi l'empereur de la Chine, Kien-long, aujourd'hui glorieufement régnant, affure pofitivement dans fon beau poëme de *Moukden* que fa bifayeule était une très jolie vierge, qui devint mère d'une race de héros pour avoir mangé des cerifes. Ainfi Danaé fut mère de Perfée; Rhea Silvia de Romulus. Ainfi Arlequin avait raifon de dire, en voyant tout ce qui fe paffait dans le monde : *tutto il mondo è fatto come la noftra famiglia.*

La religion de ce Siamois nous prouve que jamais légiflateur n'enfeigna une mauvaife morale. Voyez lecteur, que celle de Brama, de Zoroaftre, de Numa, de Thaut, de Pythagore, de Mahomet, & même du poiffon Oannès eft abfolument la même. J'ai dit fouvent qu'on jetterait des pierres à un homme qui viendrait prêcher une morale relâchée. Et voilà pourquoi les jésuites eux-mêmes ont eu des prédicateurs si auſtères.

Les règles que Sammonocodom donna aux talapoins ſes diſciples, ſont auſſi ſévères que celles de St. Bazile & de St. Benoît.

„ Fuyez les chants, les danſes, les aſſem-
„ blées, tout ce qui peut amollir l'ame.

„ N'ayez ni or ni argent.

„ Ne parlez que de juſtice & ne travaillez
„ que pour elle.

„ Dormez peu, mangez peu; n'ayez qu'un
„ habit.

„ Ne raillez jamais.

„ Méditez en ſecret, & réfléchiſſez ſouvent
„ ſur la fragilité des choſes humaines. "

Par quelle fatalité, par quelle fureur eſt-il arrivé que dans tous les pays l'excellence d'une morale ſi ſainte & ſi néceſſaire a été toûjours deshonorée par des contes extravagans, par des prodiges plus ridicules que toutes les fables des métamorphoſes ? Pourquoi n'y a-t-il pas une ſeule religion dont les préceptes ne ſoient d'un ſage, & dont les dogmes ne ſoient d'un fou ? (On ſent bien que j'excepte la nôtre, qui eſt en tout ſens infiniment ſage.)

N'eſt ce point que les légiſlateurs s'étant contentés de donner des préceptes raiſonnables & utiles, les diſciples des premiers diſciples & les commentateurs ont voulu enchérir ? Ils ont dit : Nous ne ferons pas affez refpectés, fi notre fondateur n'a pas eu quelque chofe de furnaturel & de divin. Il faut abfolument que notre Numa ait eu des rendez-vous avec la nymphe Egérie; Qu'une des cuiffes de Pythagore ait été de pur or : Que la mère de Sammonocodom ait été vierge en accouchant de lui : Qu'il foit né fur une rofe, & qu'il foit devenu Dieu.

Les premiers Caldéens ne nous ont tranfmis que des préceptes moraux très honnêtes : cela ne fuffit pas : il eft bien plus beau que ces préceptes ayent été annoncés par un brochet qui fortait deux fois par jour du fond de l'Euphrate pour venir faire un fermon.

Ces malheureux difciples, ces déteftables commentateurs n'ont pas vu qu'ils pervertiffaient le genre-humain. Tous les gens raifonnables difent, Voilà des préceptes très bons; j'en aurais bien dit autant ; mais voilà des doctrines impertinentes, abfurdes, révoltantes, capables de décrier les meilleurs préceptes. Qu'arrive-t-il ? ces gens raifonnables ont des paffions tout comme les talapoins ; & plus ces paffions font fortes, plus ils s'enhardiffent à dire tout haut, Ces gens-là m'ont trompé fur la doctrine, ils pouraient bien m'avoir trompé fur des maximes qui contredifent mes paffions. Alors ils fecouent le joug, parce qu'il a été impofé mal-adroitement :

ils ne croyent plus en DIEU, parce qu'ils voyent bien que Sammonocodom n'est pas Dieu. J'en ai déja averti mon cher lecteur en quelques endroits, lorsque j'étais à Siam ; & je l'ai conjuré de croire en DIEU malgré les talapoins.

Le révérend père Tachard qui s'était tant amusé sur le vaisseau avec le jeune Destouches garde-marine, & depuis auteur de l'opéra d'Issé, savait bien que ce que je dis est très vrai.

D'UN FRÈRE CADET DU DIEU SAMMONO-CODOM.

Voyez si j'ai eu tort de vous exhorter souvent à définir les termes, à éviter les équivoques. Un mot étranger que vous traduisez très mal par le mot Dieu, vous fait tomber mille fois dans des erreurs très grossières. L'essence suprême, l'intelligence suprême, l'ame de la nature, le grand-Etre, l'Eternel géomètre qui a tout arrangé avec ordre, poids & mesure, voilà DIEU. Mais lorsqu'on donne le même nom à Mercure, aux empereurs Romains, à Priape, à la divinité des tetons, à la divinité des fesses, au Dieu pet, au Dieu de la chaise percée, on ne s'entend plus, on ne sait plus où l'on en est. Un juge juif, une espèce de bailli est appellé Dieu dans nos saintes Ecritures. Un ange est appellé Dieu. On donne le nom de Dieu aux idoles des petites nations voifines de la horde juive.

Sammonocodom n'eft pas Dieu proprement dit; & une preuve qu'il n'eft pas Dieu, c'eft qu'il devint Dieu, & qu'il avait un frère nommé Thevatat qui fut pendu & qui fut damné.

Or il n'eft pas rare que dans une famille il y ait un homme habile qui faffe fortune, & un autre mal-avifé qui foit repris de juf-tice. Sammonocodom devint faint, il fut canonifé à la manière fiamoife; & fon frère qui fut un mauvais garnement, & qui fut mis en croix, alla dans l'enfer, où il eft encore.

Nos voyageurs ont rapporté que quand nous voulumes prêcher un Dieu crucifié aux Siamois, ils fe moquèrent de nous. Ils nous dirent que la croix pouvait bien être le fup-plice du frère d'un Dieu, mais non pas d'un Dieu lui-même. Cette raifon paraiffait affez plaufible, mais elle n'eft pas convaincante en bonne logique. Car puifque le vrai Dieu donna pouvoir à Pilate de le crucifier, il put, à plus forte raifon, donner pouvoir de crucifier fon frère. En effet, JESUS-CHRIST avait un frère, St. Jacques qui fut lapidé. Il n'en était pas moins Dieu. Les mauvaifes actions imputées à Thevatat frère du Dieu Sammonocodom, étaient encor un faible argument contre l'abbé de Choifi & le père

Tachard. Car il fe pouvait très bien faire que Thevatat eût été pendu injuftement, & qu'il eût mérité le ciel au-lieu d'être damné : tout cela eft fort délicat.

Au refte, on demande comment le père Tachard put en fi peu de tems apprendre affez bien le fiamois pour difputer contre les talapoins ?

On répond que Tachard entendait la langue fiamoife comme François Xavier entendait la langue indienne.

SAMOTRACE.

Que la fameufe île de Samotrace foit à l'embouchure de l'Hèbre, comme le difent tant de dictionnaires, ou qu'elle en foit à vingt milles, comme c'eft la vérité ; ce n'eft pas ce que je recherche.

Cette île fut longtems la plus célèbre de tout l'Archipel & même de toutes les îles. Ses Dieux cabires, fes hiérophantes, fes myftères lui donnèrent autant de réputation que le trou St. Patrice en eut en Irlande, il n'y a pas longtems. *a*).

a) Ce trou St. Patrice ou St. Patrik, eft une des portes du purgatoire. Les cérémonies & les épreuves que les moines fefaient obferver aux pélerins qui venaient vifiter ce redoutable trou, ref-

Cette Samotrace qu'on appelle aujourd'hui Samandrachi, eſt un rocher recouvert d'un peu de terre ſtérile, habitée par de pauvres pêcheurs. Ils feraient bien étonnés ſi on leur diſait que leurs île eut autrefois tant de gloire; & ils diraient, qu'eſt-ce que la gloire ?

Je demande ce qu'étaient ces hiérophantes, ces francs-maçons ſacrés qui célébraient leurs myſtères antiques de Samotrace, & d'où ils venaient eux & leurs Dieux cabires ?

Il n'eſt pas vraiſemblable que ces pauvres gens fuſſent venus de Phénicie, comme le dit Bochard avec ſes étymologies hébraïques, & comme le dit après lui l'abbé Bannier. Ce n'eſt pas ainſi que les Dieux s'établiſſent; ils ſont comme les conquérans qui ne ſubjuguent les peuples que de proche en proche. Il y a trop loin de la Phénicie à cette pauvre île, pour que les Dieux de la riche Sidon & de la ſuperbe Tyr ſoient venus ſe confiner dans cet hermitage. Les hiérophantes ne ſont pas ſi ſots.

Le fait eſt qu'il y avait des Dieux cabires, des prêtres cabires, des myſtères cabires

ſemblaient aſſez aux cérémonies & aux épreuves des myſtères d'Iſis & de Samotrace. L'ami lecteur qui voudra un peu approfondir la plûpart de nos queſtions, s'appercevra fort agréablement que les mêmes friponneries, les mêmes extravagances dans cette île chétive & ſtérile. Non-ſeulement Hérodote en parle, mais le Phénicien Sanchoniaton, ſi antérieur à Hérodote, en parle auſſi dans ſes fragmens heureuſement conſervés par Euſèbe. Et qui pis eſt, ce Sanchoniaton, qui vivait certainement avant le tems où l'on place Moïſe, cite le grand Thaut, le premier Hermes, le premier Mercure d'Egypte; & ce grand Thaut vivait huit cent ans avant Sanchoniaton, de l'aveu même de ce Phénicien.

Les cabires étaient donc en honneur deux mille trois ou quatre cent ans avant notre ère vulgaire.

Maintenant ſi vous voulez ſavoir d'où venaient ces Dieux cabires établis en Samotrace, n'eſt-il pas vraiſemblable qu'ils venaient de Thrace le pays le plus voiſin, & qu'on leur avait donné cette petite île pour y jouer leurs farces, & pour gagner quelque argent? Il ſe pourait bien faire qu'Orphée eût été un fameux ménétrier des Dieux cabires.

Mais qui étaient ces Dieux? ils étaient ce qu'ont été tous les Dieux de l'antiquité, des fantômes inventés par des fripons groſſiers,

ont fait le tour de la terre; le tout pour gagner honneur & argent.

Voyez l'extrait du purgatoire de St. Patrice par Mr. Sinner.

sculptés par des ouvriers plus grossiers encore, & adorés par des brutes appellés hommes.

Ils étaient trois cabires ; car nous avons déja observé que dans l'antiquité tout se faisait par trois.

Il faut qu'Orphée soit venu très longtems après l'invention de ces trois Dieux ; car il n'en admit qu'un seul dans ses mystères. Je prendrais volontiers Orphée pour un socinien rigide.

Je tiens les anciens Dieux cabires pour les premiers Dieux des Thraces, quelques noms grecs qu'on leur ait donnés depuis.

Mais voici quelque chose de bien plus curieux pour l'histoire de Samotrace. Vous savez que la Grèce & la Thrace ont été affligées autrefois de plusieurs inondations. Vous connaissez les déluges de Deucalion & d'Ogiges. L'île de Samotrace se vantait d'un déluge plus ancien, & son déluge se rapportait assez au tems où l'on prétend que vivait cet ancien roi de Thrace nommé Xissutre, dont nous avons parlé à l'article *Ararat*.

Vous pouvez vous souvenir que les Dieux de Xixutru, ou Xissutre, qui étaient probablement les cabires, lui ordonnèrent de bâtir un vaisseau d'environ trente mille pieds de long sur douze cent pieds de large. Que ce vaisseau vogua longtems sur les montagnes de l'Arménie pendant le déluge. Qu'ayant embarqué avec lui des pigeons & beaucoup d'autres animaux domestiques, il lâcha ses pigeons pour savoir si les eaux s'étaient retirées, & qu'ils revinrent tout crottés, ce qui fit prendre à Xissutre le parti de sortir enfin de son grand vaisseau.

Vous me direz qu'il est bien étrange que Sanchoniaton n'ait point parlé de cette avanture. Je vous répondrai que nous ne pouvons pas décider s'il l'inséra ou non dans son histoire; vu qu'Eusèbe qui n'a rapporté que quelques fragmens de cet ancien historien, n'avait aucun intérêt à rapporter l'histoire du vaisseau & des pigeons. Mais Bérose la raconte; & il y joint du merveilleux, selon l'usage de tous les anciens.

Les habitans de Samotrace avaient érigé des monumens de ce déluge.

Ce qui est encor plus étonnant, & ce que nous avons déja remarqué en partie, c'est que ni la Grèce, ni la Thrace, ni aucun peuple ne connut jamais le véritable déluge, le grand déluge, le déluge de Noé.

Comment encor une fois un événement aussi terrible que celui du submergement de toute la terre, put-il être ignoré des survivans? comment le nom de notre père Noé qui repeupla le monde, put-il être inconnu à tous ceux qui lui devaient la vie? c'est le plus étonnant de tous les prodiges, que de tant de petits-fils aucun n'ait parlé de son grand-père!

Je me suis adressé à tous les doctes: je leur ai dit, avez-vous jamais lu quelque vieux livre grec, toscan, arabe, égyptien, caldéen, indien, persan, chinois où le nom de Noé se soit trouvé? Ils m'ont tous répondu que non. J'en suis encor tout confondu.

Mais que l'histoire de cette inondation universelle se trouve dans une page d'un livre écrit dans un désert par des fugitifs, & que cette page ait été inconnue au reste du monde entier, jusques vers l'an neuf cent de la fondation de Rome; c'est ce qui me pétrifie. Je n'en reviens pas. Mon cher lecteur, crions bien fort, *O altitudo ignorantiarum!*

SAMSON.

EN qualité de pauvres compilateurs par alphabet, de ressasseurs d'anecdotes, d'éplucheurs de minuties, de chiffonniers qui ramassent des guenilles au coin des rues, nous nous glorifierons avec toute la fierté attachée à nos sublimes sciences d'avoir découvert qu'on joua le fort Samson, tragédie, sur la fin du seizième siécle en la ville de Rouen, & qu'elle fut imprimée chez Abraham

SAMSON. 253

Couturier. Jean ou John Milton, longtems maître d'école à Londres, puis fecrétaire pour le latin du parlement nommé *le Croupion*, Milton auteur du *Paradis perdu*, & du *Paradis retrouvé*, fit la tragédie de *Samſon agoniſte*; & il eſt bien cruel de ne pouvoir dire en quelle année.

Mais nous ſavons qu'on l'imprima avec une préface, dans laquelle on vante beaucoup un de nos confrères les commentateurs, nommé Parœus, lequel s'apperçut le premier, par la force de ſon génie, que l'Apocalypſe eſt une tragédie. En vertu de cette découverte, il partagea l'Apocalypſe en cinq actes, & y inféra des chœurs dignes de l'élégance & du beau naturel de la piéce. L'auteur de cette même préface nous parle des belles tragédies de St. Grégoire de Nazianze. Il aſſure qu'une tragédie ne doit jamais avoir plus de cinq actes; & pour le prouver, il nous donne le Samſon agoniſte de Milton, qui n'en a qu'un. Ceux qui aiment les longues déclamations, feront ſatisfaits de cette piéce.

Une comédie de Samſon fut jouée longtems en Italie. On en donna une traduction à Paris en 1717, par un nommé Romagnéſi; on la repréſenta ſur le théâtre français de la comédie prétendue italienne, anciennement le palais des ducs de Bourgogne. Elle fut imprimée & dédiée au duc d'Orléans régent de France.

Dans cette piéce fublime, Arlequin valet de Samfon fe battait contre un coq-d'Inde, tandis que fon maître emportait les portes de la ville de Gaza fur fes épaules.

En 1732 on voulut repréfenter à l'opéra de Paris une tragédie de Samfon mife en mufique par le célèbre Rameau ; mais on ne le permit pas. Il n'y avait ni arlequin, ni coq-d'Inde, la chofe parut trop férieufe. On était bien aife d'ailleurs de mortifier Rameau qui avait de grands talens. Cependant on joua dans ce tems-là l'opéra de Jephté tiré de l'ancien Teftament, & la comédie de l'Enfant prodigue tirée du nouveau.

Il y a une vieille édition du Samfon agonifte de Milton, précédée d'un abrégé de l'hiftoire de ce héros ; voici la traduction de cet abrégé.

Les Juifs, à qui DIEU avait promis par ferment tout le pays qui eft entre le ruiffeau d'Egypte & l'Euphrate, & qui pour leurs péchés n'eurent jamais ce pays, étaient au contraire réduits en fervitude ; & cet efclavage dura quarante ans. Or il y avait un Juif de la tribu de Dan, nommé Mannué, ou Mannoa, & la femme de ce Mannué était ftérile ; & un ange apparut à cette femme, & lui dit : Vous aurez un fils à condition qu'il ne boira jamais de vin, qu'il ne mangera jamais de

SAMSON.

lièvre, & qu'on ne lui fera jamais les cheveux.

L'ange apparut enfuite au mari & à la femme; on lui donna un chevreau à manger; il n'en voulut point, & difparut au milieu de la fumée; & la femme dit: Certainement nous mourrons, car nous avons vu un Dieu; mais ils n'en moururent pas.

L'efclave Samfon naquit, fut confacré Nazaréen; & dès qu'il fut grand, la première chofe qu'il fit, fut d'aller dans la ville phénicienne, ou philiftine de Tamnala courtifer une fille d'un de fes maîtres qu'il époufa.

En allant chez fa maîtreffe, il rencontra un lion, le déchira en piéces de fa main nue comme il eût fait un chevreau. Quelques jours après il trouva un effain d'abeilles dans la gueule de ce lion mort avec un rayon de miel, quoique les abeilles ne fe repofent jamais fur des charognes.

Alors il propofa cette énigme à fes camarades: la nourriture eft fortie du mangeur, & le doux eft forti du dur. Si vous devinez, je vous donnerai trente tuniques & trente robes, finon vous me donnerez trente robes & trente tuniques. Ses camarades ne pouvant deviner le fait en quoi confiftait le mot de l'énigme, gagnèrent la jeune femme de Samfon; elle tira le fecret de fon mari, & il fut obligé de leur donner trente tuniques & trente robes: Ah! leur dit-il, fi vous n'aviez pas labouré avec ma vache, vous n'auriez pas deviné.

Auſſi-tôt le beau-père de Samſon donna un autre mari à ſa fille.

Samſon en colère d'avoir perdu ſa femme, alla prendre ſur le champ trois cent renards, les attacha tous enſemble par la queue avec des flambeaux allumés, & ils allèrent mettre le feu dans les blés des Philiſtins.

Les Juifs eſclaves, ne voulant point être punis par leurs maîtres pour les exploits de Samſon, vinrent le ſurprendre dans la caverne où il demeurait, le lièrent avec de groſſes cordes, & le livrèrent aux Philiſtins. Dès qu'il eſt au milieu d'eux, il rompt ſes cordes; & trouvant une mâchoire d'âne, il tue en un tour de main mille Philiſtins avec cette mâchoire. Un tel effort l'ayant mis tout en feu, il ſe mourait de ſoif. Auſſi-tôt Dieu fit jaillir une fontaine d'une dent de la mâchoire d'âne. Samſon ayant bu s'en alla dans Gaza ville philiſtine; il y devint ſur le champ amoureux d'une fille de joie. Comme il dormait avec elle, les Philiſtins fermèrent les portes de la ville & environnèrent la maiſon; il ſe leva, prit les portes & les emporta. Les Philiſtins au déſeſpoir de ne pouvoir venir à bout de ce héros, s'adreſſèrent à une autre fille de joie nommée Dalila, avec laquelle il couchait pour lors. Celle-ci lui arracha enfin le ſecret, en quoi conſiſtait ſa force. Il ne falait que le tondre pour le rendre égal aux autres hommes; on le tondit, il devint faible, on lui creva

creva les yeux, on lui fit tourner la meule & jouer du violon. Un jour qu'il jouait du violon dans un temple philiſtin, entre deux colonnes du temple, il fut indigné que les Philiſtins euſſent des temples à colonade, tandis que les Juifs n'avaient qu'un tabernacle porté ſur quatre bâtons. Il ſentit que ſes cheveux commençaient à revenir. Tranſporté d'un ſaint zèle, il jetta à terre les deux colonnes ; le temple fut renverſé ; les Philiſtins furent écraſés & lui auſſi.

Telle eſt mot-à-mot cette préface.

C'eſt cette hiſtoire qui eſt le ſujet de la piéce de Milton & de Romagnéſi.

SCANDALE.

Sans rechercher ſi le ſcandale était originairement une pierre qui pouvait faire tomber les gens, ou une querelle, ou une ſéduction, tenons-nous-en à la ſignification d'aujourd'hui. Un ſcandale eſt une grave indécence. On l'applique principalement aux gens d'égliſe. Les contes de La Fontaine ſont libertins, pluſieurs endroits de Sanchez, de Tambourin, de Molina ſont ſcandaleux.

On eſt ſcandaleux par ſes écrits ou par ſa conduite. Le ſiége que ſoutinrent les auguſtins contre les archers du guet au tems de la fronde, fut scandaleux. La banqueroute du frère jésuite La Valette, fut plus que scandaleuse. Le procès des révérends pères capucins de Paris en 1764, fut un scandale très réjouissant. Il faut en dire ici un petit mot pour l'édification du lecteur.

Les révérends pères capucins s'étaient battus dans le couvent; les uns avaient caché leur argent; les autres l'avaient pris. Jusqueslà, ce n'était qu'un scandale particulier, une pierre qui ne pouvait faire tomber que des capucins. Mais quand l'affaire fut portée au parlement, le scandale devint public.

Il est dit, *a*) qu'il faut douze cent livres de pain par semaine au couvent de St. Honoré, de la viande, du vin, du bois à proportion, & qu'il y a quatre quêteurs en titre d'office chargés de lever ces contributions dans la ville. Quel scandale épouvantable! douze cent livres de viande & de pain par semaine pour quelques capucins, tandis que tant d'artistes accablés de vieillesse, & tant d'honnêtes veuves sont exposées tous les jours à périr de misère!

Pag. 3. Que le révérend père Dorothée se soit fait trois mille livres de rente aux dépens du

a) Page 27 du mémoire contre frère Athanase, présenté au parlement.

couvent, & par conséquent aux dépens du public, voilà non-seulement un scandale énorme, mais un vol manifeste; & un vol fait à la classe la plus indigente des citoyens de Paris. Car ce sont les pauvres qui payent la taxe imposée par les moines mendians. L'ignorance & la faiblesse du peuple lui persuadent qu'il ne peut gagner le ciel qu'en donnant son nécessaire, dont ces moines composent leur superflu. Il a donc fallu que de ce seul chef, frère Dorothée ait extorqué vingt mille écus au moins aux pauvres de Paris pour se faire mille écus de rente.

Songez bien, mon cher lecteur, que de telles avantures ne sont pas rares dans ce dix-huitiéme siécle de notre ère vulgaire, qui a produit tant de bons livres. Je vous l'ai déja dit; le peuple ne lit point. Un capucin, un récollet, un carme, un picpuce qui confesse & qui prêche, est capable de faire lui seul plus de mal que les meilleurs livres ne pouront jamais faire de bien.

J'oserais proposer aux ames bien nées, de répandre dans une capitale un certain nombre d'anti-capucins, d'anti-récollets qui iraient de maison en maison recommander aux pères & mères d'être bien vertueux, & de garder leur argent pour l'entretien de leur famille, & le soutien de leur vieillesse; d'aimer Dieu de tout leur cœur, & de ne jamais rien donner aux moines. Mais revenons à la vraie signification du mot scandale.

Pag. 43. On accuse frère Grégoire d'avoir fait un enfant à Mademoiselle Bras-de-fer, & de l'avoir ensuite mariée à Moutard le cordonnier. On ne dit point si frère Grégoire a donné lui-même la bénédiction nuptiale à sa maîtresse & à ce pauvre Moutard avec dispense. S'il l'a fait, voilà le scandale le plus complet qu'on puisse donner ; il renferme fornication, vol, adultère, & sacrilège. *Horresco referens.*

Je dis d'abord fornication, puisque frère Grégoire forniqua avec Magdelaine Bras-de-fer, qui n'avait alors que quinze ans.

Je dis vol ; puisqu'il donna des tabliers & des rubans à Magdelaine, & qu'il est évident qu'il vola le couvent pour les acheter, pour payer les soupers, & les frais des couches & les mois de nourrice.

Je dis adultère ; puisque ce méchant homme continua à coucher avec madame Moutard.

Je dis sacrilège ; puisqu'il confessait Magdelaine. Et s'il maria lui-même sa maîtresse, figurez-vous quel homme c'était que frère Grégoire.

Un de nos collaborateurs & coopérateurs à ce petit ouvrage des *Questions philosophiques & encyclopédiques*, travaille à faire un livre de morale sur les scandales, contre l'opinion de frère Patouillet. Nous espérons que le public en jouïra incessamment.

SCOLIASTE.

PAr exemple, Dacier & son illustre épouse étaient, quoi qu'on dise, des traducteurs & des scoliastes très utiles. C'était encor une des singularités du grand siécle, qu'un savant & sa femme nous fissent connaître Homère & Horace, en nous apprenant les mœurs & les usages des Grecs & des Romains, dans le même tems où Boileau donnait son Art poétique, Racine Iphigénie & Athalie, Quinault Atys & Armide, où Fenelon écrivait son Télémaque, où Bossuet déclamait ses oraisons funèbres, où Le Brun peignait, où Girardon sculptait, où Ducange fouillait les ruines des siécles barbares pour en tirer des trésors, &c. &c. : remercions les Daciers mari & femme. J'ai plusieurs questions à leur proposer.

QUESTIONS SUR HORACE, A MR. DACIER.

Voudriez-vous, Monsieur, avoir la bonté de me dire pourquoi dans la vie d'Horace imputée à Suétone, vous traduisez le mot d'auguste *purissimum penem*, par petit débauché ?

Il me semble que les Latins, dans le discours familier, entendaient par *purus penis*, ce que les Italiens modernes ont entendu par *buon coglione*, *faceto coglione*, phrase que nous traduisions à la lettre au seiziéme siécle, quand notre langue était un composé de welche & d'italien. *Purissimus penis* ne signifierait-il pas un convive agréable, un bon compagnon ? le *purissimus* exclut le débauché. Ce n'est pas que je veuille insinuer par-là qu'Horace ne fût très débauché ; à Dieu ne plaise.

Remarques sur l'ode 1. du liv. I.
Je ne sais pourquoi vous dites qu'une espéce de guitarre grecque, le *barbyton*, avait anciennement des cordes de soie. Ces cordes n'auraient point rendu de son, & les premiers Grecs ne connaissaient point la soie.

Ode 4.
Il faut que je vous dise un mot sur la quatriéme ode, dans laquelle le beau printems revient avec le zéphyre ; Vénus ramène les amours, les graces, les nymphes ; elles dansent d'un pas léger & mesuré aux doux rayons de Diane qui les regarde, tandis que Vulcain embrase les forges des laborieux cyclopes.

Vous traduisez, *Vénus recommence à danser au clair de la lune avec les graces & les nymphes, pendant que Vulcain est empressé à faire travailler ses cyclopes.*

Vous dites dans vos remarques que l'on n'a jamais vu de cour plus jolie que celle de

Vénus, & qu'Horace fait ici une allégorie fort galante. Car par Vénus il entend les femmes; par les nymphes il entend les filles; & par Vulcain il entend les fots qui fe tuent du foin de leurs affaires, tandis que leurs femmes fe divertiffent. Mais êtes-vous bien fûr qu'Horace ait entendu tout cela?

Dans l'ode fixiéme, Horace dit:

Nos convivia, nos prælia virginum
Sectis in juvenes unguibus acrium
Cantamus vacui, five quid urimur
Non præter folitum leves.

Pour moi, foit que je fois libre, foit que j'aime, fuivant ma légéreté ordinaire, je chante nos feftins & les combats de nos jeunes filles qui menacent leurs amans de leurs ongles qui ne peuvent les bleffer.

Vous traduifez, *en quelque état que je fois, libre ou amoureux, & toûjours prêt à changer, je ne m'amufe qu'à chanter les combats des jeunes filles qui fe font les ongles pour mieux égratigner leurs amans.*

Mais j'oferais vous dire, Monfieur, qu'Horace ne parle point d'égratigner, & que mieux on coupe fes ongles, moins on égratigne.

Voici un trait plus curieux que celui des filles qui égratignent. Il s'agit de Mercure dans l'ode dixiéme; vous dites qu'il eft très vrai- Ode 10.

semblable qu'on n'a donné à Mercure la qua‑
lité de Dieu des larrons *que par rapport à
Moïſe, qui commanda à ſes Hébreux de prendre
tout ce qu'ils pouraient aux Egyptiens, comme
le remarque le ſavant Huet évêque d'Avranche
dans ſa Démonſtration évangélique.*

Ainſi, ſelon vous & cet évêque, Moïſe &
Mercure ſont les patrons des voleurs. Mais
vous ſavez combien on ſe moqua du ſavant
évêque qui fit de Moïſe un Mercure, un Bac‑
chus, un Priape, un Adonis, &c. Aſſurément
Horace ne ſe doutait pas que Mercure ſerait
un jour comparé à Moïſe dans les Gaules.

Quant à cette ode à Mercure, vous croyez
que c'eſt une hymne dans laquelle Horace
l'adore; & moi je ſoupçonne qu'il s'en mo‑
que.

Notes ſur l'ode 12.
Vous croyez qu'on donna l'épithète de *Li‑
ber* à Bacchus, parce que les rois s'appellaient
Liberi. Je ne vois dans l'antiquité aucun roi
qui ait pris ce titre. Ne ſe pourait-il pas que
la liberté avec laquelle les buveurs parlent à
table, eût valu cette épithète au Dieu des
buveurs ?

O matre pulchra filia pulchrior.

Ode 16.
Vous traduiſez, Belle Tindaris qui pouvez
ſeule remporter le prix de la beauté ſur votre
charmante mère. Horace dit ſeulement, *Votre
mère eſt belle & vous êtes plus belle encor.* Cela

me parait plus court & mieux; mais je puis me tromper.

Horace dans cette ode, dit que Prométhée ayant pêtri l'homme de limon, fut obligé d'y ajouter les qualités des autres animaux, & qu'il mit dans son cœur la colère du lion.

Vous prétendez que cela est imité de Simonide qui assure que DIEU ayant fait l'homme, & n'ayant plus rien à donner à la femme, prit chez les animaux tout ce qui lui convenait, donna aux unes les qualités du pourceau, aux autres celles du renard, à celles-ci les talens du singe, à ces autres celles de l'âne. Assurément Simonide n'était pas galant, ni Dacier non plus.

In me tota ruens Venus   Ode 19.
Cyprum deseruit.

Vous traduisez, *Vénus a quitté entièrement Chypre pour venir loger dans mon cœur.*

N'aimez-vous pas mieux ces vers de Racine?

Ce n'est plus une ardeur en mes veines cachée,
C'est Vénus tout entière à sa proie attachée.

Dulce ridentem Lalagem, amabo dulce loquentem.   Ode 22.

J'aimerai Lalagé qui parle & qui rit avec tant de grace.

N'aimez-vous pas encor mieux la traduction de Sapho par Boileau?

Que l'on voit quelquefois doucement lui sourire,
Que l'on voit quelquefois tendrement lui parler.

Ode 23.
*Quis desiderio sit pudor aut modus
Tam cari capitis ?*

Vous traduisez, *Quelle honte peut-il y avoir à pleurer un homme qui nous était si cher ?* &c. &c.

Le mot de honte ne rend pas ici celui de pudor; *que peut-il y avoir*, n'est pas le stile d'Horace. J'aurais peut-être mis à la place, Peut-on rougir de regretter une tête si chère, peut-on sécher ses larmes ?

*Natis in usum lætitiæ Scyphis
Pugnare tracum est.*

Vous traduisez, C'est aux Thraces de se battre avec les verres qui ont été faits pour la joie.

On ne buvait point dans des verres alors, & les Thraces encor moins que les Romains.

N'aurait il pas mieux valu dire, C'est une barbarie des Thraces d'ensanglanter des repas destinés à la joie ?

Ode 37.
*Nunc est bibendum, nunc pede libero
Pulsenda tellus.*

Vous traduisez, *C'est maintenant, mes chers amis, qu'il faut boire, & que sans rien craindre il faut danser de toute sa force.*

SCOLIASTE. 267

Frapper la terre d'un pas libre en cadence, ce n'est pas danser de toute sa force. Cette expression même n'est ni agréable, ni noble, ni d'Horace.

Je saute par-dessus cent questions grammaticales que je voudrais vous faire pour vous demander compte du *vin superbe* de Cécube. Vous voulez absolument qu'Horace ait dit,

Tinget pavimentum superbo Liv. II.
Pontificum potiore cœnis. Ode 14.

Vous traduisez, *Il inondera ses chambres de ce vin qui nagera sur ces riches parquets, de ce vin qui aurait dû être réservé pour les festins des pontifes.*

Horace ne dit rien de tout cela. Comment voulez-vous que du vin dont on fait une petite libation dans le *triclinium*, dans la salle à manger, inonde ces chambres? pourquoi prétendez-vous que ce vin dût être réservé pour les pontifes? J'ai d'excellent vin de Malaga & de Canarie; mais je vous réponds que je ne l'enverrai pas à mon évêque.

Horace parle d'un superbe parquet, d'une magnifique mosaïque; & vous m'allez parler d'un vin superbe, d'un vin magnifique. On lit dans toutes les éditions d'Horace, *Tinget pavimentum superbum*, & non pas *superbo*.

Vous dites que c'est un grand sentiment de religion dans Horace de ne vouloir réserver ce bon vin que pour les prêtres. Je crois, comme vous, qu'Horace était très religieux, témoin tous ses vers pour les bambins; mais je pense qu'il aurait encor mieux aimé boire ce bon vin de Cécube, que de le réserver pour les prêtres de Rome.

Motus doceri gaudet Ionicos
Matura virgo & fingitur artubus &c.

Vous traduisez, *Le plus grand plaisir de nos filles à marier, est d'apprendre les danses lascives des Ioniens. A cet usage elles n'ont point de honte de se rendre les membres souples, & de les former à des postures deshonnêtes.*

Que de phrases pour deux petits vers! ah, Monsieur, des postures deshonnêtes! S'il y a dans le latin *fingitur artubus*, & non pas *artibus*, cela ne signifie-t-il pas, Nos jeunes filles apprennent les danses & les mouvemens voluptueux des Ioniennes? & rien de plus.

Liv. V. Ode 13.
Je tombe sur cette ode, *horrida tempestas*. Vous dites que le vieux commentateur se trompe en pensant que *contraxit cœlum* signifie, nous a caché le ciel; & pour montrer qu'il s'est trompé, vous êtes de son avis.

Ensuite quand Horace introduit le docteur Chiron précepteur d'Achille, annonçant à

SCOLIASTE.

son élève, pour l'encourager, qu'il ne reviendra pas de Troye.

Unde tibi reditum parcæ subtemine certo
Rupere.

Vous traduisez, *Les parques ont coupé le fil de votre vie.*

Mais ce fil n'est pas coupé. Il le sera ; mais Achille n'est pas encor tué ; Horace ne parle point de fil ; *parcæ* est là pour *fata*. Cela veut dire mot-à-mot, Les destins s'opposent à votre retour.

Vous dites que, *Chiron savait cela par lui-même, car il était grand astrologue.*

Vous ne voulez pas que *dulcibus alloquiis* signifie de doux entretiens. Que voulez-vous donc qu'il signifie ? Vous assurez positivement que *rien n'est plus ridicule*, & *qu'Achille ne parlait jamais à personne.* Mais il parlait à Patrocle, à Phœnix, à Automedon, aux capitaines Thessaliens. Ensuite vous imaginez que le mot *alloqui* signifie consoler. Ces contradictions peuvent égarer *studiosam juventutem*.

Je pourais vous faire des questions sur chaque ode ; mais ce serait un gros livre. Si jamais j'ai le tems, je vous proposerai mes doutes, non-seulement sur ces odes, mais encor sur les satyres, les épitres & l'art poétique. Mais à présent il faut que je parle à madame votre femme.

A Madame Dacier, sur Homère.

Madame, fans vouloir troubler la paix de votre ménage, je vous dirai que je vous eſtime & vous reſpecte encor plus que votre mari. Car il n'eſt pas le ſeul traducteur & commentateur, & vous êtes la ſeule traductrice & commentatrice. Il eſt ſi beau à une Françaiſe d'avoir fait connaitre le plus ancien des poëtes, que nous vous devons d'éternels remerciemens.

Je commence par remarquer la prodigieuſe différence du grec à notre welche, devenu latin & enſuite français.

Voici votre élégante traduction du commencement de l'Iliade.

Déeſſe, chantez la colère d'Achille fils de Pelée; cette colère pernicieuſe qui cauſa tant de malheurs aux Grecs, & qui précipita dans le ſombre royaume de Pluton les ames généreuſes de tant de héros, & livra leurs corps en proie aux chiens & aux vautours, depuis le jour fatal qu'une querelle d'éclat eut diviſé le fils d'Atrée & le divin Achille; ainſi les décrets de Jupiter s'accompliſſaient. Quel Dieu les jetta dans ces diſſenſions? Le fils de Jupiter & de Latone, irrité contre le roi, qui avait deshonoré Chryſès ſon ſacrificateur, envoya ſur l'armée une affreuſe maladie qui emportait les peuples. Car Chryſès étant allé aux vaisseaux des Grecs chargés de présens pour la rançon de sa fille, & tenant dans ses mains les bandelettes sacrées d'Apollon avec le sceptre d'or, pria humblement les Grecs, & surtout les deux fils d'Atrée leurs généraux.

„ Fils d'Atrée, leur dit-il, & vous, généreux
„ Grecs, que les Dieux qui habitent l'olympe
„ vous fassent la grace de détruire la superbe
„ ville de Priam, & de vous voir heureuse-
„ ment de retour dans votre patrie; mais
„ rendez-moi ma fille en recevant ces pré-
„ sens, & respectez en moi le fils du grand
„ Jupiter, Apollon, dont les traits sont iné-
„ vitables.

Tous les Grecs firent connaître par un murmure favorable, qu'il falait respecter le ministre du Dieu, & recevoir ses riches présens. Mais cette demande déplut à Agamemnon aveuglé par sa colère.

Voici la traduction mot-à-mot, & vers par ligne.

La Colère chantez, déesse, de piliade Achille,
Funeste, qui infinis aux Akaiens maux apporta,
Et plusieurs fortes ames à l'enfer envoya
De héros; & à l'égard d'eux, proie les fit aux chiens
Et à tous les oiseaux. S'accomplissait la volonté de
    Dieu,
Depuis que d'abord différèrent disputans
Agamemnon chef des hommes & le divin Achille.
Qui des Dieux par dispute les commit à combattre?

De Latone & de Dieu le fils. Car contre le roi étant irrité

Il fuscita dans l'armée une maladie mauvaise & mouraient les peuples.

Il n'y a pas moyen d'aller plus loin. Cet échantillon suffit pour montrer le différent génie des langues, & pour faire voir combien les traductions littérales font ridicules.

Je pourais vous demander pourquoi vous avez parlé du sombre royaume de Pluton, & des vautours dont Homère ne dit rien ?

Pourquoi vous dites qu'Agamemnon avait deshonoré le prêtre d'Apollon ? Deshonorer signifie ôter l'honneur. Agamemnon n'avait ôté à ce prêtre que sa fille. Il me semble que le verbe *itimao* ne signifie pas en cet endroit deshonorer, mais mépriser, maltraiter.

Pourquoi vous faites dire à ce prêtre, que les Dieux vous fassent la grace de détruire &c. ? ces termes *vous fassent la grace*, semblent pris de notre catéchisme. Homère dit, que les Dieux habitans de l'olympe vous donnent de détruire la ville de Troye.

Doien olympia domata ekontes
Ekperfai priamoio polin.

Pourquoi vous dites que tous les Grecs firent connaître par un murmure favorable, qu'il falait respecter le ministre des Dieux ? Il n'est point question dans Homère d'un murmure favorable.

rable. Il y a expreſſément, tous dirent *pantes epiphemiſan*.

Vous avez partout ou retranché ou ajouté, ou changé; & ce n'eſt pas à moi de décider ſi vous avez bien ou mal fait.

Il n'y a qu'une choſe dont je ſois ſûr, & dont vous n'êtes pas convenue; c'eſt que ſi on feſait aujourd'hui un poeme tel que celui d'Homère, on ſerait, je ne dis pas ſeulement ſifflé d'un bout de l'Europe à l'autre, mais je dis entiérement ignoré; & cependant l'Iliade était un poéme excellent pour les Grecs. Nous avons vu combien les langues diffèrent. Les mœurs, les uſages, les ſentimens, les idées different bien davantage.

Si je l'oſais, je comparerais l'Iliade au livre de Job; tout deux ſont orientaux, fort anciens, également pleins de fictions, d'images & d'hyperboles. Il y a dans l'un & dans l'autre des morceaux qu'on cite ſouvent. Les héros de ces deux romans ſe piquent de parler beaucoup & de ſe répéter. Les amis s'y diſent des injures : voilà bien des reſſemblances.

Que quelqu'un s'aviſe aujourd'hui de faire un poeme dans le goût de Job, vous verrez comme il ſera reçu.

Vous dites dans votre préface qu'il eſt impoſſible de mettre Homère en vers français; dites que cela vous eſt impoſſible, parce que vous ne vous êtes pas adonnée à notre poeſie.

Les Géorgiques de Virgile font bien plus difficiles à traduire ; cependant on y est parvenu.

Je fuis perfuadé que nous avons deux ou trois poëtes en France qui traduiraient bien Homère ; mais en même tems je fuis très convaincu qu'on ne les lira pas s'ils ne changent, s'ils n'adouciffent, s'ils n'élaguent prefque tout. La raifon en est, Madame, qu'il faut écrire pour fon tems, & non pour les tems paffés. Il est vrai que notre froid La Mothe a tout adouci, tout élagué ; & qu'on ne l'en a pas lu davantage. Mais c'est qu'il a tout énervé.

Un jeune homme vint ces jours paffés me montrer une traduction d'un morceau du vingt-quatriéme livre de l'Iliade. Je le mets ici fous vos yeux, quoique vous ne vous connaiffiez guères en vers français.

L'horifon fe couvrait des ombres de la nuit ;
L'infortuné Priam qu'un Dieu même a conduit
Entre, & parait foudain dans la tente d'Achille.
Le meurtrier d'Hector en ce moment tranquille,
Par un léger repas fufpendait fes douleurs.
Il fe détourne ; il voit ce front baigné de pleurs,
Ce roi jadis heureux, ce vieillard vénérable
Que le fardeau des ans & la douleur accable,
Exhalant à fes pieds fes fanglots & fes cris,
Et lui baifant la main qui fit périr fon fils.
Il n'ofait fur Achille encor jetter la vue.
Il voulait lui parler, & fa voix s'est perdue.

SCOLIASTE.

Enfin il le regarde, & parmi fes fanglots
Tremblant, pâle & fans force, il prononce ces mots.—
　Songez, Seigneur, fongez que vous avez un père.—
Il ne put achever. — Le héros fanguinaire
Sentit que la pitié pénétrait dans fon cœur.
Priam lui prend les mains — Ah prince, ah mon vain-
　queur !
J'étais pére d'Hector ! — & fes généreux frères
Flattaient mes derniers jours & les rendaient profpé-
　res. —
Ils ne font plus.—Hector eft tombé fous vos coups.—
Puiffe l'heureux Pelée entre Thétis & vous
Prolonger de fes ans l'éclatante carrière !
Le feul nom de fon fils remplit la terre entière,
Ce nom fait fon bonheur ainfi que fon appui.
Vos honneurs font les fiens, vos lauriers font à lui.
Hélas ! tout mon bonheur & toute mon attente
Eft de voir de mon fils la dépouille fanglante ;
De racheter de vous ces reftes mutilés
Trainés devant mes yeux fous nos murs défolés.
Voilà le feul efpoir, le feul bien qui me refte.
Achille, accordez-moi cette grace funefte,
Et laiffez-moi jouir de ce fpectacle affreux.
　Le héros qu'attendrit ce difcours douloureux,
Aux larmes de Priam répondit par des larmes.
Tous nos jours font tiffus de regrets & d'allarmes,
Lui dit-il ; par mes mains les Dieux vous ont frappé.
Dans le malheur commun moi-même enveloppé,
Mourant avant le tems loin des yeux de mon père.

Je teindrai de mon sang cette terre étrangère.
J'ai vu tomber Patrocle, Hector me l'a ravi :
Vous perdez votre fils, & je perds un ami.
Tel est donc des humains le destin déplorable.
Dieu verse donc sur nous la coupe inépuisable,
La coupe des douleurs & des calamités ;
Il y mêle un moment de faibles voluptés,
Mais c'est pour en aigrir la fatale amertume.

Me conseillez-vous de continuer ? me dit le jeune homme. Comment ! lui répondis-je, vous vous mêlez aussi de peindre ! il me semble que je vois ce vieillard qui veut parler, & qui dans sa douleur ne peut d'abord que prononcer quelques mots étouffés par ses soupirs. Cela n'est pas dans Homère, mais je vous le pardonne. Je vous sais même bon gré d'avoir esquivé les deux tonneaux qui feraient un mauvais effet dans notre langue, & surtout d'avoir accourci. Oui, oui, continuez. La nation ne vous donnera pas quinze mille livres sterling comme les Anglais les ont données à Pope ; mais peu d'Anglais ont eu le courage de lire toute son Iliade.

Croyez-vous de bonne foi, que depuis Versailles jusqu'à Perpignan, & jusqu'à St. Malo, vous trouviez beaucoup de Grecs qui s'intéressent à Eurithion tué autrefois par Nestor, à Ekopolious ; fils de Thalesious, tué par Antilokous ; à Simoïsious fils d'Athemion tué par Telamon ; & à Pirous fils d'Embrasous, blessé à la cheville du pied droit ? Nos vers français, cent fois plus difficiles à faire que des vers grecs, n'aiment point ces détails. J'ose vous répondre qu'aucune de nos dames ne vous lira. Et que deviendrez-vous sans elles ? si elles étaient toutes des Dacier, elles vous liraient encor moins. N'est-il pas vrai, Madame ? on ne réussira jamais si on ne connait bien le goût de son siécle, & le génie de sa langue.

SERPENT.

„ JE certifie que j'ai tué en diverses fois
„ plusieurs serpens, en mouillant un peu
„ avec ma salive un bâton ou une pierre, &
„ en donnant sur le milieu du corps du ser-
„ pent un petit coup, qui pouvait à peine
„ occasionner une petite contusion. 19 Jan-
„ vier 1772. Figuier chirurgien. "

Ce chirurgien m'ayant donné ce certificat, deux témoins, qui lui ont vu tuer ainsi des serpens, m'ont attesté ce qu'ils avaient vu. Je voudrais le voir aussi ; car j'ai avoué, dans plusieurs endroits de nos *Questions*, que j'avais pris pour mon patron St. Thomas Didyme, qui voulait toûjours mettre le doigt dessus.

Il y a dix-huit cent ans que cette opinion s'est perpétuée chez les peuples. Et peut-être aurait-elle dix-huit mille ans d'antiquité, si la Genèſe ne nous inſtruiſait pas au juſte de la date de notre inimitié avec le ſerpent. Et on peut dire que ſi Eve avait craché, quand le ſerpent était à ſon oreille, elle eût épargné bien des maux au genre-humain.

Lucrèce, au livre IV, rapporte cette manière de tuer les ſerpens comme une choſe très connue.

Eſt utique ut ſerpens hominis contacta ſalivis
Diſperit, ac ſeſe mandendo conficit ipſa.

„ Crachez ſur un ſerpent, ſa force l'abandonne ;
„ Il ſe mange lui-même, il ſe dévore, il meurt. "

Il y a un peu de contradiction à le peindre languiſſant & ſe dévorant lui-même. Auſſi mon chirurgien Figuier n'affirme pas que les ſerpens qu'il a tués ſe ſoient mangés. La Geneſe dit bien que nous les tuons avec le talon, mais non pas avec de la ſalive.

Nous ſommes dans l'hyver, au 19 janvier : c'eſt le tems où les ſerpens reſtent chez eux. Je ne puis en trouver au mont Krapac ; mais j'exhorte tous les philoſophes à cracher ſur tous les ſerpens qu'ils rencontreront en chemin, au printems. Il eſt bon de ſavoir juſqu'où s'étend le pouvoir de la ſalive de l'homme.

Il eſt certain que JESUS-CHRIST lui-même ſe ſervit de ſalive, pour guérir un homme ſourd & muet. Il le prit à part ; il mit ſes

Marc.
ch. 7.

doigts dans ſes oreilles ; il cracha ſur ſa langue; & regardant le ciel il ſoupira, & s'écria *effeta.* Auſſi-tôt le ſourd & muet ſe mit à parler.

Il ſe peut donc en effet que Dieu ait permis que la ſalive de l'homme tue les ſerpens ; mais il peut avoir permis auſſi que mon chirurgien ait aſſommé des ſerpens à grands coups de pierre & de bâton ; & il eſt même probable qu'ils en ſeraient morts, ſoit que le ſieur Figuier eût craché, ſoit qu'il n'eût pas craché.

Je prie donc tous les philoſophes d'examiner la choſe avec attention. On peut, par exemple, quand on verra paſſer F..... dans la rue, lui cracher au nez ; & s'il en meurt, le fait ſera conſtaté, malgré tous les raiſonnemens des incrédules.

Je ſaiſis cette occaſion de prier auſſi les philoſophes de couper le plus qu'ils pourront de têtes de colimaçons incoques : car j'atteſte que la tête eſt revenue à deux limaçons à qui je l'avais très bien coupée. Mais ce n'eſt pas aſſez que j'en aye fait l'expérience, il faut que d'autres la faſſent encor, pour que la choſe acquière quelque degré de probabilité.

S'il eſt important de ſavoir qu'on peut donner la mort en crachant, il eſt bien plus eſſentiel de ſavoir qu'il revient des têtes. L'homme vaut mieux qu'un limaçon ;

& je ne doute pas que dans un tems, où tous les arts se perfectionnent, on ne trouve l'art de donner une bonne tête à un homme qui n'en aura point.

SHISME.

ON a inséré dans le grand Dictionnaire encyclopédique, tout ce que nous avions dit du grand shisme des Grecs & des Latins dans l'*Histoire générale de l'esprit & des mœurs des nations*. Nous ne voulons pas nous répéter.

Mais en songeant que shisme signifie déchirure, & que la Pologne est déchirée, nous ne pouvons que renouveller nos plaintes sur cette fatale maladie particulière aux chrétiens. Cette maladie que nous n'avons pas assez décrite, est une espèce de rage qui se porte d'abord aux yeux & à la bouche : on regarde avec un œil enflammé celui qui ne pense pas comme nous. On lui dit les injures les plus atroces.

La rage passe ensuite aux mains ; on écrit des choses qui manifestent le transport au cerveau. On tombe dans des convulsions de démoniaque, on tire l'épée, on se bat avec acharnement jusqu'à la mort. La médecine n'a pu jusqu'à présent trouver de remède à cette maladie, la plus cruelle de toutes. Il n'y a que la philofophie & le tems qui puiffent la guérir.

Les Polonais font aujourd'hui les feuls chez qui la contagion dont nous parlons faffe des ravages. Il eft à croire que cette maladie horrible eft née chez eux avec la plika. Ce font deux maladies de la tête qui font bien funeftes. La propreté peut guérir la plika ; la feule fageffe peut extirper le shifme.

On dit que ces deux maux étaient inconnus chez les Sarmates quand ils étaient payens. La plika n'attaque aujourd'hui que la populace. Mais tous les maux nés du shifme dévorent aujourd'hui les plus grands de la république.

L'origine de ce mal eft dans la fertilité de leurs terres qui produifent beaucoup de bled. Il eft bien trifte que la bénédiction du ciel les ait rendus fi malheureux. Quelques provinces ont prétendu qu'il falait abfolument mettre du levain dans leur pain ; mais la plus grande partie du royaume, s'eft obftinée à croire qu'il y avait de certains jours de l'année où la pâte fermentée était mortelle.

Voilà une des premières origines du shifme ou de la déchirure de la Pologne ; la difpute a aigri le fang. D'autres caufes s'y font jointes.

Les uns se sont imaginés dans les convulsions de cette maladie, que le St. Esprit procédait du père & du fils, & les autres ont crié qu'il ne procédait que du père. Les deux partis, dont l'un s'appelle le parti romain, & l'autre le diffident, se sont regardés mutuellement comme des pestiférés; mais par un symptôme singulier de ce mal, les pestiférés diffidens ont voulu toûjours s'approcher des catholiques; & les catholiques n'ont jamais voulu s'approcher d'eux.

Il n'y a point de maladie qui ne varie beaucoup. La diète qu'on croit si salutaire, a été si pernicieuse à cette nation, qu'au sortir d'une diète au mois de Juin 1768, les villes de Uman, de Zablotin, de Tetiou, de Zilianka, de Zafran ont été détruites & inondées de sang; & que plus de deux cent mille malades ont péri misérablement.

D'un côté l'empire de Russie, & de l'autre l'empire de Turquie ont envoyé cent mille chirurgiens, pourvus de lancettes, de bistouris & de tous les instrumens propres à couper les membres cangrenés; la maladie n'en a été que plus violente. Le transport au cerveau a été si furieux, qu'une quarantaine de malades se sont assemblés pour disséquer le roi, qui n'était nullement attaqué du mal, & dont la cervelle & toutes les parties nobles étaient très faines, ainfi que nous l'avons obfervé à l'article *Superftition*. On croit que fi on s'en rapportait à lui, il pourait guérir la nation. Mais un des caractères de cette maladie fi cruelle eft de craindre la guérifon, comme les enragés craignent l'eau.

Nous avons des favans qui prétendent que ce mal vient anciennement de la Paleftine, & que les habitans de Jérufalem & de Samarie en furent longtems attaqués. D'autres croyent que le premier fiége de cette pefte fut l'Egypte, & que les chiens & les chats qui étaient en grande confidération, étant devenus enragés, communiquèrent la rage du shifme à la plûpart des Egyptiens qui avaient la tête faible.

On remarque furtout que les Grecs qui voyagèrent en Egypte, comme Timée de Locres & Platon, eurent le cerveau un peu bleffé. Mais ce n'était ni la rage, ni la pefte proprement dite; c'était une efpèce de délire dont on ne s'appercevait même que difficilement, & qui était fouvent caché fous je ne fais qu'elle apparence de raifon. Mais les Grecs ayant avec le tems porté leur mal chez les nations de l'occident & du feptentrion, la mauvaife difpofition des cerveaux de nos malheureux pays, fit que la petite fiévre de Timée de Locres & de Platon devint chez nous une contagion effroyable, que les médecins appellèrent tantôt intolérance, tantôt perfécution, tantôt guerre de religion, tantôt rage, tantôt pefte.

Nous avons vu quels ravages ce fléau épouvantable a faits fur la terre. Plufieurs médecins fe font préfentés de nos jours pour extirper ce mal horrible jufques dans fa racine. Mais qui le croirait ! il fe trouve des facultés entières de médecine, à Salamanque, à Coimbre, en Italie, à Paris même, qui foutiennent que le shifme, la déchirure, eft néceffaire à l'homme, que les mauvaifes humeurs s'évacuent par les bleffures qu'elle fait; que l'entoufiafme qui eft un des premiers fymptômes du mal, exalte l'ame, & produit de tres bonnes chofes; que la tolérance eft fujette à mille inconvéniens; que fi tout le monde était tolérant, les grands génies manqueraient de ce reffort qui a produit tant de beaux ouvrages théologiques; que la paix eft un grand malheur pour un état, parce que la paix amène les plaifirs, & que les plaifirs à la longue, pouraient adoucir la noble férocité qui forme les héros; que fi les Grecs avaient fait un traité de commerce avec les Troyens au-lieu de leur faire la guerre, il n'y aurait eu ni d'Achille, ni d'Hector, ni d'Homère, & que le genre-humain aurait croupi dans l'ignorance.

Ces raisons sont fortes, je l'avoue; je demande du tems pour y répondre.

SICLE.

Poids & monnoie des Juifs. Mais comme ils ne frappèrent jamais de monnoie, & qu'ils se servirent toûjours à leur avantage de la monnoie des autres peuples, toute monnoie d'or qui pesait environ une guinée, & toute monnoie d'argent pesant un petit écu de France était appellée *sicle*; & ce sicle était le poids du sanctuaire, & le poids de roi.

Il est dit dans les livres des Rois, qu'Absalon avait de très beaux cheveux, dont il fesait couper tous les ans une partie. Plusieurs grands commentateurs prétendent qu'il les fesait couper tous les mois, & qu'il y en avait pour la valeur de deux cent sicles. Si c'était des sicles d'or, la chevelure d'Absalon lui valait juste deux mille quatre cent guinées par an. Il y a peu de seigneuries qui rapportent aujourd'hui le revenu qu'Absalon tirait de sa tête. Liv. I. ch. 14. v. 24 & 26.

Il est dit que lorsqu'Abraham acheta un antre en Hébron, du Cananéen Ephron pour enterrer sa femme, Ephron lui vendit cet antre quatre cent sicles d'argent, de monnoie valable & reçue, *probatæ monetæ publicæ*.

Genèfe ch. 23. v. 16.

Nous avons remarqué qu'il n'y avait point de monnoie dans ce tems-là. Ainfi ces quatre cent ficles d'argent devaient être quatre cent ficles de poids; lefquels vaudraient aujourd'hui trois livres quatre fous piéce, qui font douze cent quatre-vingt livres de France.

Il falait que le petit champ qui fut vendu avec cette caverne, fût d'une excellente terre pour être vendu fi cher.

Lorfqu'Eliezer ferviteur d'Abraham rencontra la belle Rebecca fille de Batuel, portant une cruche d'eau fur fon épaule, & qu'elle lui eut donné à boire à lui & à fes chameaux, il lui donna des pendans d'oreille d'or qui pefaient deux ficles, & des bracelets d'or qui en pefaient dix. C'était un préfent de vingt-quatre guinées.

Gen. ch. 24. v. 22.

Parmi les loix de l'Exode, il eft dit que fi un bœuf frappe de fes cornes un efclave mâle ou femelle, le poffeffeur du bœuf donnera trente ficles d'argent au maître de l'efclave, & le bœuf fera lapidé. Apparemment il était fous-entendu que le bœuf aurait fait une bleffure dangereufe; fans quoi trente-deux écus auraient été une fomme un peu trop forte vers le mont Sinaï, où l'argent n'était pas commun. C'eft ce qui a fait foupçonner à plufieurs graves perfonnages, mais trop té-

SICLE. 287

méraires, que l'Exode ainsi que la Genèse, n'avait été écrit que dans des tems postérieurs.

Ce qui les a confirmés dans leur opinion erronée, c'est qu'il est dit dans le même Exode ; Prenez d'excellente myrrhe du poids de cinq cent sicles, deux cent cinquante de cinnamum, deux cent cinquante de cannes de sucre, deux cent cinquante de casse, quatre pintes & chopine d'huile d'olive pour oindre le tabernacle ; & on fera mourir quiconque s'oindra d'une pareille composition, ou en oindra un étranger. *Exode ch. 30. v. 30. & suivans.*

Il est ajouté qu'à tous ces aromates on joindra du stacté, de l'onix, du galbanum, & de l'encens brillant, & que du tout on doit faire une collature selon l'art du parfumeur.

Mais je ne vois pas ce qui a dû tant révolter les incrédules dans cette composition. Il est naturel de penser que les Juifs qui, selon le texte, volèrent aux Egyptiens tout ce qu'ils purent emporter, avaient volé de l'encens brillant, du galbanum, de l'onix, du stacté, de l'huile d'olive, de la casse, des cannes de sucre, du cinnamum & de la myrrhe. Ils avaient aussi volé sans doute beaucoup de sicles ; & nous avons vu qu'un des plus zélés partisans de cette horde hébraïque évalue ce qu'ils avaient volé seulement en or, à neuf millions. Je ne compte pas après lui.

SOLDAT.

LE ridicule fauſſaire qui fit ce teſtament du cardinal de Richelieu, dont nous avons beaucoup plus parlé qu'il ne mérite, donne pour un beau ſecret d'état de lever cent mille ſoldats quand on veut en avoir cinquante mille.

Si je ne craignais d'être auſſi ridicule que ce fauſſaire, je dirais qu'au-lieu de lever cent mille mauvais ſoldats, il en faut engager cinquante mille bons; qu'il faut rendre leur profeſſion honorable; qu'il faut qu'on la brigue & non pas qu'on la fuie. Que cinquante mille guerriers aſſujettis à la ſévérité de la règle, ſont bien plus utiles que cinquante mille moines.

Que ce nombre eſt ſuffiſant pour défendre un état de l'étendue de l'Allemagne, ou de la France, ou de l'Eſpagne, ou de l'Italie.

Que des ſoldats en petit nombre dont on a augmenté l'honneur & la paye, ne déſerteront point.

Que cette paye étant augmentée dans un état, & le nombre des engagés diminué, il faudra bien que les états voiſins imitent celui qui aura le premier rendu ce ſervice au genre-humain.

Qu'une multitude d'hommes dangereux étant rendue à la culture de la terre ou aux métiers, & devenue utile, chaque état en fera plus floriffant.

Mr. le marquis de Monteynard a donné en 1771 un exemple à l'Europe; il a donné un furcroit à la paye, & des honneurs aux foldats qui ferviraient après le tems de leur engagement. Voilà comme il faut mener les hommes.

TERELAS.

TErélas ou Ptérélas, ou Ptérélaüs, tout comme vous voudrez, était fils de Taphus ou Taphius. Que m'importe? dites-vous. Doucement, vous allez voir. Ce Térélas avait un cheveu d'or, auquel était attaché le deftin de fa ville de Taphe. Il y avait bien plus; ce cheveu rendait Térélas immortel; Térélas ne pouvait mourir tant que ce cheveu ferait à fa tête; auffi ne fe peignait-il jamais, de peur de le faire tomber. Mais une immortalité qui ne tient qu'à un cheveu, n'eft pas chofe fort affurée.

Amphitrion, général de la république de Thèbes, affiégea Taphe. La fille du roi Térélas devint éperdueufement amoureufe d'Amphitrion en le voyant paffer près des remparts.

Neuvième partie. T

Elle alla pendant la nuit couper le cheveu de son père, & en fit préſent au général. Taphe fut priſe, Térélas fut tué. Quelques ſavans aſſurent que ce fut la femme de Térélas qui lui joua ce tour. Ils ſe fondent ſur de grandes autorités : ce ſerait le ſujet d'une diſſertation utile. J'avoue que j'aurais quelque penchant pour l'opinion de ces ſavans : il me ſemble qu'une femme eſt d'ordinaire moins timorée qu'une fille.

Même choſe advint à Niſus roi de Mégare. Minos aſſiégeait cette ville. Scylla fille de Niſus devint folle de Minos. Son père à la vérité n'avait point de cheveu d'or, mais il en avait un de pourpre, & l'on ſait qu'à ce cheveu était attachée la durée de ſa vie, & de l'empire Mégarien. Scylla, pour obliger Minos, coupa ce cheveu fatal, & en fit préſent à ſon amant.

<small>Mythol. de Banier Liv. 2. pag. 151. Tom. 3. édit. in-4°. Comment. litér. ſur Samſon ch. 16.</small>
Toute l'hiſtoire de Minos eſt vraie, dit le profond Banier, *& elle eſt atteſtée par toute l'antiquité.* Je la crois auſſi vraie que celle de Térélas ; mais je ſuis bien embarraſſé entre le profond Calmet & le profond Huet. Calmet penſe que l'avanture du cheveu de Niſus préſenté à Minos, & du cheveu de Térélas, ou Ptérélas, offert à Amphitrion, eſt viſiblement tirée de l'hiſtoire véridique de Samſon juge d'Iſrael. D'un autre côté Huet le démontreur

vous démontre que Minos est visiblement Moise, puisqu'un de ces noms est visiblement l'anagrame de l'autre en retranchant les lettres N & E.

Mais malgré la démonstration de Huet, je suis entiérement pour le délicat Don Calmet, & pour ceux qui pensent que tout ce qui concerne les cheveux de Térélas & de Nisus, doit se rapporter aux cheveux de Samson. La plus convaincante de mes raisons victorieuses, est que sans parler de la famille de Térélas dont j'ignore la métamorphose, il est certain que Scylla fut changée en alouette, & que son père Nisus fut changé en épervier. Or Bochart ayant cru qu'un épervier s'appelle *Neis* en hébreu, j'en conclus que toute l'histoire de Térélas, d'Amphitrion, de Nisus, de Minos, est une copie de l'histoire de Samson.

Je sais qu'il s'est déja élevé de nos jours une secte abominable, en horreur à DIEU & aux hommes, qui ose prétendre que les fables grecques sont plus anciennes que l'histoire juive ; que les Grecs n'entendirent pas plus parler de Samson que d'Adam, d'Eve, d'Abel, de Cain, &c. &c. ; que ces noms ne sont cités dans aucun auteur Grec. Ils disent, comme nous l'avons modestement insinué à l'article *Bacchus*, & à l'article *Juif*, que les Grecs n'ont pu rien prendre des Juifs, & que les Juifs ont pu prendre quelque chose des Grecs.

Je réponds avec le docteur Hayet, le docteur Gauchat, l'ex-jésuite Patouillet, l'ex-jésuite Nonotte, & l'ex-jésuite Paulian, que cette hérésie est la plus damnable opinion qui soit jamais sortie de l'enfer ; qu'elle fut anathématisée autrefois en plein parlement par un réquisitoire, & condamnée au rapport du Sr. P.....; que si on porte l'indulgence jusqu'à tolérer ceux qui débitent ces systèmes affreux, il n'y a plus de sûreté dans le monde, & que certainement l'antechrist va venir, s'il n'est déja venu.

TOPHET.

Tophet était & est encor un précipice auprès de Jérusalem dans la vallée d'Hennom. Cette vallée est un lieu affreux ou il n'y a que des cailloux. C'est dans cette solitude horrible que les Juifs immolèrent leurs enfans à leur Dieu qu'ils appellaient alors Moloc. Car nous avons remarqué qu'ils ne donnèrent jamais à Dieu que des noms étrangers. Shadaï était syrien, Adonaï phénicien ; Jeova était aussi phénicien ; Eloi, Eloïm ,Eloa caldéen ; ainsi que tous les noms de leurs anges furent caldéens ou persans. C'est ce que nous avons observé avec attention.

Tous ces noms différens signifiaient également le Seigneur dans le jargon des petites nations devers la Paleſtine. Le mot de *Moloc* vient évidemment de Melk. C'eſt la même choſe que Melcom, ou Millcon qui était la divinité des mille femmes du ſerrail de Salomon, ſavoir ſept cent femmes & trois cent concubines. Tous ces noms-là ſignifiaient Seigneur, & chaque village avait ſon Seigneur.

Des doctes prétendent que Moloc était particuliérement le Seigneur du feu, & que pour cette raiſon les Juifs brûlaient leurs enfans dans le creux de l'idole même de Moloc. C'était une grande ſtatue ds cuivre auſſi hideuſe que les Juifs la pouvaient faire. Ils feſaient rougir cette ſtatue à un grand feu, quoiqu'ils euſſent très peu de bois; & ils jettaient leurs petits enfans dans le ventre de ce Dieu, comme nos cuiſiniers jettent des écreviſſes vivantes dans l'eau toute bouillante de leurs chaudières.

Tels étaient les anciens Welches & les anciens Tudeſques quand ils brûlaient des enfans & des femmes en l'honneur de Teutatès & d'Irminſul. Telle la vertu gauloiſe & la franchiſe germanique.

Jérémie voulut en vain détourner le peuple Juif de ce culte diabolique, en vain il leur reprocha d'avoir bâti une eſpèce de temple à Moloc dans cette abominable vallée. *Ædifica-*

Jérémie ch. 7. v. 31. *verunt excelsa Topheth quæ est in valle filiorum Hennom, ut incenderent filios suos, & filias suas igni.* Ils ont édifié des hauteurs dans Tophet qui est dans la vallée des enfans d'Hennon, pour y brûler leurs fils & leurs filles par le feu.

Les Juifs eurent d'autant moins d'égards aux remontrances de Jérémie, qu'ils lui reprochaient hautement de s'être vendu au roi de Babilone ; d'avoir toûjours prêché en sa faveur, d'avoir trahi sa patrie ; & en effet il fut puni de la mort des traîtres, il fut lapidé.

Le livre des Rois nous apprend que Salomon bâtit un temple à Moloc, mais il ne nous dit pas que ce fût dans la vallée de Tophet. Ce fut dans le voisinage, sur la montagne des Oliviers. La situation était plus belle, si pourtant il peut y avoir quelque bel aspect dans le territoire affreux de Jérusalem.

Liv. 3. ch. 11.

Des commentateurs prétendent qu'Achas roi de Juda, fit brûler son fils à l'honneur de Moloc, & que le roi Manassé fut coupable de la même barbarie. D'autres commentateurs prétendent que ces rois du peuple de Dieu se contentèrent de jetter leurs enfans dans les flammes, mais qu'ils ne les brûlèrent pas

Liv. 4. ch. 16. v. 3. Ch. 21. v. 6.

a) Le fameux rabin Isaac, dans son *Rempart de la foi*, au chap. 23, entend toutes les prophéties, & surtout celle-là, d'une manière toute contraire à la façon dont nous les entendons. Mais qui ne voit tout-à-fait. Je le fouhaite. Mais il eft bien difficile qu'un enfant ne foit pas brûlé quand on le met fur un bucher enflammé.

Cette vallée de Tophet était le *clamar* de Paris, c'était là qu'on jettait toutes les immondices, toutes les charognes de la ville. C'était dans cette vallée qu'on précipitait le bouc émiffaire, c'était la voierie où l'on laiffait pourir les charognes des fuppliciés. Ce fut là qu'on jetta les corps des deux voleurs qui furent fuppliciés avec le fils de DIEU lui-même. Mais notre Sauveur ne permit pas que fon corps, fur lequel il avait donné puiffance aux bourreaux, fût jetté à la voierie de Tophet felon l'ufage. Il eft vrai qu'il pouvait reffufciter auffi-bien dans Tophet que dans le Calvaire. Mais un bon Juif nommé Jofeph, natif d'Arimathie, qui s'était préparé un fépulcre pour lui-même fur le mont Calvaire, y mit le corps du Sauveur, felon le témoignage de St. Matthieu. Il n'était permis d'enterrer perfonne dans les villes : le tombeau même de David n'était pas dans Jérufalem.

Jofeph d'Arimathie était riche, *quidam homo dives ab Arimathia*, afin que cette prophétie d'Ifaie fût accomplie, *Il donnera* a) *les*

que les Juifs font féduits par l'intérêt qu'ils ont de fe tromper? en vain répondent-ils qu'ils font auffi intéreffés que nous à chercher la vérité, qu'il y va de leur falut pour eux comme pour nous;

méchans pour sa sépulture, & les riches pour sa mort.

qu'ils feraient plus heureux dans cette vie & dans l'autre s'ils trouvaient cette vérité ; que s'ils entendent leurs propres écritures différemment de nous, c'est qu'elles sont dans leur propre langue très ancienne & non dans nos idiomes très nouveaux; qu'un Hebreu doit mieux savoir la langue hebraïque qu'un Basque ou un Poitevin ; que leur religion a deux mille ans d'antiquité plus que la nôtre; que toute leur Bible annonce les promesses de Dieu faites avec serment de ne changer jamais rien à la loi ; qu'elle fait des menaces terribles contre quiconque osera jamais en altérer une seule parole; qu'elle veut même qu'on mette à mort tout prophéte qui prouverait par des miracles une autre religion ; qu'enfin ils sont les enfans de la maison, & nous des étrangers qui avons ravi leurs dépouilles. On sent bien que ce sont-là de très mauvaises raisons qui ne méritent pas d'être réfutées.

TRINITÉ.

LE premier qui parla de la Trinité parmi les Occidentaux, fut Timée de Locres dans son *Ame du monde.*

Il y a d'abord l'idée, l'exemplaire perpétuel de toutes choses engendrées ; c'est le premier verbe, le verbe interne & intelligible.

Ensuite la matière informe second verbe, ou verbe proféré.

Puis le fils ou le monde fenfible, ou l'efprit du monde.

Ces trois qualités conftituent le monde entier, lequel monde eft le fils de DIEU, *Monogenes*. Il a une ame, il a de la raifon, il eft *empfukos*, *logikos*.

DIEU ayant voulu faire un Dieu très beau, a fait un Dieu engendré, *Touton epoie theon genaton*.

Il eft difficile de bien comprendre ce fyftême de Timée, qui peut-être le tenait des Egyptiens, peut-être des bracmanes. Je ne fais fi on l'entendait bien de fon tems. Ce font de ces médailles fruftes & couvertes de rouille, dont la légende eft effacée. On a pu la lire autrefois, on la devine aujourd'hui comme on peut.

Il ne paraît pas que ce fublime galimatias ait fait beaucoup de fortune jufqu'à Platon. Il fut enfeveli dans l'oubli, & Platon le reffufcita. Il conftruifit fon édifice en l'air, mais fur le modèle de Timée.

Il admit trois effences divines, le père, le fuprême, le producteur ; le père des autres Dieux, eft la première effence.

La feconde eft le Dieu vifible, miniftre du DIEU invifible, le verbe, l'entendement, le grand démon.

La troifiéme eft le monde.

Il eft vrai que Platon dit fouvent des choses toutes différentes, & même toutes contraires; c'est le privilège des philosophes Grecs: & Platon s'est servi de son droit plus qu'aucun des anciens & des modernes.

Un vent grec poussa ces nuages philosophiques d'Athenes dans Alexandrie, ville prodigieusement entêtée de deux choses, d'argent & de chimères. Il y avait dans Alexandrie des Juifs qui ayant fait fortune, se mirent à philosopher.

La métaphysique a cela de bon, qu'elle ne demande pas des études préliminaires bien gênantes. C'est là qu'on peut savoir tout sans avoir jamais rien appris; & pour peu qu'on ait l'esprit un peu subtil & bien faux, on peut être sûr d'aller loin.

Philon le Juif fut un philosophe de cette espèce; il était contemporain de JESUS-CHRIST; mais il eut le malheur de ne le pas connaître, non plus que Joseph l'historien. Ces deux hommes considérables employés dans le chaos des affaires d'état, furent trop éloignés de la lumière naissante. Ce Philon était une tête toute métaphysique, toute allégorique, toute mystique. C'est lui qui dit que DIEU devait former le monde en six jours (comme il le forma selon Zoroastre en six tems), *parce que trois est la moitié de six, & que deux en est le tiers, & que ce nombre est mâle & femelle.*

Page 4. édition 1719.

Ce même homme entêté des idées de Platon, dit, en parlant de l'yvrognerie, que Dieu & la fageffe fe marièrent, & que la fageffe accoucha d'un fils bien-aimé. Ce fils eft le monde.

Il appelle les anges les verbes de Dieu, & le monde verbe de Dieu, *logon tou theou*.

Pour Flavien Jofeph, c'était un homme de guerre qui n'avait jamais entendu parler du Logos, & qui s'en tenait aux dogmes des pharifiens, uniquement attachés à leurs traditions.

Cette philofophie platonicienne perça des Juifs d'Alexandrie jufqu'à ceux de Jérufalem. Bientôt toute l'école d'Alexandrie qui était la feule favante, fut platonicienne; & les chrêtiens qui philofophaient ne parlèrent plus que du Logos.

On fait qu'il en était des difputes de ces tems-là, comme de celles de ce tems-ci. On coufait à un paffage mal-entendu un paffage inintelligible qui n'y avait aucun rapport. On en fuppofait un fecond, on en falfifiait un troifiéme; on fabriquait des livres entiers qu'on attribuait à des auteurs refpectés par le troupeau. Nous en avons vu cent exemples au mot *Apocryphe*.

Cher lecteur, jettez les yeux de grace fur ce paffage de Clément Alexandrin; *Lorfque Platon dit qu'il eft difficile de connaître le père de l'univers, non-feulement il fait voir par-là que le monde a été engendré, mais qu'il a été* Strom. liv. 5.

engendré comme fils de DIEU. Entendez-vous ces logomachies, ces équivoques ? voyez-vous la moindre lumière dans ce chaos d'expressions obscures ?

O Locke, Locke ! venez, définissez les termes. Je ne crois pas que de tous ces disputeurs platoniciens il y en eût un seul qui s'entendît. On distingua deux verbes, le *Logos endiathétos*, le verbe en la pensée ; & le verbe produit *Logos proforikos*. On eut l'éternité d'un verbe, & la prolation, l'émanation d'un autre verbe.

Liv. 8.
ch. 42.

Le livre des *Constitutions apostoliques*, ancien monument de fraude, mais aussi ancien dépôt des dogmes informes de ces tems obscurs, s'exprime ainsi :

Le pere qui est antérieur à toute génération, à tout commencement, ayant tout créé par son fils unique, a engendré sans intermède ce fils par sa volonté & sa puissance.

1. partie
sur St.
Jean.
Theol.
l. 2. ch. 6.

Ensuite Origène avança que le St. Esprit a été créé par le fils, par le verbe.

Puis vint Eusèbe de Césarée qui enseigna que l'esprit, paraclet, n'est ni Dieu, ni fils.

Liv. 4.
ch. 8.

L'avocat Lactance fleurit en ce tems-là. *Le fils de* DIEU, dit-il, *est le verbe, comme les autres anges sont les esprits de* DIEU. *Le verbe est un esprit proféré par une voix significative, l'esprit procédant du nez, & la parole de la*

TRINITÉ. 301

bouche. *Il s'enfuit qu'il y a différence entre le fils de* DIEU *& les autres anges ; ceux-ci étant émanés comme esprits tacites & muets. Mais le fils étant esprit est sorti de la bouche avec son & voix pour prêcher le peuple.*

On conviendra que l'avocat Lactance plaidait fa caufe d'une étrange manière. C'était raifonner à la Platon ; c'était puiffamment raifonner.

Ce fut environ ce tems-là que parmi les difputes violentes fur la Trinité, on inféra dans la première épitre de St. Jean ce fameux verfet, *Il y en a trois qui rendent temoignage en terre, l'esprit ou le vent, l'eau & le sang, & ces trois font un.* Ceux qui prétendent que ce verfet eft véritablement de St. Jean, font bien plus embarraffés que ceux qui le nient ; car il faut qu'ils l'expliquent.

St. Auguftin dit que le vent fignifie le Père, l'eau le St. Efprit, & que le fang veut dire le Verbe. Cette explication eft belle, mais elle laiffe toûjours un peu d'embarras.

St. Irénée va bien plus loin ; il dit que Rahab la proftituée de Jérico, en cachant chez elle trois efpions du peuple de DIEU, cacha le Père, le Fils & le St. Efprit. Cela eft fort, mais cela n'eft pas net. _{Liv. 4. ch. 37.}

D'un autre côté, le grand, le favant Origène, nous confond d'une autre manière. Voici un de fes paffages parmi bien d'autres. *Le*

Liv. 24. *Fils eſt autant au-deſſous du Père, que lui &*
ſur St. *le St. Eſprit ſont au-deſſus des plus nobles créa-*
Jean. *tures.*

Après cela que dire? comment ne pas convenir avec douleur que perſonne ne s'entendait? comment ne pas avouer que depuis les premiers chrétiens ébionites, ces hommes ſi mortifiés & ſi pieux, qui révérèrent toûjours JESUS quoiqu'ils le cruſſent fils de Joſeph, juſqu'à la grande diſpute d'Athanaſe, le platoniſme de la Trinité ne fut jamais qu'un ſujet de querelles. Il falàit abſolument un juge ſuprême qui décidât; on le trouva enfin dans le concile de Nicée. Encor ce concile produiſit-il de nouvelles factions & des guerres.

EXPLICATION DE LA TRINITÉ SUIVANT ABAUZIT.

„ L'on ne peut parler avec exactitude de
„ la manière dont ſe fait l'union de DIEU
„ avec JESUS-CHRIST, qu'en rapportant les
„ trois ſentimens qu'il y a ſur ce ſujet, &
„ qu'en feſant des réflexions ſur chacun d'eux.

SENTIMENS DES ORTHODOXES.

„ Le premier ſentiment eſt celui des or-
„ thodoxes. Ils y établiſſent, 1°. une diſtinc-
„ tion de trois perſonnes dans l'eſſence divi-

„ ne avant la venue de Jesus-Christ au
„ monde. 2º. Que la seconde de ces person-
„ nes s'est unie à la nature humaine de Je-
„ sus-Christ. 3º. Que cette union est si
„ étroite, que par-là Jesus-Christ est Dieu;
„ qu'on peut lui attribuer la création du
„ monde & toutes les perfections divines, &
„ qu'on peut l'adorer d'un culte suprême.

Des Unitaires.

„ Le second est celui des unitaires. Ne
„ concevant point la distinction des person-
„ nes dans la divinité, ils établissent, 1º. Que
„ la divinité s'est unie à la nature humaine
„ de Jesus-Christ. 2º. Que cette union est
„ telle que l'on peut dire que Jesus Christ
„ est Dieu, que l'on peut lui attribuer la
„ création & toutes les perfections divines,
„ & l'adorer d'un culte suprême.

Sentimens des Sociniens.

„ Le troisiéme sentiment est celui des soci-
„ niens, qui, de même que les unitaires, ne
„ concevant point de distinction de personnes
„ dans la divinité, ils établissent, 1º. Que la
„ divinité s'est unie à la nature humaine de
„ Jesus-Christ. 2º. Que cette union est fort
„ étroite. 3º. Qu'elle n'est pas telle que l'on
„ puisse appeler Jesus-Christ Dieu, ni lui

,, attribuer les perfections divines & la créa-
,, tion, ni l'adorer d'un culte suprême ; & ils
,, pensent pouvoir expliquer tous les passages
,, de l'Ecriture sans être obligés d'admettre
,, aucune de ces choses.

RÉFLEXIONS SUR LE PREMIER SENTIMENT.

,, Dans la distinction qu'on fait des trois
,, personnes dans la divinité, ou on retient
,, l'idée ordinaire des personnes, ou on ne la
,, retient pas. Si on retient l'idée ordinaire
,, des personnes, on établit trois Dieux ; cela
,, est certain. Si l'on ne retient pas l'idée or-
,, dinaire des trois personnes, ce n'est plus
,, alors qu'une distinction de propriétés, ce
,, qui revient au second sentiment. Ou, si on
,, ne veut pas dire que ce n'est pas une dis-
,, tinction des personnes proprement dites,
,, ni une distinction de propriétés, on établit
,, une distinction dont on n'a aucune idée.
,, Et il n'y a point d'apparence que pour faire
,, soupçonner en DIEU une distinction dont
,, on ne peut avoir aucune idée, l'Ecriture
,, veuille mettre les hommes en danger de
,, devenir idolâtres en multipliant la divinité.
,, Il est d'ailleurs surprenant que cette distin-
,, ction de personnes ayant toûjours été, ce
,, ne soit que depuis la venue de JESUS-CHRIST
,, qu'elle a été révélée, & qu'il soit nécessaire
,, de les connaitre.

Reflexions sur le second sentiment.

,, Il n'y a pas à la vérité un si grand dan-
,, ger de jetter les hommes dans l'idolâtrie
,, dans le second sentiment que dans le pre-
,, mier ; mais il faut avouer pourtant qu'il
,, n'en est pas entiérement exemt. En effet,
,, comme par la nature de l'union qu'il éta-
,, blit entre la divinité & la nature humaine
,, de Jesus Christ, on peut appeler Jesus-
,, Christ Dieu & l'adorer : voilà deux objets
,, d'adoration, Jesus-Christ, & Dieu. J'a-
,, voue qu'on dit que ce n'est que Dieu qu'on
,, doit adorer en Jesus-Christ. Mais qui
,, ne sait l'extrême penchant que les hom-
,, mes ont de changer les objets invisibles
,, du culte en des objets qui tombent sous
,, les sens, ou du moins sous l'imagination ;
,, penchant qu'ils suivront ici avec d'autant
,, moins de scrupule, qu'on dit que la divi-
,, nité est personnellement unie à l'humanité
,, de Jesus-Christ.

Réflexions sur le troisieme sentiment.

,, Le troisiéme sentiment, outre qu'il est
,, très simple & conforme aux idées de la rai-
,, son, il n'est sujet à aucun semblable danger
,, de jetter les hommes dans l'idolâtrie, quoi
,, que par ce sentiment Jesus-Christ ne soit

Neuviéme partie. V

„ qu'un simple homme, il ne faut pas craindre
„ que par-là il foit confondu avec les pro-
„ phètes ou les faints du premier ordre. Il
„ refte toûjours dans ce fentiment une diffé-
„ rence entre eux & lui. Comme on peut
„ imaginer prefque à l'infini des degrés d'u-
„ nion de la divinité avec un homme, ainfi
„ on peut concevoir, qu'en particulier l'union
„ de la divinité avec Jesus-Christ a un fi
„ haut degré de connaiffance, de puiffance,
„ de félicité, de perfection, de dignité, qu'il
„ y a toûjours eu une diftance immenfe entre
„ lui & les plus grands prophètes. Il ne s'a-
„ git que de voir fi ce fentiment peut s'ac-
„ corder avec l'Ecriture, & s'il eft vrai que
„ le titre de Dieu, que les perfections divi-
„ nes, que la création, que le culte fuprême,
„ ne foient jamais attribués à Jesus-Christ
„ dans les Evangiles. "

C'était au philofophe Abauzit à voir tout cela. Pour moi, je me foumets de cœur, de bouche & de plume à tout ce que l'églife catholique a décidé, & à tout ce qu'elle décidera fur quelque dogme que ce puiffe être. Je n'ajouterai qu'un mot fur la Trinité. C'eft que nous avons une décifion de Calvin fur ce myftère ; la voici.

„ En cas que quelqu'un foit hétérodoxe,
„ & qu'il fe faffe fcrupule de fe fervir des
„ mots Trinité & Perfonne, nous ne croyons

„ pas que ce soit une raison pour rejetter
„ cet homme ; nous devons le supporter sans
„ le chasser de l'église, & sans l'exposer à
„ aucune censure comme un hérétique. "

C'est après une déclaration aussi solemnelle que Jean Chauvin, dit Calvin, fils d'un tonnelier de Noyon, fit brûler dans Genève à petit feu avec des fagots verds, Michel Servet de Villa-Nueva. Cela n'est pas bien.

TYRAN.

Tyrannos, signifiait autrefois celui qui avait su s'attirer la principale autorité ; comme roi, *Bazileus*, signifiait celui qui était chargé de rapporter les affaires au sénat.

Les acceptions des mots changent avec le tems. *Idiotés* ne voulait dire d'abord qu'un solitaire, un homme isolé : avec le tems il devint le synonyme de sot.

On donne aujourd'hui le nom de Tyran à un usurpateur, ou à un roi qui fait des actions violentes & injustes.

Cromwell était un tyran sous ces deux aspects. Un bourgeois qui usurpe l'autorité suprême ; qui, malgré toutes les loix, supprime la chambre des pairs, est sans doute un tyran usurpateur. Un général qui fait couper le cou à son roi prisonnier de guerre, viole à la fois & ce qu'on appelle les loix de la guerre, & les loix des nations, & celles de l'humanité. Il eſt tyran, il eſt aſſaſſin & parricide.

Charles I.ᵉʳ n'était point tyran, quoique la faction victorieuſe lui donnât ce nom : il était, à ce qu'on dit, opiniâtre, faible & mal conſeillé. Je ne l'aſſurerai pas ; car je ne l'ai pas connu, mais j'aſſure qu'il fut très malheureux.

Henri VIII était tyran dans ſon gouvernement, comme dans ſa famille, & couvert du ſang de deux épouſes innocentes, comme de celui des plus vertueux citoyens : il mérite l'exécration de la poſtérité. Cependant il ne fut point puni ; & Charles I. mourut ſur un échaffaut.

Elizabeth fit une action de tyrannie, & ſon parlement une de lâcheté infâme, en feſant aſſaſſiner par un bourreau la reine Marie Stuard. Mais dans le reſte de ſon gouvernement elle ne fut point tyrannique ; elle fut adroite & comédienne, mais prudente & forte.

Richard III fut un tyran barbare ; mais il fut puni.

Le pape Alexandre VI fut un tyran plus exécrable que tous ceux-là ; & il fut heureux dans toutes ſes entrepriſes.

Chriſtiern II fut un tyran auſſi méchant qu'Alexandre VI, & fut châtié ; mais il ne le fut point aſſez.

Si on veut compter les tyrans Turcs, les

tyrans Grecs, les tyrans Romains, on en trouvera autant d'heureux que de malheureux. Quand je dis heureux, je parle selon le préjugé vulgaire, selon l'acception ordinaire du mot, selon les apparences. Car qu'ils ayent été heureux réellement, que leur ame ait été contente & tranquille, c'est ce qui me paraît impossible.

Constantin le grand fut évidemment un tyran à double titre. Il usurpa dans le nord de l'Angleterre la couronne de l'empire Romain, à la tête de quelques légions étrangères, malgré toutes les loix, malgré le sénat & le peuple qui élurent légitimement Maxence. Il passa toute sa vie dans le crime, dans les voluptés, dans les fraudes, & dans les impostures. Il ne fut point puni ; mais fut-il heureux ? Dieu le sait. Et je sais que ses sujets ne le furent pas.

Le grand Théodose était le plus abominable des tyrans, quand, sous prétexte de donner une fête, il fesait égorger dans le cirque quinze mille citoyens Romains plus ou moins, avec leurs femmes & leurs enfans ; & qu'il ajoutait à cette horreur, la facétie de passer quelques mois sans aller s'ennuyer à la grand'messe. On a presque mis ce Théodose au rang des bienheureux ; mais je serais bien fâché qu'il eût été heureux sur la terre. En tout cas, il sera toûjours bon d'assurer aux tyrans, qu'ils ne seront jamais heureux dans ce monde, comme il eſt bon de faire accroire à nos maîtres-d'hôtel & à nos cuiſiniers qu'ils feront damnés éternellement, s'ils nous volent.

Les tyrans du bas empire Grec furent preſque tous détrônés, aſſaſſinés les uns par les autres. Tous ces grands coupables furent tour-à-tour les exécuteurs de la vengeance divine & humaine.

Parmi les tyrans Turcs, on en voit autant de dépoſés que de morts ſur leur trône.

A l'égard des tyrans ſubalternes, de ces monſtres en ſous-ordre, qui ont fait remonter juſques ſur leur maître l'exécration publique, dont ils ont été chargés, le nombre de ces Aman, de ces Séjan, eſt un infini du premier ordre.

VAMPIRES.

Quoi! c'eſt dans notre dix-huitiéme ſiécle qu'il y a eu des vampires! c'eſt après le regne de Locke, de Shafterſburi, des Trenchards, des Colins; c'eſt ſous le règne des Dalembert, des Diderot, des St. Lambert, des Duclos, qu'on a cru aux vampires; & que le révérend père Don Auguſtin Calmet, prêtre, bénédictin de la congrégation de St. Vannes & de St. Hidulphe, abbé de Sénone,

VAMPIRES. 311

abbaye de cent mille livres de rentes, voisine de deux autres abbayes du même revenu, a imprimé & réimprimé l'histoire des Vampires avec l'approbation de la Sorbonne, signée Marcilli !

Ces vampires étaient des morts qui sortaient la nuit de leurs cimetières pour venir sucer le sang des vivans soit à la gorge ou au ventre, après quoi ils allaient se remettre dans leurs fosses. Les vivans sucés maigrissaient, palissaient, tombaient en consomption, & les morts suceurs engraissaient, prenaient des couleurs vermeilles, étaient tout-à-fait appétissans. C'était en Pologne, en Hongrie, en Silésie, en Moravie, en Autriche, en Lorraine que les morts fesaient cette bonne-chère. On n'entendait point parler de vampires à Londres, ni même à Paris. J'avoue que dans ces deux villes il y eut des agioteurs, des traitans, des gens d'affaires qui sucèrent en plein jour le sang du peuple, mais ils n'étaient point morts quoique corrompus. Ces suceurs véritables ne demeuraient pas dans des cimetières, mais dans des palais fort agréables.

Qui croirait que la mode des vampires nous vint de la Grèce ? Ce n'est pas de la Grèce d'Alexandre, d'Aristote, de Platon, d'Epicure, de Démosthène, mais de la Grèce chrétienne, malheureusement schismatique.

V iiij

312 VAMPIRES.

Depuis longtems les chrétiens du rite grec, s'imaginent que les corps des chrétiens du rite latin, enterrés en Grèce, ne pourriffent point: parce qu'ils font excommuniés. C'eft précifément le contraire de nous autres chrétiens du rite latin. Nous croyons que les corps, qui ne fe corrompent point, font marqués du fceau de la béatitude éternelle. Et dès qu'on a payé cent mille écus à Rome pour leur faire donner un brevet de faints, nous les adorons de l'adoration de *Dulie.*

Les Grecs font perfuadés que ces morts font forciers; ils les appellent *broucolacas* ou *vroucolacas*, felon qu'ils prononcent la feconde lettre de l'alphabet. Ces morts Grecs vont dans les maifons fucer le fang des petits enfans, manger le fouper des pères & mères, boire leur vin, & caffer tous les meubles. On ne peut les mettre à la raifon qu'en les brûlant, quand on les attrape. Mais il faut avoir la précaution de ne les mettre au feu qu'après leur avoir arraché le cœur que l'on brûle à part.

Le célèbre Tournefort envoyé dans le Levant par Louis XIV, ainfi que tant d'autres virtuofes, fut témoin de tous les tours attribués à un de ces broucolacas, & de cette cérémonie.

Tournefort.tom. I. pag. 155 & fuivant.

Après la médifance rien ne fe communique plus promtement que la superstition, le fanatisme, le sortilège & les contes des revenans. Il y eut des broucolacas en Valachie, en Moldavie, & bientôt chez les Polonais, lesquels sont du rite romain. Cette superstition leur manquait ; elle alla dans tout l'orient de l'Allemagne. On n'entendit plus parler que de vampires, depuis 1730 jusqu'en 1735 ; on les guetta, on leur arracha le cœur, & on les brûla ; ils ressemblaient aux anciens martyrs ; plus on en brûlait, plus il s'en trouvait.

Calmet enfin devint leur historiographe, & traita les vampires, comme il avait traité l'ancien & le nouveau Testament, en rapportant fidélement tout ce qui avait été dit avant lui.

C'est une chose à mon gré très curieuse, que les procès verbaux faits juridiquement concernant tous les morts qui étaient sortis de leurs tombeaux pour venir sucer les petits garçons & les petites filles de leur voisinage. Calmet rapporte qu'en Hongrie deux officiers délégués par l'empereur Charles VI, assistés du baillif du lieu & du bourreau, allèrent faire enquête d'un vampire, mort depuis six semaines, qui suçait tout le voisinage. On le trouva dans sa bière frais, gaillard, les yeux ouverts, & demandant à manger. Le baillif rendit sa sentence. Le bourreau arracha le cœur au vampire, & le brûla ; après quoi le vampire ne mangea plus.

Qu'on ofe douter après cela des morts ref.
fufcités, dont nos anciennes légendes font
remplies, & de tous les miracles rapportés par
Bollandus, & par le fincère & révérend Don
Ruinart !

Vous trouvez des hiftoires de vampires jufques dans les Lettres juives de ce d'Argence
que les jéfuites, auteurs du Journal de Tré-
voux, ont accufé de ne rien croire. Il faut voir
comme ils triompherent de l'hiftoire du vampire de Hongrie : comme ils remerciaient Dieu
& la Vierge d'avoir enfin converti ce pauvre
d'Argence, chambellan d'un roi qui ne croyait
point aux vampires.

Voilà donc, difaient-ils, ce fameux incré-
dule qui a ofé jetter des doutes fur l'apparition
de l'ange à la Ste. Vierge ; fur l'étoile qui con-
duifit les mages ; fur la guérifon des poffedés ;
fur la fubmerfion de deux mille cochons
dans un lac ; fur une éclipfe de foleil en pleine
lune ; fur la réfurrection des morts qui fe pro-
menèrent dans Jérufalem ; fon cœur s'eft amol-
li, fon efprit s'eft éclairé, il croit aux vampires.

Il ne fut plus queftion alors d'examiner fi
tous ces morts étaient reffufcités par leur propre vertu, ou par la puiffance de Dieu, ou
par celle du diable. Plufieurs grands théologiens de Lorraine, de Moravie & de Hongrie
étalèrent leurs opinions & leur fcience. On

rapporta tout ce que St. Auguſtin, St. Ambroiſe & tant d'autres ſaints avaient dit de plus inintelligible ſur les vivans & ſur les morts. On rapporta tous les miracles de St. Etienne qu'on trouve au ſeptiéme livre des Oeuvres de St. Auguſtin ; voici un des plus curieux. Un jeune homme fut écraſé dans la ville d'Hubzal en Afrique ſous les ruines d'une muraille ; la veuve alla ſur le champ invoquer St. Etienne, à qui elle était très dévote. St. Etienne le reſſuſcita. On lui demanda ce qu'il avait vu dans l'autre monde. Meſſieurs, dit-il, quand mon ame eut quitté mon corps, elle rencontra une infinité d'ames qui lui feſaient plus de queſtions ſur ce monde-ci que vous ne m'en faites ſur l'autre. J'allais je ne ſais où, lorſque j'ai rencontré St. Etienne qui m'a dit : rendez ce que vous avez reçu. Je lui ai ai répondu : que voulez-vous que je vous rende, vous ne m'avez jamais rien donné ? Il m'a répété trois fois : rendez ce que vous avez reçu. Alors j'ai compris qu'il voulait parler du *Credo*. Je lui ai récité mon *Credo*, & ſoudain il m'a reſſuſcité.

On cita ſurtout les hiſtoires rapportées par Sulpice Sévère dans la vie de St. Martin. On prouva que St. Martin avait entr'autres reſſuſcité un damné.

Mais toutes ces hiſtoires, quelque vraies qu'elles puiſſent être, n'ayaient rien de commun avec les vampires qui allaient fucer le fang de leurs voifins, & venaient enfuite fe replacer dans leurs bières. On chercha fi on ne trouverait pas dans l'ancien Teftament, ou dans la Mythologie quelque vampire qu'on pût donner pour exemple; on n'en trouva point. Mais il fut prouvé que les morts buvaient & mangeaient, puifque chez tant de nations anciennes on mettait des vivres fur leurs tombeaux.

La difficulté était de favoir fi c'était l'ame ou le corps du mort qui mangeait. Il fut décidé que c'était l'un & l'autre. Les mèts délicats & peu fubftantiels comme les méringues, la crême fouettée & les fruits fondans étaient pour l'ame; les roft-bif étaient pour le corps.

Les rois de Perfe furent, dit-on, les premiers qui fe firent fervir à manger après leur mort. Prefque tous les rois d'aujourd'hui les imitent; mais ce font les moines qui mangent leur dîner & leur fouper, & qui boivent le vin. Ainfi les rois ne font pas à proprement parler des vampires. Les vrais vampires font les moines qui mangent aux dépens des rois & des peuples.

Il eft bien vrai que St. Stanislas qui avait acheté une terre confidérable d'un gentilhomme Polonais, & qui ne l'avait point payée, étant pourfuivi devant le roi Boleslas par les héritiers, reffufcita le gentilhomme; mais ce fut uniquement pour se faire donner quittance. Et il n'est point dit qu'il ait donné seulement un pot de vin au vendeur, lequel s'en retourna dans l'autre monde, sans avoir ni bu ni mangé.

On agite ensuite la grande question, si l'on peut absoudre un vampire qui est mort excommunié. Cela va plus au fait.

Je ne suis pas assez profond dans la théologie pour dire mon avis sur cet article ; mais je serais volontiers pour l'absolution ; parce que dans toutes les affaires douteuses il faut toûjours prendre le parti le plus doux.

Odia restringenda, favores ampliandi.

Le résultat de tout ceci est qu'une grande partie de l'Europe a été infestée de vampires pendant cinq ou six ans, & qu'il n'y en a plus : Que nous avons eu des convulsionnaires en France pendant plus de vingt ans, & qu'il n'y en a plus : Que nous avons eu des possedés pendant dix-sept cent ans, & qu'il n'y en a plus : Qu'on a toûjours ressuscité des morts depuis Hippolite, & qu'on n'en ressuscite plus : Que nous avons eu des jésuites en Espagne, en Portugal, en France, dans les deux Siciles, & que nous n'en avons plus.

VISION.

Quand je parle de vifion, je n'entends pas la manière admirable dont nos yeux apperçoivent les objets, & dont les tableaux de tout ce que nous voyons fe peignent dans la rétine: peinture divine deffinée fuivant toutes les loix des mathématiques, & qui par conféquent eft, ainfi que tout le refte, de la main de l'Eternel géomètre, en dépit de ceux qui font les entendus, & qui feignent de croire que l'œil n'eft pas deftiné à voir, l'oreille à entendre & le pied à marcher. Cette matière a été traitée fi favamment par tant de grands génies, qu'il n'y a plus de grains à ramaffer après leurs moiffons.

Je ne prétends point parler de l'héréfie dont fut accufé le pape Jean XXII, qui prétendait que les faints ne jouiraient de la vifion bétifique qu'après le jugement dernier. Je laiffe là cette vifion.

Mon objet eft cette multitude innombrable de vifions, dont tant de faints perfonnages ont été favorifés ou tourmentés; que tant d'imbécilles ont cru avoir; & avec lefquelles tant de fripons & de friponnes ont attrapé le monde, foit pour fe faire une réputation de béats, de béates, ce qui eſt très flatteur; ſoit pour gagner de l'argent, ce qui eſt encor plus flatteur pour tous les charlatans.

Calmet & Langlet ont fait d'amples recueils de ces viſions. La plus intéreſſante à mon gré, celle qui a produit les plus grands effets, puiſqu'elle a ſervi à la réforme des trois quarts de la Suiſſe, eſt celle de ce jeune jacobin Yetzer, dont j'ai déja entretenu mon cher lecteur. Cet Yetzer vit, comme vous ſavez, pluſieurs fois la ſainte Vierge & ſainte Barbe, qui lui imprimèrent les ſtigmates de Jesus-Christ. Vous n'ignorez pas comment il reçut d'un prieur jacobin une hoſtie ſaupoudrée d'arſenic, & comment l'évêque de Lauſanne voulut le faire brûler pour s'être plaint d'avoir été empoiſonné. Vous avez vu que ces abominations furent une des cauſes du malheur qu'eurent les Bernois de ceſſer d'être catholiques apoſtoliques & romains.

Je ſuis fâché de n'avoir point à vous parler de viſions de cette force.

Cependant vous m'avouerez que la viſion des révérends pères cordeliers d'Orléans en 1534, eſt celle qui en approche le plus, quoique de fort loin. Le procès criminel qu'elle occaſionna eſt encore en manuſcrit dans la bibliothèque du Roi de France, numero 1770.

L'illuſtre maiſon de Saint-Mémin avait fait de grands biens au couvent des cordeliers, & avait fa fépulture dans leur églife. La femme d'un feigneur de Saint-Mémin prevôt d'Orléans étant morte, fon mari croyant que fes ancêtres s'étaient affez appauvris en donnant aux moines, fit un préfent à ces frères qui ne leur parut pas affez confidérable. Ces bons francifcains s'avifèrent de vouloir déterrer la défunte, pour forcer le veuf à faire réenterrer fa femme en leur terre fainte en les payant mieux. Le projet n'était pas fenfé ; car le feigneur de St. Mémin n'aurait pas manqué de la faire inhumer ailleurs. Mais il entre fouvent de la folie dans la friponnerie.

D'abord l'ame de la dame de St. Mémin n'apparut qu'à deux frères. Elle leur dit : *a*) *je fuis damnée comme Judas, parce que mon mari n'a pas donné affez*. Les deux petits coquins, qui rapportèrent ces paroles, ne s'apperçurent pas qu'elles devaient nuire au couvent plutôt que lui profiter. Le but du couvent était d'extorquer de l'argent du feigneur de Saint-Mémin pour le repos de l'ame de fa femme. Or fi Madame de Saint-Mémin était damnée, tout l'argent du monde ne pouvait la fauver : on n'avait rien à donner ; les cordeliers perdaient leur rétribution.

Il y avait dans ce tems-là très peu de bon fens

a) Tiré d'un manufcrit de la bibliothèque de l'évêque de Blois, un Caumartin.

sens en France. La nation avait été abrutie par l'invasion des Francs, & ensuite par l'invasion de la théologie scolastique. Mais il se trouva dans Orléans quelques personnes qui raisonnèrent. Elles se doutèrent que si le grand-Etre avait permis que l'ame de Madame de Saint-Mémin apparût à deux franciscains, il n'était pas naturel que cette ame se fût déclarée *damnée comme Judas*. Cette comparaison leur parut hors d'œuvre. Cette Dame n'avait point vendu notre Seigneur JESUS-CHRIST trente deniers ; elle ne s'était point pendue ; ses intestins ne lui étaient point sortis du ventre ; il n'y avait aucun prétexte pour la comparer à Judas.

Cela donna du soupçon ; & la rumeur fut d'autant plus grande dans Orléans, qu'il y avait déja des hérétiques qui ne croyaient pas à certaines visions, & qui en admettant des principes absurdes, ne laissaient pas pourtant d'en tirer d'assez bonnes conclusions. Les cordeliers changèrent donc de batterie, & mirent la Dame en purgatoire.

Elle apparut donc encor, & déclara que le purgatoire était son partage : mais elle demanda d'être déterrée. Ce n'était pas l'usage qu'on exhumât les purgatoriés ; mais on espérait que Mr. de Saint-Mémin préviendrait cet affront extraordinaire en donnant quelque argent. Cette demande d'être jettée hors de l'église augmenta les soupçons. On savait bien que les ames apparaiſſaient ſouvent ; mais elles ne demandent point qu'on les déterre.

L'ame, depuis ce tems ne parla plus, mais elle lutina tout le monde dans le couvent & dans l'égliſe. Les frères cordeliers l'exorciſèrent. Frère Pierre d'Arras s'y prit pour la conjurer d'une manière qui n'était pas adroite. Il lui diſait, Si tu es l'ame de feue Madame de Saint-Mémin, frappe quatre coups ; & on entendit les quatre coups. Si tu es damnée, frappe ſix coups ; & les ſix coups furent frappés. Si tu es encor plus tourmentée en enfer parce que ton corps eſt enterré en terre ſainte, frappe ſix autres coups ; & ces ſix autres coups furent entendus encor plus diſtinctement *a*). Si nous déterrons ton corps, & ſi nous ceſſons de prier Dieu pour toi, ſeras-tu moins damnée ? frappe cinq coups pour nous le certifier ; & l'ame le certifia par cinq coups.

Cet interrogatoire de l'ame fait par Pierre d'Arras, fut ſigné par vingt-deux cordeliers, à la tête deſquels était le révérend père provincial. Ce père provincial lui fit le lendemain les mêmes queſtions, & il lui fut répondu de même.

On dira que l'ame ayant déclaré qu'elle était en purgatoire, les cordeliers ne devaient pas la ſuppoſer en enfer ; mais ce n'eſt pas ma faute ſi des théologiens ſe contrediſent.

a) Toutes les particularités ſont détaillées dans l'Hiſtoire des apparitions & viſions de l'abbé Langlet.

Le seigneur de Saint-Mémin présenta requête au roi contre les pères cordeliers. Ils présentèrent requête de leur côté ; le roi délégua des juges, à la tête desquels était Adrien Fumée maître des requêtes.

Le procureur-général de la commission requit que lesdits cordeliers fussent brûlés. Mais l'arrêt ne les condamna qu'à faire tous amende honorable la torche au poing, & à être bannis du royaume. Cet arrêt est du 18 Février 1534.

Après une telle vision, il est inutile d'en rapporter d'autres : elles sont toutes ou du genre de la friponnerie, ou du genre de la folie. Les visions du premier genre sont du ressort de la justice : celles du second genre sont ou des visions de fous malades, ou des visions de fous en bonne santé. Les premières appartiennent à la médecine, & les secondes aux petites-maisons.

AVERTISSEMENT.

Nous croyons ne pouvoir mieux terminer ce neuviéme volume que par une nouvelle édition des Lettres de Memmius à Ciceron, que tous les savans ont reconnues unanimement pour être de Memmius.

LETTRES DE MEMMIUS
A CICERON.

PRÉFACE.

Nul homme de lettres n'ignore que Titus Lucretius Carus, nommé parmi nous Lucrèce, fit son beau poëme pour former, comme on dit, l'esprit & le cœur, de Caius Memmius Gemellus, jeune homme d'une grande espérance, & d'une des plus anciennes maisons de Rome.

Ce Memmius devint meilleur philosophe que son maître, comme on le verra par ses lettres à Ciceron.

L'amiral Russe Shermetof les ayant lues en manuscrit à Rome dans la bibliothèque du Vatican, s'amusa à les traduire dans sa langue pour former l'esprit & le cœur d'un de ses neveux. Nous les avons traduites du russe en français, n'ayant pas eu comme monsieur l'amiral la faculté de consulter la bibliothèque du Vatican. Mais nous pouvons assurer que les deux traductions sont de la plus grande fidélité. On y verra l'esprit de Rome tel qu'il était alors (car il a bien changé depuis.) La philosophie de Memmius est quelquefois un peu *hardie : on peut faire le même reproche à celle de* Ciceron *& de tous les grands-hommes de l'antiquité. Ils avaient tous le malheur de n'avoir pu lire la Somme de* St. Thomas *d'Aquin. Cependant, on trouve dans eux certains traits de lumière naturelle qui ne laissent pas de faire plaisir.*

LETTRE PREMIERE.

J'apprends avec douleur, mon cher *Tullius*, mais non pas avec surprise la mort de mon ami *Lucrèce*. Il est affranchi des douleurs d'une vie qu'il ne pouvait plus supporter ; ses maux étaient incurables ; c'est là le cas de mourir. Je trouve qu'il a eu beaucoup plus de raison que *Caton*; car si vous & moi & *Brutus* nous avons survécu à la république, *Caton* pouvait bien lui survivre aussi. Se flattait-il d'aimer mieux la liberté que nous tous ? ne pouvait-il pas comme nous accepter l'amitié de *César ?* croyait-il qu'il était de son devoir de se tuer parce qu'il avait perdu la bataille de *Tapsa ?* Si cela était, *César* lui-même aurait dû se donner un coup de poignard après sa défaite à *Dirrachium*; mais il sut se réserver pour des destins meilleurs. Notre ami *Lucrèce* avait un ennemi plus implacable que *Pompée*, c'est la nature. Elle ne pardonne point quand elle a porté son arrêt ; *Lucrèce* n'a fait que le prévenir de quelques mois ; il aurait souffert, & il ne souffre plus. Il s'est servi du droit de sortir de sa maison quand elle est prête à tomber. Vis tant que tu as une juste espérance ; l'as-tu perdue ? meurs ; c'était-là sa règle, c'est la mienne. J'approuve *Lucrèce*, & je le regrette.

Sa mort m'a fait relire son poëme, par lequel il vivra éternellement. Il le fit autrefois pour moi ; mais le disciple s'est bien écarté du maître ; nous ne sommes ni vous ni moi de sa secte ; nous sommes académiciens. C'est au fond n'être d'aucune secte.

Je vous envoye ce que je viens d'écrire sur les principes de mon ami, je vous prie de le corriger. Les sénateurs aujourd'hui n'ont plus rien à faire qu'à philosopher ; c'est à *César* de gouverner la terre ; mais c'est à *Cicéron* de l'instruire. Adieu.

LETTRE SECONDE.

Vous avez raison, grand-homme, *Lucrèce* est admirable dans ses exordes, dans ses descriptions, dans sa morale, dans tout ce qu'il dit contre la superstition. Ce beau vers,

Tantum Relligio potuit suadere malorum,

durera autant que le monde. S'il n'était pas

un physicien aussi ridicule que tous les autres; il serait un homme divin. Ses tableaux de la superstition m'affectèrent surtout bien vivement dans mon dernier voyage d'Egypte & de Syrie. Nos poulets sacrés & nos augures dont vous vous moquez avec tant de grace dans votre traité de la *Divination*, sont des choses sensées en comparaison des horribles absurdités dont je fus témoin. Personne ne les a plus en horreur que la reine *Cléopatre* & sa cour. C'est une femme qui a autant d'esprit que de beauté. Vous la verrez bientôt à Rome; elle est bien digne de vous entendre. Mais toute souveraine qu'elle est en Egypte, toute philosophe qu'elle est, elle ne peut guérir sa nation. Les prêtres l'assassineraient; le sot peuple prendrait leur parti, & crierait que les saints prêtres ont vengé *Serapis* & les chats.

C'est bien pis en Syrie; il y a cinquante Relligions, & c'est à qui surpassera les autres en extravagances. Je n'ai pas encore approfondi celle des Juifs, mais j'ai connu leurs mœurs: *Crassus* & *Pompée* ne les ont point assez châtiés. Vous ne les connaissez point à Rome: ils s'y bornent à vendre des philtres, à faire le métier de courtiers, à rogner les espèces. Mais chez eux ils sont les plus insolens de tous les hommes, détestés de tous leurs voisins, & les détestant tous. Toûjours ou voleurs, ou volés, ou brigands ou esclaves, assassins & assassinés tour-à-tour.

Les Perses, les Scythes font mille fois plus raisonnables ; les bracmanes en comparaison d'eux sont des Dieux bienfesans.

Je sais bien bon gré à *Pompée* d'avoir daigné le premier des Romains entrer par la brèche dans ce temple de Jérusalem qui était une citadelle assez forte, & je sais encor plus de gré au dernier des Scipions d'avoir fait pendre leur roitelet qui avait osé prendre le nom d'*Alexandre*.

Vous avez gouverné la Cilicie, dont les frontières touchent presque à la Palestine ; vous avez été témoin des barbaries & des superstitions de ce peuple, vous l'avez bien caractérisé dans votre belle oraison pour *Flaccus*. Tous les autres peuples ont commis des crimes ; les Juifs sont les seuls qui s'en soient vantés. Ils sont tous nés avec la rage du fanatisme dans le cœur, comme les Germains & les Anglais naissent avec des cheveux blonds. Je ne serais point étonné que cette nation ne fût un jour funeste au genre-humain.

Louez donc avec moi notre *Lucrèce* d'avoir porté tant de coups mortels à la superstition. S'il s'en était tenu là, toutes les nations devraient venir aux portes de Rome couronner de fleurs son tombeau.

TROISIEME LETTRE.

J'entre en matière tout-d'un-coup cette fois-ci, & je dis malgré *Lucrèce* & *Epicure*, non pas qu'il y a des Dieux, mais qu'il exiſte un DIEU. Bien des philoſophes me ſiffleront, ils m'appelleront *eſprit faible*; mais comme je leur pardonne leur témérité, je les ſupplie de me pardonner ma faibleſſe.

Je ſuis du ſentiment de *Balbus* dans votre excellent ouvrage de la *Nature des Dieux*. La terre, les aſtres, les végétaux, les animaux, tout m'annonce une intelligence productrice.

Je dis avec *Platon* (ſans adopter ſes autres principes) : Tu crois que j'ai de l'intelligence parce que tu vois de l'ordre dans mes actions, des rapports & une fin. Il y en a mille fois plus dans l'arrangement de ce monde. Juge donc que ce monde eſt arrangé par une intelligence ſuprême.

On n'a jamais répondu à cet argument que par des ſuppoſitions puériles ; perſonne n'a jamais été abſurde pour nier que la ſphère d'*Archimède*, & celle de *Poſſidonius* ſoient des ouvrages de grands mathématiciens : elles ne ſont cependant que des images très faibles, très imparfaites de cette immenſe ſphère du monde que *Platon* appelle avec tant de raiſon *l'ouvrage de l'éternel géomètre*. Comment donc oser supposer que l'original est l'effet du hazard quand on avoue que la copie est de la main d'un grand génie ?

Le hazard n'est rien ; il n'est point de hazard. Nous avons nommé ainsi l'effet que nous voyons d'une cause que nous ne voyons pas. Point d'effet sans cause ; point d'existence sans raison d'exister ; c'est-là le premier principe de tous les vrais philosophes.

Comment *Epicure*, & ensuite *Lucrèce* ont-ils le front de nous dire que des atomes s'étant fortuitement accrochés, ont produit d'abord des animaux, les uns sans bouche, les autres sans viscères, ceux-ci privés de pieds, ceux-là de têtes, & qu'enfin le même hazard a fait naître des animaux accomplis.

C'est ainsi, disent-ils, qu'on voit encor en Egypte des rats dont une moitié est formée, & dont l'autre n'est encor que de la fange. Ils se sont bien trompés ; ces sotises pouvaient être imaginées par des Grecs ignorans qui n'avaient jamais été en Egypte. Le fait est faux ; le fait est impossible. Il n'y eut, il n'y aura jamais ni d'animal, ni de végétal sans germe. Quiconque dit que la corruption produit la génération, est un rustre, & non pas un philosophe ; c'est un ignorant qui n'a jamais fait d'expérience.

J'ai trouvé de ces vils charlatans qui me disaient, il faut que le bled pourrisse & germe dans la terre pour ressusciter, se former, &

nous alimenter. Je leur dis, Misérables, fervez-vous de vos yeux avant de vous servir de votre langue ; suivez les progrès de ce grain que je confie à la terre ; voyez comme il s'attendrit, comme il s'enfle, comme il se relève, & avec quelle vertu incompréhensible il étend ses racines & ses enveloppes. Quoi ! vous avez l'impudence d'enseigner les hommes, & vous ne savez pas seulement d'où vient le pain que vous mangez.

Mais qui a fait ces astres, cette terre, ces animaux, ces végétaux, ces germes, dans lesquels un art si merveilleux éclate ? il faut bien que ce soit un sublime artiste ; il faut bien que ce soit une intelligence prodigieusement au-dessus de la nôtre, puis qu'elle a fait ce que nous pouvons à peine comprendre. Et cette intelligence, cette puissance, c'est ce que j'appelle Dieu.

Je m'arrête à ce mot. La foule & la suite de mes idées produiraient un volume au lieu d'une lettre. Je vous envoye ce petit volume, puisque vous le permettez ; mais ne le montrez qu'à des hommes qui vous ressemblent, à des hommes sans impiété & sans superstition, dégagés des préjugés de l'école & de ceux du monde, qui aiment la vérité & non la dispute ; qui ne sont certains que de ce qui est démontré, & qui se défient encor de ce qui est le plus vraisemblable.

Ici suit le traité de Memmius.

A CICÉRON. 333

1º.

QU'IL N'Y A QU'UN DIEU CONTRE EPICURE, LUCRÈCE ET AUTRES PHILOSOPHES.

Je ne dois admettre que ce qui m'est prouvé; & il m'est prouvé qu'il y a dans la nature une puissance intelligente. *a*)

Cette puissance intelligente est-elle séparée du grand tout? y est-elle unie? y est-elle identifiée? en est-elle le principe? y a-t-il plusieurs puissances intelligentes pareilles?

J'ai été effrayé de ces questions que je me suis faites à moi-même. C'est un poids immense que je ne puis porter; pourai-je au moins le soulever?

Les arbres, les plantes, tout ce qui jouït de la vie, & surtout l'homme, la terre, la mer, le soleil, & tous les astres, m'ayant appris qu'il est une intelligence active, c'est-à-dire un DIEU, je leur ai demandé à tous ce que c'est que DIEU, où il habite, s'il a des associés? J'ai contemplé le divin ouvrage, & je n'ai point vu l'ouvrier; j'ai interrogé la nature; elle est demeurée muette.

Mais, sans me dire son secret, elle s'est montrée, & c'est comme si elle m'avait parlé; je crois l'entendre. Elle me dit, Mon soleil fait éclore & meurir mes fruits sur ce petit

a) Il l'a prouvé dans sa troisième lettre.

globe qu'il éclaire, & qu'il échauffe ainsi que les autres globes. L'astre de la nuit donne sa lumiere réfléchie à la terre qui lui envoye la sienne ; tout est lié, tout est assujetti à des loix qui jamais ne se démentent ; donc tout a été combiné par une seule intelligence.

Ceux qui en supposeraient plusieurs doivent absolument les supposer ou contraires, ou d'accord ensemble, ou différentes, ou semblables. Si elles sont différentes & contraires, elles n'ont pu faire rien d'uniforme. Si elles sont semblables, c'est comme s'il n'y en avait qu'une. Tous les philosophes conviennent qu'il ne faut pas multiplier les êtres sans nécessité ; ils conviennent donc tous, malgré eux, qu'il n'y a qu'un DIEU suprème.

La nature a continué, & m'a dit : Tu me demandes où est ce DIEU ? il ne peut être que dans moi ; car s'il n'est pas dans la nature, où serait-il ? dans les espaces imaginaires ? Il ne peut être une substance à part ; il m'anime, il est ma vie. Ta sensation est dans tout ton corps, DIEU est dans tout le mien. A cette voix de la nature, j'ai conclu qu'il m'est impossible de nier l'existence de ce DIEU, & impossible de le connaître.

Ce qui pense en moi, ce que j'appelle *mon ame*, ne se voit pas ; comment pourais-je voir ce qui est l'ame de l'univers entier ?

2°.

Suite des probabilités de l'unité de Dieu.

Platon, *Ariſtote*, *Ciceron* & moi, nous ſommes des animaux, c'eſt-à-dire, nous ſommes animés. Il ſe peut que dans d'autres globes il ſoit des animaux d'une autre eſpèce, mille millions de fois plus éclairés & plus puiſſans que nous ; comme il ſe peut qu'il y ait des montagnes d'or & des rivières de nectar. On appellera ces animaux *Dieux* improprement, mais il ſe peut auſſi qu'il n'y en ait pas : nous ne devons donc pas les admettre. La nature peut exiſter ſans eux : mais ce que nous connaiſſons de la nature ne pouvait exiſter ſans un deſſein, ſans un plan ; & ce deſſein, ce plan ne pouvait être conçu & exécuté ſans une intelligence puiſſante ; donc je dois reconnaître cette intelligence, ce Dieu, & rejetter tous ces prétendus Dieux habitans des planètes & de l'olympe ; & tous ces prétendus fils de Dieu, les *Bacchus*, les *Hercules*, les *Perſées*, les *Romulus*, &c. &c. Ce ſont des fables miléſiennes, des contes de ſorciers. Un Dieu ſe joindre à la nature humaine ! j'aimerais autant dire que des éléphans ont fait l'amour à des puces, & en ont eu de la race ; cela ſerait bien moins impertinent.

Tenons-nous-en donc à ce que nous voyons évidemment, que dans le grand tout il est une grande intelligence. Fixons-nous à ce point jufqu'à-ce que nous puiffions faire encor quelques pas dans ce vafte abîme.

3°.

Contre les athées.

Il était bien hardi ce *Straton* qui accordant l'intelligence aux opérations de fon chien de chaffe, la niait aux œuvres merveilleufes de toute la nature. Il avait le pouvoir de penfer ; & il ne voulait pas qu'il y eût dans la fabrique du monde un pouvoir qui penfât.

Il difait que la nature feule, par fes combinaifons, produit des animaux penfans. Je l'arrête là & je lui demande quelle preuve il en a ? il me répond que c'eft fon fyftême, fon hypothèfe ; que cette idée en vaut bien une autre.

Mais moi je lui dis, je ne veux point d'hypothèfe, je veux des preuves. Quand *Poffidonius* me dit qu'il peut quarrer des lunules du cercle, & qu'il ne peut quarrer le cercle, je ne le crois qu'après en avoir vu la démonftration.

Je ne fais pas fi dans la fuite des tems il fe trouvera quelqu'un d'affez fou pour affurer que la matière, fans penfer, produit d'ellemême

même des milliards d'êtres qui penfent. Je lui foutiendrai que fuivant ce beau fyftême, la matière pourait produire un DIEU fage, puiffant & bon.

Car fi la matière feule a produit *Archimède* & vous, pourquoi ne produirait-elle pas un être qui ferait incomparablement au-deffus d'*Archimède* & de vous par le génie, au-deffus de tous les hommes enfemble, par la force & par la puiffance, qui difpoferait des élémens beaucoup mieux que le potier ne rend un peu d'argile fouple à fes volontés, en un mot, un DIEU? Je n'y vois aucune difficulté. Cette folie fuit évidemment de fon fyftême.

4°.

SUITE DE LA RÉFUTATION DE L'ATHÉISME.

D'autres, comme *Architas*, fupputent que l'univers eft le produit des nombres. Oh que les chances ont de pouvoir! Un coup de dez doit néceffairement amener rafles de mondes; car le feul mouvement de trois dez dans un cornet vous aménera rafle de fix, le point de Vénus, très aifément en un quart d'heure. La matière toûjours en mouvement dans toute l'éternité doit donc amener toutes les combinaifons poffibles. Ce monde eft une de ces combinaifons; donc elle avait autant de

Neuviéme partie. Y

droit à l'existence que toutes les autres ; donc elle devait arriver ; donc il était impossible qu'elle n'arrivât pas, toutes les autres combinaisons ayant été épuisées ; donc à chaque coup de dez il n'y avait que l'unité à parier contre l'infini que cet univers serait formé tel qu'il est.

Je laisse *Architas* jouer un jeu aussi désavantageux ; & puisqu'il y a toûjours l'infini contre un à parier contre lui, je le fais interdire par le préteur, de peur qu'il ne se ruine. Mais avant de lui ôter la jouissance de son bien, je lui demande comment à chaque instant le mouvement de son cornet qui roule toûjours ne détruit pas ce monde si ancien, & n'en forme pas un nouveau ?

Vous riez de toutes ces folies, sage *Ciceron*, & vous en riez avec indulgence. Vous laissez tous ces enfans souffler en l'air sur leurs bouteilles de savon : leurs vains amusemens ne seront jamais dangereux. Un an des guerres civiles de *César* & de *Pompée* a fait plus de mal à la terre que n'en pouraient faire tous les athées ensemble pendant toute l'éternité.

5°.

RAISON DES ATHÉES.

Quelle est la raison qui fait tant d'athées ? c'est la contemplation de nos malheurs & de nos crimes. *Lucrèce* était plus excusable que personne ; il n'a vu autour de lui , & n'a éprouvé que des calamités. Rome depuis *Sylla* doit exciter la pitié de la terre dont elle a été le fléau. Nous avons nagé dans notre sang. Je juge par tout ce que je vois, par tout ce que j'entends , que *César* sera bientôt assassiné. Vous le pensez de meme. Mais après lui je prévois des guerres civiles plus affreuses que celles dans lesquelles j'ai été enveloppé. *César* lui-même dans tout le cours de sa vie qu'a-t-il vu , qu'a-t-il fait ? des malheureux. Il a exterminé de pauvres Gaulois qui s'exterminaient eux-mêmes dans leurs continuelles factions. Ces barbares étaient gouvernés par des druides qui sacrifiaient les filles des citoyens après avoir abusé d'elles. De vieilles sorcières sanguinaires étaient à la tête des hordes germaniques qui ravageaient la Gaule, & qui n'ayant pas de maison , allaient piller ceux qui en avaient. *Arioviste* était à la tête de ces sauvages ; & leurs magiciennes avaient un pouvoir absolu sur *Arioviste*. Elles lui défendirent de livrer bataille avant la nouvelle lune. Ces furies allaient sacrifier à leurs Dieux *Procilius* & *Titius* deux ambassadeurs envoyés par *César* à ce perfide *Arioviste* , lorsque nous arrivames & que nous délivrames ces deux citoyens que nous trouvames chargés de chaînes. La nature humaine , dans ces cantons , était celle des bêtes féroces ; & en vérité nous ne valions guères mieux.

Jettez les yeux fur toutes les autres nations connues ; vous ne voyez que des tyrans & des efclaves, des dévaftations, des confpirations & des fupplices.

Les animaux font encor plus miférables que nous ; affujettis aux mêmes maladies, ils font fans aucun fecours ; nés tous fenfibles, ils font dévorés les uns par les autres. Point d'efpèce qui n'ait fon bourreau. La terre d'un pole à l'autre eft un champ de carnage; & la nature fanglante eft affife entre la naiffance & la mort.

Quelques poëtes, pour remédier à tant d'horreurs, ont imaginé les enfers. Etrange confolation ! étrange chimère ! les enfers font chez nous. Le chien à trois têtes, & les trois parques, & les trois furies font des agneaux en comparaifon de nos *Sylla* & de nos *Marius*.

Comment un Dieu aurait-il pu former ce cloaque épouvantable de miferes & de forfaits ? On fuppofe un Dieu puiffant, fage, jufte & bon : & nous voyons de tous côtés folie, injuftice & méchanceté. On aime mieux alors nier Dieu que le blafphémer. Auffi avons-nous cent épicuriens contre un platonicien. Voilà les vraies raifons de l'athéifme; le refte eft difpute d'école.

6°.

RÉPONSE AUX PLAINTES DES ATHÉES.

A ces plaintes du genre-humain, à ces cris éternels de la nature toûjours souffrante, que répondrai-je ?

J'ai vu évidemment des fins & des moyens. Ceux qui disent que ni l'œil n'est fait pour voir, ni l'oreille pour entendre, ni l'estomac pour digérer, m'ont paru des fous ridicules : mais ceux qui dans leurs tourmens me baignent de leurs larmes, qui cherchent un Dieu consolateur & qui ne le trouvent pas, ceux-là m'attendrissent; je gémis avec eux, & j'oublie de les condamner.

Mortels qui souffrez & qui pensez, compagnons de mes supplices, cherchons ensemble quelque consolation, & quelques argumens. Je vous ai dit qu'il est dans la nature une intelligence, un Dieu; mais vous ai-je dit qu'il pouvait faire mieux? le sais-je? dois-je le présumer? suis-je de ses conseils? je le crois très sage; son soleil & ses étoiles me l'apprennent. Je le crois très juste & très bon; car d'où lui viendrait l'injustice & la malice? il y a du bon, donc Dieu l'est; il y a du mal, donc ce mal ne vient point de lui. Comment enfin dois-je envisager Dieu? comme un père qui n'a pu faire le bien de tous ses enfans.

7°.

SI DIEU EST INFINI ET S'IL A PU EMPÊCHER LE MAL.

Quelques philosophes me crient, DIEU est éternel, infini, tout-puissant ; il pouvait donc défendre au mal d'entrer dans son édifice admirable.

Prenez garde, mes amis, s'il l'a pu, & s'il ne l'a pas fait, vous le déclarez méchant ; vous en faites notre persécuteur, notre bourreau, & non pas notre DIEU.

Il est éternel sans doute. Dès qu'il existe quelque être, il existe un être de toute éternité ; sans quoi le néant donnerait l'existence. La nature est éternelle, l'intelligence qui l'anime est éternelle. Mais d'où savons-nous qu'elle est infinie ? la nature est-elle infinie ? qu'est-ce que l'infini actuel ? nous ne connaissons que des bornes ; il est vraisemblable que la nature a les siennes ; le vide en est une preuve. Si la nature est limitée, pourquoi l'intelligence suprème ne le ferait-elle pas ? pourquoi ce DIEU qui ne peut être que dans la nature, s'étendrait-il plus loin qu'elle ? sa puissance est très grande : mais qui nous a dit qu'elle est infinie, quand ses ouvrages nous montrent le contraire ? quand la seule ressource qui nous reste pour le disculper est d'avouer que son pouvoir n'a pu triompher du mal physique & moral ? Certes j'aime mieux l'adorer borné que méchant.

Peut-être dans la vaste machine de la nature, le bien l'a-t-il emporté nécessairement sur le mal ; & l'Eternel artisan a été forcé dans ses moyens en faisant encor (malgré tant de maux) ce qu'il y avait de mieux.

Peut-être la matière a été rebelle à l'intelligence qui en disposait les ressorts.

Qui sait enfin si le mal qui règne depuis tant de siécles ne produira pas un plus grand bien dans des tems encor plus longs?

Hélas! faibles & malheureux humains, vous portez les mêmes chaînes que moi ; vos maux sont réels ; & je ne vous console que par des peut-être.

8º.

SI DIEU ARRANGEA LE MONDE DE TOUTE ÉTERNITÉ.

Rien ne se fait de rien. Toute l'antiquité, tous les philosophes sans exception conviennent de ce principe. Et en effet, le contraire parait absurde. C'est même une preuve de l'éternité de DIEU. C'est bien plus, c'est sa justification. Pour moi, j'admire comment cette auguste intelligence a pu construire cet immense édifice avec de la simple matière. On s'étonnait autrefois que les peintres avec quatre couleurs pussent varier tant de nuances.

Quels hommages ne doit-on pas au grand *Demiourgos* qui a tout fait avec quatre faibles élémens.

Nous venons de voir que fi la matière exiſtait, Dieu exiſtait auſſi.

Quand l'a-t-il fait obéir à ſa main puiſſante ? quand l'a-t-il arrangée ?

Si la matière exiſtait dans l'éternité, comme tout le monde l'avoue, ce n'eſt pas d'hier que la ſuprême intelligence l'a miſe en œuvre. Quoi ! Dieu eſt néceſſairement actif, & il aurait paſſé une éternité ſans agir ! il eſt le grand-Etre néceſſaire : comment aurait-il été pendant des ſiécles éternels le grand-Etre inutile ?

Le chaos eſt une imagination poétique. Ou la matière avait par elle-même de l'énergie, ou cette énergie était dans Dieu. Dans le premier cas tout ſe ſerait donné de lui-même & ſans deſſein, le mouvement, l'ordre & la vie, ce qui nous ſemble abſurde.

Dans le ſecond cas, Dieu aura tout fait ; mais il aura toûjours tout fait ; il aura toûjours tout diſpoſé néceſſairement de la manière la plus prompte & la plus convenable au ſujet ſur lequel il travaillait.

Si on peut comparer Dieu au ſoleil ſon éternel ouvrage, il était comme cet aſtre, dont les rayons émanent des qu'il exiſte. Dieu en formant le ſoleil lumineux ne pouvait lui ôter ſes taches. Dieu en formant l'homme avec des paſſions néceſſaires, ne pouvait peut-être prévenir ni ses vices, ni ses désastres. Toûjours des peut-être; mais je n'ai point d'autre moyen de justifier la Divinité.

Cher *Ciceron*, je ne demande point que vous pensiez comme moi, mais que vous m'aidiez à penser.

9°.

DES DEUX PRINCIPES, ET DE QUELQUES AUTRES FABLES.

Les Perses, pour expliquer l'origine du mal, imaginèrent il y a quelques neuf mille ans, que DIEU, qu'ils appellent *Oromaze*, ou *Orosmad*, s'était complu à former un être puissant & méchant, qu'ils nomment, je crois, *Arimane*, pour lui servir d'antagoniste; & que le bon *Oromaze* qui nous protège, combat sans cesse *Arimane* le malin qui nous persécute. C'est ainsi que j'ai vu un de mes centurions qui se battait tous les matins contre son singe pour se tenir en haleine.

D'autres Perses, & c'est, dit-on, le plus grand nombre, croyent le tyran *Arimane* aussi ancien que le bon prince *Orosmad*. Ils disent qu'il casse les œufs que le favorable *Orosmad* pond sans cesse, & qu'il y fait entrer le mal; qu'il répand les ténèbres partout où l'autre envoye la lumière; les maladies quand l'autre donne la santé; & qu'il fait toûjours marcher la mort à la suite de la vie. Il me semble que je vois deux charlatans en plein marché, dont l'un diftribue des poifons, & l'autre des antidotes.

Des mages s'efforceront, s'ils veulent, de trouver de la raifon dans cette fable. Pour moi, je n'y apperçois que du ridicule ; je n'aime point à voir Dieu qui eft la raifon même, toûjours occupé comme un gladiateur à combattre une bête féroce.

Les Indiens ont une fable plus ancienne ; trois Dieux réunis dans la même volonté, *Birma* ou *Brama*, la puiffance & la gloire ; *Vitfnou* ou *Bitfnou*, la tendreffe & la bienfaifance ; *Sub* ou *Sib*, la terreur & la deftruction, créèrent d'un commun accord des demi-dieux, des *debta*, dans le ciel. Ces demi-dieux fe révoltèrent, ils furent précipités dans l'abîme par les trois Dieux, ou plutôt par le grand Dieu qui préfidait à ces trois. Après des fiécles de punition, ils obtinrent de devenir hommes ; & ils apportèrent le mal fur la terre ; ce qui obligea Dieu, ou les trois Dieux de donner fa nouvelle loi du Veidam.

Mais ces coupables, avant de porter le mal fur la terre, l'avaient déja porté dans le ciel. Et comment Dieu avait-il créé des êtres qui devaient fe révolter contre lui ? comment Dieu aurait-il donné une feconde loi dans fon Veidam ? fa première était donc mauvaife.

Ce conte oriental ne prouve rien, n'explique rien ; il a été adopté par quelques nations asiatiques ; & enfin, il a servi de modèle à la guerre des Titans.

Les Egyptiens ont eu leur *Osiris* & leur *Typhon*.

Le *Jupiter* d'Homère avec ses deux tonneaux, me fait lever les épaules. Je n'aime point *Jupiter* cabaretier donnant-comme tous les autres cabaretiers plus de mauvais vin que de bon. Il ne tenait qu'à lui de faire toûjours du falerne.

Le plus beau, le plus agréable de tous les contes inventés pour justifier ou pour accuser la providence, ou pour s'amuser d'elle, est la boete de *Pandore*. Ainsi on n'a jamais débité que des fables comiques sur la plus triste des vérités.

10°.

SI LE MAL EST NÉCESSAIRE.

Tous les hommes ayant épuisé en vain leur génie à deviner comment le mal peut exister sous un DIEU bon, quel téméraire osera se flatter de trouver ce que *Ciceron* cherche encor en vain ? Il faut bien que le mal n'ait point d'origine, puisque *Ciceron* ne l'a pas découverte.

Ce mal nous crible & nous pénètre de tous côtés, comme le feu s'incorpore à tout ce qui le nourrit, comme la matière étherée court dans tous les pores : le bien fait à-peu-près le même effet. Deux amans jouiſſans goûtent le bonheur dans tout leur être ; cela eſt ainſi de tout tems. Que puis-je en penſer ? ſinon que cela fut néceſſaire de tout tems.

Je ſuis donc ramené malgré moi à cette ancienne idée que je vois être la baſe de tous les ſyſtèmes, dans laquelle tous les philoſophes retombent après mille détours, & qui m'eſt démontrée par toutes les actions des hommes, par les miennes, par tous les événemens que j'ai lus, que j'ai vus, & auxquels j'ai eu part ; c'eſt le fataliſme, c'eſt la néceſſité dont je vous ai déja parlé.

Si je deſcends dans moi-même, qu'y vois-je que le fataliſme ? ne falait-il pas que je nâquiſſe quand les mouvemens des entrailles de ma mère ouvrirent ſa matrice, & me jettèrent néceſſairement dans le monde ? pouvait-elle l'empêcher ? pouvais - je m'y oppoſer ? me ſuis - je donné quelque choſe ? toutes mes idées ne ſont - elles pas entrées ſucceſſivement dans ma tête ſans que j'en aye appellé aucune ? ces idées n'ont-elles pas déterminé invinciblement ma volonté, ſans quoi ma volonté n'aurait point eu de cauſe. Tout ce que j'ai fait n'a - t- il pas été la ſuite néceſſaire de toutes ces prémiſſes néceſſaires ? n'en eſt-il pas ainſi dans toute la nature ?

Ou ce qui exiſte eſt néceſſaire, ou il ne l'eſt pas. S'il ne l'eſt pas, il eſt démontré inutile. L'univers en ce cas ferait inutile ; donc il exifte d'une nécellité abfolue. DIEU fon moteur, fon fabricateur, fon ame, ferait inutile ; donc DIEU exifte & opère d'une néceflité abfolue, comme nous l'avons dit. Je ne puis fortir de ce cercle dans lequel je me fens renfermé par une force invincible.

Je vois une chaîne immenfe dont tout eft chaînon ; elle embraffe, elle ferre aujourd'hui la nature ; elle l'embraffait hier, elle l'entourera demain ; je ne puis ni voir, ni concevoir un commencement des chofes. Ou rien n'exifte ; ou tout eft éternel.

Je me fens irréfiftiblement déterminé à croire le mal néceffaire, puifqu'il eft. Je n'apperçois d'autre raifon de fon exiftence que cette exiftence même.

O *Ciceron*, détrompez-moi, fi je fuis dans l'erreur ; mais en combien d'endroits êtes-vous de mon avis dans votre livre *de fato*, fans prefque vous en appercevoir ! tant la vérité a de force, tant la deftinée vous entraînait malgré vous, lors même que vous la combattiez !

110.

CONFIRMATION DES PREUVES DE LA NÉCESSITÉ DES CHOSES.

Il y a certainement des chofes que la fuprême intelligence ne peut empêcher. Par exemple, que le passé n'ait existé, que le présent ne soit dans un flux continuel, que l'avenir ne soit la suite du présent ; que les vérités matématiques ne soient vérités. Elle ne peut faire que le contenu soit plus grand que le contenant; qu'une femme accouche d'un éléphant par l'oreille, que la lune passe par un trou d'éguille.

La liste de ces impossibilités serait tres longue. Il est donc encor une fois très vraisemblable que DIEU n'a pu empêcher le mal.

Une intelligence sage, puissante & bonne, ne peut avoir fait déliberément des ouvrages de contradictions. Mille enfans naissent avec les organes convenables à leur tête, mais ceux de la poitrine sont viciés. La moitié des conformations est manquée ; & c'est ce qui détruit la moitié des ouvrages de cette intelligence si bonne. Oh si du moins il n'y avait que la moitié de ses créatures qui fût méchante ! mais que de crimes depuis la calomnie jusqu'au parricide ! quoi ! un agneau, une colombe, une tourterelle, un rossignol ne me nuiront jamais, & DIEU me nuirait toûjours ! il ouvrirait des abîmes sous mes pas, ou il engloutirait la ville où je suis né, ou il me livrerait pendant toute ma vie à la souffrance, & cela sans motif, sans raison, sans qu'il en résulte le moindre bien ! non, mon DIEU ; non, Etre suprême, Etre bienfaisant, je ne puis le croire ; je ne puis te faire cette horrible injure.

On me dira peut-être que j'ôte à Dieu sa liberté. Que sa puissance suprême m'en garde. Faire tout ce qu'on peut, c'est exercer sa liberté pleinement. Dieu a fait tout ce qu'un Dieu pouvait faire. Il est beau qu'un Dieu ne puisse faire le mal.

12°.

Réponse a ceux qui objecteraient qu'on fait Dieu étendu, materiel, et qu'on l'incorpore avec la nature.

Quelques platoniciens me reprochent que j'ôte à Dieu sa simplicité, que je le suppose étendu, que je ne le distingue pas assez de la nature ; que je suis plutôt les dogmes de *Straton* que ceux des autres philosophes.

Mon cher *Cicéron*, ni eux, ni vous, ni moi, ne savons ce que c'est que Dieu. Bornons-nous à savoir qu'il en existe un. Il n'est donné à l'homme de connaître ni de quoi les astres sont formés, ni comment est fait le maître des astres.

Que Dieu soit appellé *Etre simple*, j'y consens de tout mon cœur. Simple ou étendu, je l'adorerai également; mais je ne comprends pas ce que c'est qu'un être simple. Quelques rèveurs, pour me le faire entendre, disent qu'un point géométrique est un être simple.

Mais un point géométrique est une supposition, une abstraction de l'esprit, une chimère. DIEU ne peut être un point géométrique, je vois en lui avec *Platon* l'éternel géomètre.

Pourquoi DIEU ne serait-il pas étendu lui qui est dans toute la nature ? en quoi l'étendue répugne-t-elle à son essence ?

Si le grand Etre intelligent & nécessaire opère sur l'étendue, comment agit-il où il n'est pas ? & s'il est en tous les lieux où il agit, comment n'est-il pas étendu ?

Un être dont je pourais nier l'existence dans chaque particule du monde, l'une après l'autre, n'existerait nulle part.

Un être simple est incompréhensible ; c'est un mot vide de sens, qui ne rend DIEU ni plus respectable, ni plus aimable, ni plus puissant, ni plus raisonnable. C'est plutôt le nier que le définir.

On pourra me répondre que notre ame est un exemple, & une preuve de la simplicité du grand Etre ; que nous ne voyons ni ne sentons notre ame, qu'elle n'a point de parties, qu'elle est simple, que cependant elle existe en un lieu, & qu'elle peut ainsi rendre raison du grand Etre simple. C'est ce que nous allons examiner. Mais avant de me plonger dans ce vide, je vous réitère qu'en quelque endroit qu'on pose l'Etre suprême, le mît-on en tout lieu sans qu'il remplît de
place,

place, le reléguât-on hors de tout lieu fans qu'il ceffât d'être, raffemblât-on en lui toutes les contradictions des écoles, je l'adorerai tant que je vivrai, fans croire aucune école, & fans porter mon vol dans des régions où nul mortel ne peut atteindre.

13°.

SI LA NATURE DE L'AME PEUT NOUS FAIRE CONNAITRE LA NATURE DE DIEU.

J'ai conclu déja que puifqu'une intelligence préfide à mon faible corps, une intelligence fuprême préfide au grand tout. Où me conduira ce premier pas de tortue ? pourai-je jamais favoir ce qui fent & ce qui penfe en moi ? eft-ce un être invifible, intangible, incorporel qui eft dans mon corps ? nul homme n'a encor ofé le dire. *Platon* lui-même n'a pas eu cette hardieffe. Un être incorporel qui meut un corps ! un être intangible qui touche tous mes organes dans lefquels eft la fenfation ! un être fimple & qui augmente avec l'âge ! un être incorruptible & qui dépérit par degrés ! quelles contradictions, quel chaos d'idées incompréhenfibles ! quoi ! je ne puis rien connaître que par mes fens, & j'admettrai dans moi un être entiérement oppofé à mes fens ! Tous les animaux ont du fentiment comme moi, tous ont des idées que

Neuvième partie. Z.

leurs sens leur fourniſſent : auront-ils tous une ame comme moi ? nouveau ſujet, nouvelle raiſon d'être non-ſeulement dans l'incertitude ſur la nature de l'ame, mais dans l'étonnement continuel & dans l'ignorance.

Ce que je puis encor moins comprendre, c'eſt la dédaigneuſe & ſotte indifférence dans laquelle croupiſſent preſque tous les hommes, ſur l'objet qui les intéreſſe le plus, ſur la cauſe de leurs penſées, ſur tout leur être. Je ne crois pas qu'il y ait dans Rome deux cent perſonnes qui s'en ſoient réellement occupées. Preſque tous les Romains diſent, que m'importe? & après avoir ainſi parlé ils vont compter leur argent, courent aux ſpectacles ou chez leurs maîtreſſes. C'eſt la vie des déſoccupés. Pour celle des factieux, elle eſt horrible. Aucun de ces gens-là ne s'embarraſſe de ſon ame. Pour le petit nombre qui peut y penſer, s'il eſt de bonne foi il avouera qu'il n'eſt ſatisfait d'aucun ſyſtême.

Je ſuis prêt de me mettre en colère quand je vois *Lucrèce* affirmer que la partie de l'ame qu'on appelle eſprit, intelligence, *animus*, logè au milieu de la poitrine *b*) & que l'autre partie de l'ame qui fait la ſenſation eſt répandue dans le reſte du corps ; de tous les autres ſyſtêmes aucun ne m'éclaire.

b) *Conſilium quod nos animum mentemque vocamus*
  Idque ſitum media regione in corporis haret.

Autant de sectes, autant d'imaginations, autant de chimères. Dans ce conflit de suppositions, sur quoi poser le pied pour monter vers DIEU ? Puis-je m'élever de cette ame que je ne connais point à la contemplation de l'essence suprême que je voudrais connaître ? Ma nature que j'ignore, ne me prête aucun instrument pour sonder la nature du principe universel entre lequel & moi est un si profond abîme.

14°.

COURTE REVUE DES SYSTÊMES SUR L'AME, POUR PARVENIR, SI L'ON PEUT, A QUELQUE NOTION DE L'INTELLIGENCE SUPRÊME.

Si pourtant il est permis à un aveugle de chercher son chemin à tâtons, souffrez, *Ciceron*, que je fasse encor quelques pas dans ce chaos en m'appuyant sur vous. Donnons-nous d'abord le plaisir de jetter un coup d'œil sur tous les systêmes.

Je suis corps, & il n'y a point d'esprits.

Je suis esprit & il n'y a point de corps.

Je possède dans mon corps une ame spirituelle.

Je suis une ame spirituelle qui possède mon corps.

Mon ame est le résultat de mes cinq sens.

Mon ame est un sixiéme sens.

Mon ame eſt une ſubſtance inconnue, dont l'eſſence eſt de penſer & de ſentir.

Mon ame eſt une portion de l'ame univerſelle.

Il n'y a point d'ame.

Quand je m'éveille après avoir fait tous ces ſonges, voici ce que me dit la voix de ma faible raiſon, qui me parle ſans que je ſache d'où vient cette voix.

Je ſuis corps, il n'y a point d'eſprits. Cela me parait bien groſſier. J'ai bien de la peine à penſer fermement que votre oraiſon *pro lege manilia*, ne ſoit qu'un réſultat de la déclinaiſon des atomes.

Quand j'obéis aux commandemens de mon général, & qu'on obéit aux miens, les volontés de mon général & les miennes ne ſont point des corps qui en font mouvoir d'autres par les loix du mouvement. Un raiſonnement n'eſt point le ſon d'une trompette. On me commande par intelligence, j'obéis par intelligence. Cette volonté ſignifiée, cette volonté que j'accomplis n'eſt ni un cube, ni un globe, n'a aucune figure, n'a rien de la matière. Je puis donc la croire immatérielle. Je puis donc croire qu'il y a quelque choſe qui n'eſt pas matière.

Il n'y a que des eſprits & point de corps. Cela eſt bien délié & bien fin; la matière ne ſerait qu'un phénomène. Il ſuffit de manger & de boire, & de s'être bleſſé d'un coup de pierre au bout du doigt pour croire à la matière.

Je possède dans mon corps une ame spirituelle. Qui, moi, je serais la boête dans laquelle serait un être qui ne tient point de place ! moi étendu je serais l'étui d'un être non étendu ! je posséderais quelque chose qu'on ne voit jamais, qu'on ne touche jamais, de laquelle on ne peut avoir la moindre image, la moindre idée ? il faut être bien hardi pour se vanter de posséder un tel trésor. Comment le posséderais-je, puisque toutes mes idées me viennent si souvent, malgré moi, pendant ma veille & pendant mon sommeil ? C'est un plaisant maitre de ses idées qu'un être qui est toûjours maîtrisé par elles.

Une ame spirituelle possède mon corps. Cela est bien plus hardi à elle ; car elle aura beau ordonner à ce corps d'arrêter le cours rapide de son sang, de rectifier tous ses mouvemens internes, il n'obéira jamais. Elle possède un animal bien indocile.

Mon ame est le résultat de tous mes sens. C'est une affaire difficile à concevoir, & par conséquent à expliquer.

Le son d'une lyre, le toucher, l'odeur, la vue, le goût d'une pomme d'Afrique ou de Perse, semblent avoir peu de rapport avec une démonstration d'*Archimède* ; & je ne vois pas bien nettement comment un principe agissant serait dans moi la conséquence de cinq autres principes. J'y rêve, & je n'y entends rien du tout.

Je puis penser sans nez, je puis penser sans goût, sans jouïr de la vue, & même ayant perdu le sentiment du tact. Ma pensée n'est donc pas le résultat des choses qui peuvent m'être enlevées tour-à-tour. J'avoue que je ne me flatterais pas d'avoir des idées si je n'avais jamais eu aucun de mes cinq sens. Mais on ne me persuadera pas que ma faculté de penser soit l'effet de cinq puissances réunies, quand je pense encor après les avoir perdues l'une après l'autre.

L'ame est un sixiéme sens. Ce système a d'abord quelque chose d'éblouïssant. Mais que veulent dire ces paroles ? prétend-on que le nez est un être flairant par lui-même ? mais les philosophes les plus accrédités ont dit que l'ame flaire par le nez, voit par les yeux, & qu'elle est dans les cinq sens. En ce cas, elle ferait aussi dans ce sixiéme sens, s'il y en avait un ; & cet être inconnu nommée *ame* ferait dans six sens au lieu d'être dans cinq. Qui signifierait, *l'ame est un sens ?* on ne peut rien entendre par ces mots, sinon l'ame est une faculté de sentir & de penser ; & c'est ce que nous examinerons.

Mon ame est une substance inconnue, dont l'essence est de penser & de sentir. Cela revient à-peu-près à cette idée que l'ame est un sixiéme sens. Mais dans cette supposition, elle est plutôt mode, accident, faculté que substance.

Inconnue, j'en conviens, mais *substance* je le nie. Si elle était substance, son essence serait de sentir & de penser; comme celle de la matière est l'étendue & la solidité. Alors l'ame sentirait toûjours, & penserait toûjours, comme la matière est toûjours solide & étendue.

Cependant il est très certain que nous ne sentons ni ne pensons toûjours. Il faut être d'une opiniâtreté ridicule, pour soutenir que dans un profond sommeil, quand on ne rêve point, on a du sentiment & des idées. C'est donc un être de raison; une chimère, qu'une prétendue substance qui perdrait son essence pendant la moitié de sa vie.

Mon ame est une portion de l'ame universelle. Cela est plus sublime. Cette idée flatte notre orgueil; elle nous fait des Dieux. Une portion de la Divinité serait divinité elle-même, comme une partie de l'air est de l'air, & une goutte d'eau de l'océan est de la même nature que l'océan. Mais voilà une plaisante divinité qui naît entre la vessie & le rectum, qui passe neuf mois dans un néant absolu, qui vient au monde sans rien connaître, sans rien faire, qui demeure plusieurs mois dans cet état, qui souvent n'en sort que pour s'évanouïr à jamais, & qui ne vit d'ordinaire que pour faire toutes les impertinences possibles.

Je ne me fens point du tout affez infolent pour me croire une partie de la Divinité. *Alexandre* fe fit Dieu ; *Céfar* fe fera Dieu s'il veut ; à la bonne heure ; *Antoine* & *Nicomède* feront fes grands-prêtres, *Cléopatre* fera fa grande-prêtreffe. Je ne prétends point à un tel honneur.

Il n'y a point d'ame. Ce fyftème, le plus hardi, le plus étonnant de tous, eft au fond le plus fimple. Une tulippe, une rofe, ces chefs-d'œuvre de la nature dans les jardins, font produites par une mécanique incompréhenfible, & n'ont point d'ame. Le mouvement qui fait tout, n'eft point une ame, un être penfant. Les infectes qui ont la vie ne nous paraiffent point doués de cet être penfant qu'on appelle *ame*. On admet volontiers dans les animaux un inftinct qu'on ne comprend point, & nous leur refufons une ame que l'on comprend encor moins. Encor un pas, & l'homme fera fans ame.

Que mettrons-nous donc à la place ? du mouvement, des fenfations, des idées, des volontés &c. dans chacun de nos individus. Et d'où viendront ces fenfations, ces idées, ces volontés dans un corps organifé ? elles viendront de fes organes, elles feront dues à l'intelligence fuprême qui anime toute la nature. Cette intelligence aura donné à tous les animaux bien organifés, des facultés qu'on aura nommées *ame* ; & nous avons la puiffance de penfer fans être ame, comme nous avons la puiffance d'opérer des mouvemens fans que nous foyons mouvement.

Qui fait fi ce fyftème n'eft pas plus refpectueux pour la Divinité qu'aucun autre ? il femble qu'il n'en eft point qui nous mette plus fous la main de DIEU. J'ai peur, je l'avoue, que ce fyftème ne faffe de l'homme une pure machine. Examinons cette dernière hypothèfe, & défions-nous d'elle comme de toutes les autres.

15°.

EXAMEN SI CE QU'ON APPELLE AME N'EST PAS UNE FACULTÉ QU'ON A PRISE POUR UNE SUBSTANCE.

J'ai le don de la parole & de l'intonation, de forte que j'articule & que je chante ; mais je n'ai point d'être en moi qui foit articulation & chant. N'eft-il pas bien probable qu'ayant des fenfations & des penfées, je n'ai point en moi un être caché qui foit à la fois fenfation & penfée, ou penfée fentante nommée *ame*.

Nous marchons par les pieds, nous prenons par les mains ; nous penfons, nous voulons par la tête. Je fuis entiérement ici pour *Epicure* & pour *Lucrèce*, & je regarde fon troifiéme livre comme le chef-d'œuvre de la fagacité éloquente. Je doute qu'on puiffe jamais dire rien d'auffi beau, ni d'auffi vraifemblable.

Toutes les parties du corps font fufcepti-
bles de fenfation ; à quoi bon chercher une
autre fubftance dans mon corps, laquelle
fente pour lui ? Pourquoi recourir à une chimère quand j'ai la réalité ?

Mais, me dira-t-on, l'étendue ne fuffit
pas pour avoir des fenfations & des idées.
Ce caillou eft étendu, il ne fent ni ne penfe.
Non ; mais cet autre morceau de matière organifée poffede la fenfation & le don de penfer. Je ne conçois point du tout par quel arti-
fice le mouvement, les fentimens, les idées,
la mémoire, le raifonnement fe logent dans
ce morceau de matière organifée ; mais je le
vois, & j'en fuis la preuve à moi-même.

Je conçois encor moins comment ce mouvement, ce fentiment, ces idées, cette mémoire, ces raifonnemens fe formeraient dans
un être inétendu, dans un être fimple qui me
parait équivaloir au néant. Je n'en ai jamais
vu de ces êtres fimples ; perfonne n'en a vu ;
il eft impoffible de s'en former la plus légère
idée ; ils ne font point néceffaires ; ce font les
fruits d'une imagination exaltée. Il eft donc
encor une fois tres inutile de les admettre.

Je fuis corps, & cet arrangement de mon
corps, cette puiffance de me mouvoir & de
mouvoir d'autres corps, cette puiffance de
fentir & de raifonner ; je les tiens donc de la
puiffance intelligente & néceffaire qui anime
la nature. Voilà en quoi je diffère de *Lucrèce*.

C'est à vous de nous juger tous deux. Dites-moi, lequel vaut le mieux de croire un être invisible, incompréhensible, qui naît & meurt avec nous, ou de croire que nous avons seulement des facultés données par le grand Etre necessaire?

16°.

Des facultés des animaux.

Les animaux ont les mêmes facultés que nous. Organisés comme nous, ils reçoivent comme nous la vie, ils la donnent de même. Ils commencent comme nous le mouvement & le communiquent. Ils ont des sens & des sensations, des idées, de la mémoire. Quel est l'homme assez fou pour penser que le principe de toutes ces choses est un esprit inétendu? Nul mortel n'a jamais osé proférer cette absurdité. Pourquoi donc serions-nous assez insensés pour imaginer cet esprit en faveur de l'homme?

Les animaux n'ont que des facultés, & nous n'avons que des facultés.

Ce serait en vérité une chose bien comique que quand un lézard avale une mouche, & quand un crocodile avale un homme, chacun d'eux avalât une ame.

Que serait donc l'ame de cette mouche? un être immortel descendu du plus haut des cieux pour entrer dans ce corps, une portion détachée de la Divinité ? ne vaut-il pas mieux la croire une simple faculté de cet animal à lui donnée avec la vie ? Et si cet insecte a reçu ce don, nous en dirons autant du singe & de l'éléphant ; nous en dirons autant de l'homme, & nous ne lui ferons point de tort.

J'ai lu dans un philosophe que l'homme le plus grossier est au-dessus du plus ingénieux animal. Je n'en conviens point. On achéterait beaucoup plus cher un éléphant qu'une foule d'imbécilles. Mais quand même cela serait, qu'en pourait-on conclure ? que l'homme a reçu plus de talens du grand Etre, & rien de plus.

17º.

DE L'IMMORTALITÉ.

Que le grand Etre veuille persévérer à nous continuer les mêmes dons après notre mort ; qu'il puisse attacher la faculté de penser à quelque partie de nous-mêmes qui subsistera encore ; à la bonne heure : je ne veux ni l'affirmer, ni le nier : je n'ai de preuve ni pour ni contre. Mais c'est à celui qui affirme une chose si étrange, à la prouver clairement ; & comme jusqu'ici personne ne l'a fait, on me permettra de douter.

Quand nous ne sommes plus que cendre, de quoi nous servirait-il qu'un atome de cette cendre passât dans quelque créature, revêtu des mêmes facultés dont il aurait jouï pendant sa vie ? cette perſonne nouvelle ne ſera pas plus ma perſonne, cet étranger ne ſera pas plus moi que je ne ſerai ce chou & ce melon qui ſe feront formés de la terre où j'aurai été inhumé.

Pour que je fuſſe véritablement immortel, il faudrait que je conſervaſſe mes organes, ma mémoire, toutes mes facultés. Ouvrez tous les tombeaux, raſſemblez tous les oſſemens; vous n'y trouverez rien qui vous donne la moindre lueur de cette eſpérance.

18°.

DE LA METEMPSICOSE.

Pour que la métempſicoſe pût être admiſe, il faudrait que quelqu'un de bonne foi ſe reſſouvînt bien poſitivement qu'il a été autrefois un autre homme. Je ne croirai pas plus que *Pythagore* a été coq, que je ne crois qu'il a eu une cuiſſe d'or.

Quand je vous dis que j'ai des facultés, je ne dis rien que de vrai. Quand j'avoue que je ne me ſuis point fait ces préſens, cela eſt encor d'une vérité évidente. Quand je juge qu'une cauſe intelligente peut ſeule m'avoir donné l'entendement, je ne dis rien encor que de très plauſible, rien qui puiſſe effaroucher la raiſon; mais ſi un charbonnier me dit qu'il a été *Cyrus* & *Hercule*, cela m'étonne; & je le prie de m'en donner des preuves convaincantes.

19°.

DES DEVOIRS DE L'HOMME, QUELQUE SECTE QU'ON EMBRASSE.

Toutes les sectes sont différentes, mais la morale est partout la même. C'est de quoi nous sommes convenus souvent dans nos entretiens avec *Cotta* & *Balbus*. Le sentiment de la vertu a été mis par DIEU dans le cœur de l'homme, comme un antidote contre tous les poisons dont il devait être dévoré. Vous savez que *César* eut un remords quand il fut au bord du Rubicon. Cette voix secrette qui parle à tous les hommes, lui dit qu'il était un mauvais citoyen. Si César, Catilina, Marius, Sylla, Cinna, ont repoussé cette voix, Caton, Atticus, Marcellus, Cotta, Balbus & vous, vous lui avez été dociles.

La connaissance de la vertu restera toûjours sur la terre, soit pour nous consoler, quand nous l'embrasserons, soit pour nous accuser quand nous violerons ses loix.

Je vous ai dit souvent, à *Cotta* & à vous, que ce qui me frappait le plus d'admiration dans toute l'antiquité, était la maxime de Zoroastre. *Dans le doute si une action est juste ou injuste, abstiens-toi.*

Voilà la règle de tous les gens de bien;

voila le principe de toute la morale. Ce principe est l'ame de votre excellent livre des Offices. On n'écrira jamais rien de plus sage, de plus vrai, de plus utile. Désormais ceux qui auront l'ambition d'instruire les hommes & de leur donner des préceptes, seront des charlatans, s'ils veulent s'élever au-dessus de vous ; ou seront tous vos imitateurs.

20º.

QUE MALGRÉ TOUS NOS CRIMES LES PRINCIPES DE LA VERTU SONT DANS LE COEUR DE L'HOMME.

Ces préceptes de la vertu que vous avez enseignés avec tant d'éloquence, grand *Ciceron*, sont tellement gravés dans le cœur humain par les mains de la nature, que les prêtres mêmes d'Egypte, de Syrie, de Caldée, de Phrygie & les nôtres, n'ont pu les effacer. En vain ceux d'Egypte ont consacré des crocodiles, des boucs & des chats, & ont sacrifié à leur ignorance, à leur ambition & leur avarice : en vain les Caldéens ont eu l'absurde insolence de lire l'avenir dans les étoiles : en vain tous les Syriens ont abruti la nature humaine par leurs détestables superstitions : les principes de la morale sont restés inébranlables au milieu de tant d'horreurs & de démences. Les prêtres Grecs eurent beau sacrifier

Iphigénie pour avoir du vent ; les prêtres de toutes les nations connues ont eu beau immoler des hommes ; & c'est en vain que nous-mêmes, nous Romains qui nous réputions sages, nous avons sacrifié depuis peu deux Grecs & deux Gaulois pour expier le crime prétendu d'une vestale. Malgré les efforts de tant de prêtres pour changer tous les hommes en brutes féroces, les loix portées par l'intelligence souveraine de la nature, partout violées, n'ont été abrogées nulle part. La voix qui dit à tous les hommes, Ne fais point ce que tu ne voudrais pas qu'on te fît, sera toûjours entendue d'un bout de l'univers à l'autre.

Tous les prêtres de toutes les religions sont forcés eux-mêmes d'admettre cette maxime. Et l'infame Calcas en assassinant la fille de son roi sur l'autel, disait, C'est pour un plus grand bien que je commets ce parricide.

Toute la terre reconnait donc la nécessité de la vertu. D'où vient cette unanimité, sinon de l'intelligence suprême, sinon du grand *Demiourgos* qui, ne pouvant empêcher le mal, y a porté ce remède éternel & universel ?

21º.

SI L'ON DOIT ESPÉRER QUE LES ROMAINS DEVIENDRONT PLUS VERTUEUX ?

Nous sommes trop riches, trop puissans, trop ambitieux, pour que la république Romaine

maine puisse renaître. Je suis persuadé qu'après *César* il y aura des tems encor plus funestes. Les Romains, après avoir été les tyrans des nations, auront toûjours des tyrans; mais quand le pouvoir monarchique sera affermi, il faudra bien parmi ces tyrans qu'il se trouve quelques bons maitres. Si le peuple est façonné à l'obéissance, ils n'auront point d'intérêt d'être méchans; & s'ils lisent vos ouvrages, ils seront vertueux. Je me console par cette espérance de tous les maux que j'ai vus, & de tous ceux que je prévois.

22°.

SI LA RELIGION DES ROMAINS SUBSISTERA?

Il y a tant de sectes, tant de religions dans l'empire Romain, qu'il est probable qu'une d'elles l'emportera un jour sur toutes les autres. Quoique nous ayons un Jupiter maitre des Dieux & des hommes, que nous appellons le *très puissant* & le *très bon*; cependant *Homère* & d'autres poetes lui ont attribué tant de sotises, & le peuple a tant de Dieux ridicules, que ceux qui proposeront un seul DIEU, pourront bien a la longue chasser tous les nôtres. Qu'on me donne un platonicien entousiaste, & qui soit épris de la gloire d'être chef de parti, je ne désespère pas qu'il réussisse.

J'ai vu dans le voisinage d'Alexandrie au-

Neuvième partie. Aa

deſſous du lac Mœris, une ſecte qui prend le nom de *Thérapeutes* ; ils ſe prétendent tous inſpirés. Ils ont des viſions, ils jeûnent, ils prient. Leur entouſiaſme va juſqu'à mépriſer les tourmens & la mort. Si jamais cet entouſiaſme eſt appuyé des dogmes de *Platon* qui commencent à prévaloir dans Alexandrie, ils pouront à la fin détruire la religion de l'empire ; mais auſſi une telle révolution ne pourait s'opérer ſans beaucoup de ſang répandu. Et ſi jamais on commençait des guerres de religion, je crois qu'elles dureraient des ſiécles, tant les hommes ſont ſuperſtitieux, fous & méchans.

Il y aura toûjours ſur la terre un très grand nombre de ſectes. Ce qui eſt à ſouhaiter, c'eſt qu'aucune ne ſe faſſe jamais un barbare devoir de perſécuter les autres. Nous ne ſommes point tombés juſqu'à préſent dans cet excès. Nous n'avons voulu contraindre ni Egyptiens, ni Syriens, ni Phrygiens, ni Juifs. Prions le grand *Demiourgos*, (ſi pourtant on peut éviter ſa deſtinée) prions-le que la manie de perſécuter les hommes ne ſe répande jamais ſur la terre. Elle deviendrait un ſéjour plus affreux que les poëtes ne nous ont peint le Tartare. Nous gémiſſons ſous aſſez de fléaux ſans y joindre encor cette peſte nouvelle.

Fin de la neuvième partie.

TABLE
DES ARTICLES

contenus dans cette neuviéme partie.

SUPERSTITION. Section troisiéme. *Nouvel exemple de la superstition la plus horrible.* . . . . . Pag. 1.
SYMBOLE ou CRÉDO. . . . 5.
TESTICULES. Section première. . 10.
    Section seconde. . . . . 12.
THÉOCRATIE. *Gouvernement de Dieu ou des Dieux.* . . . . . 13.
TOLÉRANCE. . . . . 19.
    Section seconde. . . . 21.
TONNERRE. . . . . 22.
    Section seconde. . . . 27.
VAPEURS, EXHALAISONS. . 29.
    Que l'air, ou la région des vapeurs n'apporte point la peste. . . 33.

De la puissance des vapeurs. pag. 34.
VENALITÉ. . . . . 35.
VENISE, & par occasion de la liberté. 36.
VENTRES PARESSEUX. . . 39.
VERGE, baguette divinatoire. . . 43.
VÉRITÉ. . . . . . 46.
 Vérités historiques. . . . 49.
 Des degrés de vérité suivant lesquels on juge les accusés. . . . 50.
VERTU. . . . . . 52.
VIE. . . . . . . 55.
VOYAGE DE ST. PIERRE A ROME. 59.
VOLONTÉ. . . . . 66.
XENOPHANES. . . . 69.
XENOPHON, & la retraite des dix mille. . . . . . 71.
ZOROASTRE. . . . 81.

Supplément aux Questions sur l'Encyclopédie.

AGAR. . . . . . 91.
ANTROPOMORPHITES. . . 93.
ANTROPOPHAGES. . . 95.
ARTS, BEAUX-ARTS. . . 96.
 Que la nouveauté des arts ne prouve point la nouveauté du globe. . . . 99.

DES ARTICLES. 373

*Des petits inconvéniens attachés aux arts. pag. 101.
BALA, BATARDS. 102.
BDELLIUM. 103.
CELTES. 104.
CHRISTIANISME. Etablissement du christianisme, dans son état civil & politique. 107.
DÉVOT. 120.
DRUIDES. 122.
ENFERS. 125.
EZOURVEDAM. 128.
FLIBUSTIERS. 129.
GARGANTUA. 133.
GOUT. 137.
HIPATHIE. 138.
HORLOGE. Horloge d'Achas. 140.
JEOVA. 143.
INALIENATION, INALIENABLE. 145.
INNOCENS. Massacre des innocens. 146.
LARMES. 150.
LIBELLE. 153.
MARIE MAGDELAINE. 156.
MONSTRES. 162.
MONTAGNE. 166.

MOUVEMENT. . . pag. 167.
NUDITÉ. . . . . 172.
OZÉE. . . . . 174.
PAUL. . . . . 176.
PRIÈRES. . . . 179.
PARADIS. . . . 182.
POURQUOI (*les*). . . 185.
PURGATOIRE. . . . 190.
    De l'antiquité du purgatoire. . . 192.
    De l'origine du purgatoire. . . 197.
QUAKER, ou QOUACRE. . 199.
QUISQUIS (*du mot*) *de* Ramus, *ou de* La Ramée ; *avec quelques observations utiles sur les persécuteurs, les calomniateurs, & les feseurs de libelles.* 203.
    Exemples des persécutions que des hommes de lettres inconnus ont excitées, ou tâché d'exciter contre des hommes connus. . . . . 206.
    Du Gazetier ecclésiastique. . . 209.
    De Patouillet. . . . 210.
    Du Journal chrétien. . . ibid.
    De Nonotte. . . . 211.
    De Larchet *ancien répétiteur du collège* Mazarin. . . . 213.

Des libelles de Langleviel, dit La Baumelle. . . . . pag. 214.
Observation sur tous ces libelles diffamatoires. . . . . 225.
RAISON. . . . . 226.
RARE. . . . . 229.
RIME. . . . . 232.
RIRE. . . . . 236.
RUSSIE. . . . . 238.
SAMMONOCODOM. . . 242.
D'un frère cadet du Dieu Sammonocodom. . . . . 245.
SAMOTRACE. . . . 247.
SAMSON. . . . . 252.
SCANDALE. . . . 257.
SCOLIASTE. . . . 261.
Questions sur Horace, à Mr. Dacier. ibid.
A Madame Dacier, sur Homère. 270.
SERPENT. . . . . 277.
SHISME. . . . . 280.
SICLE. . . . . 285.
SOLDAT. . . . . 288.
TERELAS. . . . . 289.
TOPHET. . . . . 292.
TRINITÉ. . . . . 296.

Explication de la Trinité suivant Abauzit. . . . . . pag. 302.
Sentimens des Orthodoxes. . . ibid.
——— *des Unitaires.* . . 303.
——— *des Sociniens.* . . ibid.
Réflexions sur le premier sentiment. 304.
———*sur le second.* . . . 305.
———*sur le troisiéme.* . . . ibid.
Tyran. . . . . . 307.
Vampires. . . . . 310.
Vision. . . . . 318.

Lettres de Memmius *à* Ciceron.
Préface. . . . . . 325.
Lettre première. . . . 326.
———*seconde.* . . . 327.
———*troisiéme.* . . . 330.
1°. *Qu'il n'y a qu'un* Dieu *contre* Epicure, Lucrèce & *autres philosophes.* . . . . . 333.
2°. *Suite des probabilités de l'unité de* Dieu. . . . . 335.
3°. *Contre les athées.* . . 336.
4°. *Suite de la réfutation de l'athéisme.* 337.
5°. *Raison des athées.* . . 338.

6º. Réponse aux plaintes des athées. pag. 341.
7º. Si Dieu est infini & s'il a pu empêcher le mal. . . . 342.
8º. Si Dieu arrangea le monde de toute éternité. . . . . 343.
9º. Des deux principes, & de quelques autres fables. . . . 345.
10º. Si le mal est nécessaire. . 347.
11º. Confirmation des preuves de la nécessité des choses. . . . 349.
12º. Réponse à ceux qui objecteraient qu'on fait DIEU étendu, matériel, & qu'on l'incorpore avec la nature. 351.
13º. Si la nature de l'ame peut nous faire connaître la nature de DIEU. 353.
14º. Courte revue des systêmes sur l'ame, pour parvenir, si l'on peut, à quelque notion de l'intelligence suprême. . . . . . 355.
15º. Examen si ce qu'on appelle ame n'est pas une faculté qu'on a prise pour une substance. . . 361.
16º. Des facultés des animaux. . 363.
17º. De l'immortalité. . . 364.
18º. De la métempsicose. . . 365.
Neuviéme partie.

19º. *Des devoirs de l'homme, quelque secte qu'on embrasse.* . pag. 366.
20º. *Que malgré tous nos crimes les principes de la vertu sont dans le cœur de l'homme.* . . . 367.
21º. *Si l'on doit espérer que les Romains deviendront plus vertueux ?* 368.
22º. *Si la religion des Romains subsistera ?* . . . . - 369.

www.ingramcontent.com/pod-product-compliance
Lightning Source LLC
Chambersburg PA
CBHW070448170426
43201CB00010B/1259